Klassische italienische Küche

Klassische italienische Küche

Judy Bugg

Carole Handslip

Kathryn Hawkins

Wendy Lee

Penny Stephens

Rosemary Wadey

Pamela Westland

Der Text dieses Buches entspricht den Regeln der neuen deutschen Rechtschreibung.

Originaltitel: Classic Italian Recipes

Fotos: Karl Adamson, Iain Bagwell, Amanda Heywood, Joff Lee, Patrick McLeavey
Grafische Gestaltung: dap ltd
Übersetzung: Inge Uffelmann, Bayreuth
Redaktion: René Zey, Frechen
Herstellung: Königsdorfer Medienhaus, Frechen

Satz: Königsdorfer Medienhaus, Frechen

817 2635 4453 6271

03 02 01 00

Inhalt

Pastagerichte 78

Fischgerichte 118

Fleisch- und Geflügelgerichte 140

Einführung

Die italienische Küche ist weit über ihre Grenzen hinaus berühmt. Pasta, Risotto und Pizza kennt und isst man in fast jedem Land der Welt, und italienische Käse-, Salami- und Schinkenspezialitäten gibt es inzwischen in jedem Supermarkt.

Gewiss ist es kein Zufall, dass das erste uns bekannte Kochbuch in Italien verfasst wurde. Sein Autor hieß Marcus Gabius Apicius und lebte im 1. Jahrhundert n. Chr. Allerdings stützten sich die römischen Feinschmecker auf das, was sie von den Griechen gelernt und übernommen hatten. Während Apicius noch Rezepte zur Zubereitung von Flamingos (!) kannte, ist ein anderes Gericht der italienischen Küche wenigstens dem Namen nach seit den Tagen Caesars erhalten – die Polenta. Wurde die Getreidegrütze in römischer Zeit noch aus Weizen oder Hirse bereitet, so verwendet man seit der Entdeckung Amerikas den von dort eingeführten Mais dazu.

Das Geheimnis der italienischen Küche besteht darin, dass sie beste frische Zutaten nutzt, die so zubereitet werden, dass sie ihren individuellen Charakter und Geschmack bewahren. Dementsprechend kennt die italienische Küche keine modischen Spielereien und mondäne Neuheiten, sehr wohl aber eine unendliche Fülle von Variationen klarer und ausgewogener Grundthemen.

Jahreszeitlich kochen

Die Italiener kochen nach dem jahreszeitlichen Angebot. Entsprechend fiebern sie im Frühjahr den ersten jungen Artischocken, im Sommer den ersten Paprikaschoten und im Herbst den ersten Trauben und Pflaumen entgegen. Keiner italienischen Hausfrau würde es einfallen, im Herbst Erdbeeren für ein Dessert zu verwenden oder im Frühjahr eine Kürbissuppe zu kochen. Und selbst in der entsprechenden Saison wird sie das jahreszeitliche Angebot verschmähen, wenn es nicht von bester Qualität ist.

Regionale Küchen

Dieser Grundidee gemäß ist die italienische Küche eine sehr regionale Küche, die stets an dem orientiert ist, was die jeweilige Gegend zu bieten hat. So sind für den Norden Butter, Kuhmilchkäse, Reis und Fleisch charakteristisch, während der Süden für seine Pasta sowie für Ziegenkäse, Tomaten und Olivenöl berühmt ist. Natürlich hat es seit der Vereinigung Italiens vor 150 Jahren innerhalb des Landes Vermischungen und Beeinflussungen gegeben. Pizza wird heute auch im Norden gegessen, während Risotto und Polenta auch im Süden ihre Freunde haben. Doch viele Italiener sehen sich noch immer zunächst als Lombarden, Toskaner, Kalabresen, Sizilianer und erst in zweiter Linie als Italiener. Sie verfügen über einen ausgeprägten Regionalstolz, und zwischen Nachbarstädten und kleinen Dörfern derselben Region besteht oft eine gehörige Rivalität. Man denke etwa an den Palio von Siena, jenes Pferderennen, bei dem die 17 Contraden (Bezirke) der Stadt gegeneinander antreten.

Das **Piemont** im Nordwesten grenzt an Frankreich und die Schweiz. Es ist ein fruchtbares, reiches Gebiet, das für seine schweren Rotweine (wie den Barolo) ebenso berühmt ist wie für den spritzigen Asti Spumante. Die Küche ist einerseits bodenständig und deftig – üppige Fleischgerichte, Risottos, Polenta sind üblich –, aber auch raffinierte Zubereitungen aus gefüllter Pasta werden geschätzt. Knoblauch spielt eine wichtige Rolle, vor allem aber die Trüffeln, die im Gebiet um Asti und Alba gedeihen.

Die **Lombardei**, ebenfalls im Nordwesten, ist die Reisschüssel Italiens. Man kennt hier unendliche Risottovarianten, aber auch viele Kalbfleischgerichte und Gemüsesuppen. Außerdem ist die Region für ihre Käsesorten berühmt – die Palette reicht vom milden Mascarpone bis zum scharfwürzigen Gorgonzola.

Ligurien ist der Kräutergarten Italiens. Aus dieser Region stammt das Basilikum, aus dem der berühmte Pesto gemacht wird. Selbstverständlich spielen auch Meeresfrüchte und Gemüse in der Küche eine Rolle.

Die Küche des **Trentinos** und **Südtirols** kann ihre Nähe zu Österreich nicht leugnen. Klöße, geräucherte Schweineschinken, Würste und süßer Strudel sind hier charakteristisch.

Venetien und **Friaul**, ein großes Gebiet im Nordosten, ist vor allem Agrarland. Hier werden verschiedene Getreide angebaut; etwa 20 Prozent der Weine Italiens kommen aus dieser Gegend. Risotto, Polenta und Gnocchi sind Grundnahrungsmittel, hinzu kommen Meeresfrüchte aus dem Mittelmeer. Das schon früh mit aller Welt in Handelsbeziehungen stehende Venedig rühmt sich, so manche Neuerung eingeführt zu haben, darunter auch den Gebrauch der Gabel als Besteckteil.

Bologna, die Hauptstadt der großen, südlich des Po gelegenen Provinz **Emilia-Romagna**, hat nicht von ungefähr den Spitznamen La Grassa (die Fette). Der Region, oft das kulinarische Herz Italiens genannt, verdankt das Land seinen weltberühmten Parmesankäse, den Parmaschinken, die Mortadella, diverse Salamispezialitäten und natürlich auch Obst und Gemüse. Gerichte wie Spaghetti alla bolognese sind nicht nur in Italien jedermann ein Begriff. Nicht ganz so berühmt, wenngleich auf dem Weg dorthin, ist der Aceto balsamico, der Balsamessig aus Modena.

Die **Toskana**, Heimat des Chianti, ist der Obst- und Gemüsegarten Italiens. Die Italiener selbst nennen ihre toskanischen Landsleute »Bohnenesser«, denn die Bohne zählt zu den Grundnahrungsmitteln der weitgehend bäuerlichen Küche der Region, die viele Gerichte mit Rind- und Wildfleisch kennt. Berühmt ist der aus Siena stammende Panforte, ein kräftiger Gewürzkuchen.

Umbrien ist stolz auf seine schlichte Küche, die für ihre Schweinefleisch-, Lamm-, Wild- und Süßwasserfischgerichte berühmt ist. Neben dem Piemont ist es Italiens zweite Trüffelregion. Aus Orvieto kommt ein bekannter Weißwein.

Auch in der Küche der **Marken** spielen Schweinefleisch, Fisch, Wild, Pasta und Oliven eine wichtige Rolle.

Rom, nicht nur Hauptstadt Italiens, sondern auch der Provinz **Latium**, liegt geografisch in der Mitte Italiens. Es stellt auch kulinarisch einen Brennpunkt dar, denn hier vereinen sich Einflüsse aus allen Gebieten des Landes. Latium selbst ist für seine Lamm- und Kalbfleischgerichte bekannt, darunter so delikate Speisen wie das Saltimbocca, doch fehlt es hier auch nicht an Früchten und Gemüsen.

Die Regionen **Abruzzen** und **Molise**, die im Osten an Latium grenzen, sind weitgehend wilde Gebirgslandschaften mit einer sehr würzigen bis scharfen Küche. Hülsenfrüchte, Kürbis, Kohl, aber auch Lamm-, Ziegen- und Schweinefleisch sowie Fisch stehen hier auf dem Küchenzettel, stets gewürzt mit der scharfen Pfefferschote, der Peperoncino.

Die Region **Kampanien** mit der Hauptstadt Neapel ist die Heimat der Pizza. Daneben prägen Nudelgerichte mit ihren unendlichen Saucenvarianten sowie Gemüse und Käse (darunter Mozzarella, Provolone und Cacciocavallo) die Küche der Region.

Apulien, das den Sporn und Absatz des italienischen Stiefels umfasst, ist mit seinen riesigen Weizenfeldern die Kornkammer Italiens. Aber auch Gemüse wie Auberginen, Zucchini, Paprika, Fenchel und Kartoffeln wachsen hier. Auch in Apulien schätzt man die scharfen Pfefferschoten sowie Fischgerichte in allen Variationen.

In der **Basilicata**, einer vom Wind zerklüfteten, kalten Bergregion zwischen Apulien und Kalabrien, kocht man bodenständig, schlicht und sättigend. Schweinefleisch spielt hier eine wichtige Rolle, ebenso wie Pfefferschoten, Pasta und Käse.

Kalabrien, die Stiefelspitze, gehört zu den beeindruckendsten Landschaften Italiens. Es ist bergig im Innern und hat an den Küsten steil zum Meer abfallende Felsen, denen sonnenüberflutete Strände vorgelagert sind. Jedes fruchtbare Eckchen dieser Region wird genutzt, um Zitrusfrüchte, Obst und Gemüse anzubauen, darunter Auberginen in einer rundlichen, weiß gefleckten Variante. Ziegen und Schafe liefern Fleisch und Milch für würzige Käse. Feigen und Mandeln sind die Grundlage vieler Desserts. Zwischen März und September ist Fangsaison für den Schwertfisch, der hier auf unterschiedlichste Weise zubereitet wird.

Auf **Sizilien** sind vor allem Schwert- und Thunfisch von Bedeutung. Arabische und afrikanische Einflüsse verleihen der sizilianischen Küche, in der man schwere Süßspeisen ebenso antrifft wie üppige Pastagerichte, ihren Reiz. Daneben spielen Zitrusfrüchte, Mandeln und Pistazien eine bedeutende Rolle. Charakteristisch ist auch der Anbau von Trauben, schwarzen Oliven sowie von anderen Früchten und Gemüsen.

Der gesamte Süden ist zudem Tomatenland, denn hier ist das Klima wie geschaffen für den Pomodoro – den Goldapfel. Für die Zeiten zwischen den Ernten werden Tomaten an der Sonne getrocknet oder als Pelati (Geschälte) in Dosen eingemacht.

Auf der Insel **Sardinien**, deren Bewohner bis in die Sprache hinein auf größtmögliche Eigenständigkeit Wert legen, spielt Fisch in der Ernährung eine sehr bedeutsame Rolle. Noch wichtiger aber ist das Schaf mit seinen Produkten, daher sind die Sarden vor allem Schafhirten.

Berühmt sind der Pecorino, der würzige Schafskäse, und ein knuspriges, hauchdünnes Fladenbrot, Carta da musica – Notenpapier – genannt, das auch die Grundlage mancher Gerichte bildet. Wie die Sizilianer lieben auch die Sarden üppige Süßspeisen und schwere Kuchen.

In jeder Speisekammer

Fisch, Gemüse, frische Kräuter und Getreideprodukte sind die Säulen der italienischen Küche. Fleisch spielt eine nur untergeordnete Rolle. Schweinefleisch ist wichtiger als andere Fleischsorten, denn es eignet sich für alle Arten der Zubereitung, vor allem auch zur Herstellung von Würsten und Schinken. Gewiss findet sich in jeder italienischen Speisekammer ein bestimmter Vorrat an kaltgepresstem Olivenöl sowie eingelegten Oliven, an Knoblauch und Kräutern, Kapern, eingelegten Sardellen und Thunfisch in Dosen, getrockneten oder in Dosen eingemachten Tomaten, geräuchertem Schinken und Käse, wie etwa Parmesan und Pecorino. Käse wie Ricotta und Mozzarella hingegen, die sich weniger gut halten, werden wie andere Produkte eher frisch gekauft. Auch guten Weinessig oder Balsamessig hat der italienische Haushalt immer griffbereit, ebenso verschiedene Sorten Reis, Hülsenfrüchte wie Linsen, weiße Bohnen und Kichererbsen sowie Maisgrieß für die Polenta. Heutzutage wird auch die Pasta mehr und mehr als schnelles Fertigprodukt bevorzugt, obgleich noch viele Haushalte ihre eigenen Nudeln herstellen. Eine luftgetrocknete, haltbare Salami mag den eisernen Vorrat ergänzen, doch alles, was sonst benötigt wird – Brot, Gemüse, Obst, Früchte, Fisch und Fleisch – wird je nach jahreszeitlichem Angebot frisch gekauft.

Das italienische Menü

Ein traditionelles, schlichtes Familienessen umfasst meist zwei Hauptgänge von gleicher Bedeutung. Ein Pasta- oder Reisgericht bildet den ersten Gang, dem ein Fisch- oder Fleischgang folgt; dazu wird als Beilage fast immer ein Gemüse gereicht. Nudeln, Reis oder Kartoffeln zum Fleisch zu essen, wie bei uns üblich, ist dem Italiener fremd. Stattdessen isst man eine kleine Vorspeise, die ein großes Menü einleitet. Man nennt sie Antipasto: das, was man ante – also vor – der Pasta isst. Die Desserts sind im Allgemeinen leicht, meist frisches Obst mit einem Stück Käse. Aufwändige Nachspeisen sind besonderen Gelegenheiten vorbehalten. Niemals jedoch fehlt ein Korb mit frischem Brot auf dem Tisch, denn der Italiener nimmt mit dem Brot die Saucen auf, wie man es in unseren Breiten mit Kartoffeln, Nudeln oder Reis zu tun pflegt. Dagegen ist ihm das Frühstück mit Brot ebenso fremd wie das belegte Brot zum Abendessen. Zu jeder Mahlzeit werden Wein und Mineralwasser getrunken; den Abschluss bildet ein Espresso, zu dem es – wiederum bei besonderen Gelegenheiten – noch einen Grappa oder einen Weinbrand geben kann, manchmal pharisäerhaft im Kaffee versteckt. Ein derart alkoholisierter Kaffee nennt sich dann Caffè corretto – berichtigter Kaffee.

Die Italiener lieben es, aus jedem Essen ein kleines Fest zu machen. Sie genießen ihr Essen im Kreise der Familie und Freunde, wobei das Reden und Diskutieren nicht zu kurz kommen darf. »Mangiare in compagnia« – in Gesellschaft essen – nennt man diese italienische Kunst des gemeinsamen Schwelgens in leiblichen und geistigen Genüssen.

Grundzutaten

Aceto balsamico (Balsamessig) Der aromatische, tiefbraune Weinessig wird in Modena in Fässern aus verschiedenen Holzarten hergestellt. Er muss mindestens 3 Jahre lagern, doch gibt es kostbare Sorten, die bis zu 100 Jahren Lagerung hinter sich haben und nur tropfenweise verwendet werden.

Artischocken In Italien verzehrt man sie mit Vorliebe als zartes, junges Gemüse, das bei uns in dieser Art selten frisch zu haben ist. Man muss sich eventuell mit Artischockenherzen oder -böden aus der Dose behelfen.

Auberginen Die in Nordafrika und Asien beheimatete Aubergine wird heute im ganzen Mittelmeerraum angebaut. Die gurkenförmigen Früchte haben eine dunkelviolette, gelegentlich auch grüne Schale. Das Fruchtfleisch ist grünlich weiß und mit kleinen Kernen durchsetzt. Auberginen werden gebraten, gebacken und pikant gefüllt.

Basilikum Eines der wichtigsten Würzkräuter der italienischen Küche, das man möglichst nur frisch verwenden sollte. Es ist Grundbestandteil des Pesto alla genovese.

Bouquet garni Ein Sträußchen aus frischen Kräutern – meist Thymian, Petersilie und Lorbeer–, das den Geschmack bestimmter Suppen, Saucen und Brühen verfeinert.

Cotechino Eine dicke, kräftig gewürzte, mit Knoblauch aromatisierte Schweinskochwurst.

Essig Entsteht bei der Vergärung alkoholischer Flüssigkeiten mit Hilfe von Essigbakterien, also aus Branntwein, Wein und Bier. Wird meist nur für Salate verwendet, die man selten mit Dressings, sondern fast ausschließlich mit Vinaigrette anmacht. Rotweinessig wird häufiger verwendet als Weißweinessig. Siehe auch Aceto balsamico.

Fenchel Der Knollenfenchel hat in Italien als Gemüse seit jeher einen festen Platz. Er kann roh und gekocht genossen werden und passt ideal zu Fisch.

Gorgonzola Ein weicher, sehr pikanter, fetter Edelpilzkäse aus Kuhmilch. Er kommt aus der Gegend von Mailand, wird gern zu Trauben, Birnen und Nüssen zum Dessert gegessen oder zur Zubereitung von Saucen für Pasta und Gnocchi verwendet. Eine Dolcelatte (süße Milch) genannte, mildere Variante ist eine Käsekomposition aus Schichten von Mascarpone und Gorgonzola.

Kapern Die in Essigsud oder Salz eingelegten Blütenknospen des Kapernstrauchs werden in der italienischen Küche oft zu Saucen und als Pizzabelag verwendet. Die kleinsten Kapern (Nonpareilles) sind geschmacklich am besten.

Knoblauch Stark würzende Lauchart mit charakteristischem beißendem Geschmack und durchdringendem Geruch. Er ist in der italienischen Küche unverzichtbar. Seine Zehen sollten immer prall sein. Sofern er einen bereits grünen Keimling enthält, sollte man diesen vor der Verwendung der Zehe entfernen.

1 getrocknete Tomaten, 2 Pancetta, 3 weiße Zwiebel, 4 Pesto, 5 San-Marzano-Tomaten, 6 Pasta, 7 Kürbis, 8 Bouquet garni, 9 Knoblauch, 10 getrocknete Steinpilze

Kürbis Er wird sowohl separat als Gemüse zubereitet als auch püriert in Raviolifüllungen und Suppen sowie für Desserts verwendet.

Lorbeerblätter Sie werden sowohl frisch als auch getrocknet zum Würzen verwendet, jedoch niemals mitgegessen.

Mascarpone Ein sehr fetter, weicher, milder Frischkäse, der meist für Desserts, gelegentlich aber auch für pikante Saucen verwendet wird.

Mozzarella Ein rindenloser, in leichter Lake liegender Frischkäse mit schnittfähigem Teig. Aus Kampanien stammend, wurde er ursprünglich nur aus Büffelmilch hergestellt. Dieser Mozzarella di Bufalo ist dem heute üblicherweise in Plastiktüten angebotenen Kuhmilchmozzarella geschmacklich überlegen. Mozzarella dient als Pizzabelag, zur Füllung sowie zum Überbacken und wird auch roh mit Tomaten und Basilikum (Caprese) gegessen.

Oliven Sie werden an Saucen gegeben und als Belag von Pizzas verwendet, sind aber oft auch Bestandteil eines Vorspeisentellers. Schwarze Oliven haben einen volleren Geschmack als grüne.

Olivenöl Es ist das am häufigsten in der italienischen Küche verwendete Öl. Kaltgepresstes extra vergine Öl ist das teuerste und beste, denn es stammt aus der ersten Pressung. Solche Öle sind meist naturtrüb, haben einen ausgeprägten Geschmack und eine kräftige Farbe. Man nimmt sie für Salate und andere kalte Zubereitungen wie etwa Pesto. Die etwas minderen Sorten kann man zum Kochen und Braten verwenden.

Oregano Das mit dem Majoran verwandte Würzkraut gehört neben Basilikum und Thymian zu den beliebtesten Kräutern der italienischen Küche. Es wird zum Würzen von Suppen, gedünstetem Fleisch, Tomatengerichten, Pizzas u. Ä. verwendet.

Pancetta Ein luftgetrockneter, manchmal auch zusätzlich geräucherter Bauchspeck, der häufig als intensiver Geschmacksgeber verwendet wird.

Paprikaschoten Die roten und gelben Schoten werden gern auch roh oder mariniert verwendet. Die grünen Schoten werden, wie die anderen, zu allerlei gekochten Gerichten verarbeitet. Paprikaschoten sind sehr vitaminreich und werden daher roh für Salate und gegart als Gemüse verwendet.

Parmaschinken (Prosciutto) Ein sehr magerer, gesalzener, 12–18 Monate luftgetrockneter Schweineschinken mit delikatem Geschmack. Etwas süßlicher und milder ist der Prosciutto di San Daniele. Die ganzen Schinken sind 5–10 kg schwer. In der Provinz Emilia-Romagna werden die Schinken bis zu 15 Monate lang in speziellen Schinkenhäusern getrocknet.

Parmesan (Parmigiano Reggiano) Der bekannteste aller italienischen Käse stammt aus der Region um Bologna. Er ist ein sehr würziger, körniger Hartkäse aus Kuhmilch, der frisch gerieben zu Pasta, Suppen und überbackenen Gerichten verwendet wird. Parmesan kann man aber auch roh am Stück mit Rotwein zum Dessert genießen; man sollte ihn nur frisch kaufen und je nach Bedarf selbst reiben. Abgepackter, geriebener Parmesan ist von minderer Qualität. Parmesan am Stück kann in Frischhaltefolie verpackt im Gemüsefach des Kühlschranks aufbewahrt werden; man kann ihn auch einfrieren.

Pasta Siehe Seiten 14–16.

Pecorino Ein körniger Hartkäse aus Schafsmilch, der wie der Parmesan verwendet wird. Man unterscheidet zwischen Pecorino romano aus dem Latium und Sardinien, der heller und weniger fetthaltig ist, und Pecorino siciliano mit gelblicherem Teig und hellerer Rinde sowie höherem Fettanteil. Beide Sorten sind strenger im Geschmack als der Parmesan.

1 Parmaschinken, 2 rohe Schweinswürste, 3 Lorbeerblätter, 4 schwarze Pfefferkörner, 5 Salami

Pesto Eine Paste aus Kräutern und Öl. Der bekannteste ist der Pesto alla genovese aus Basilikum, Knoblauch, Parmesan, Pinienkernen und Olivenöl. Pesto rosso wird aus getrockneten Tomaten hergestellt. Es gibt Pesto im Glas zu kaufen, doch selbst die besten Sorten stehen hinter einem selbst gemachten Pesto zurück. Er wird als Sauce zu Spaghetti und Gnocchi gegessen oder als Würze in Gemüsesuppen gegeben.

Peperoncini (Pfefferschoten) Frische rote oder grüne Pfefferschoten sind für die Küche Süditaliens unverzichtbar. Olivenöl, in dem Pfefferschoten eingelegt wurden, wird als Olio santo (heiliges Öl) zum Würzen verwendet.

Petersilie Ein auch in Italien gern verwendetes Würzkraut; die glattblättrige Petersilie ist dort beliebter als die krause. Der typische Geruch und der Geschmack der Petersilie werden von einem ätherischen Öl bestimmt, das appetitanregend und nervenverstärkend wirkt. Man unterscheidet Schnitt- und Wurzelpetersilie.

Pinienkerne Die kleinen, weichen Samenkerne der Pinienzapfen werden für den Pesto benötigt, werden aber auch gern Gemüsen wie Brokkoli und Spinat beigegeben. Der Samenkern der Pinienkerne ist stark ölhaltig und hat einen feinen, harzähnlichen Geschmack.

Pistazien Die grünen, intensiv schmeckenden, kleinen Früchte des Pistazienbaums sind vor allem für Süßspeisen und Eis beliebt. Pistazien werden roh oder geröstet, gehackt oder gehobelt verwendet.

Polenta Aus gelbem Maismehl hergestellte Polenta ist weich und erinnert an Kartoffelbrei. Polenta aus grobem Maisgrieß schmeckt intensiver, ist fester und eignet sich auch zum Aufbacken.

Reis Der in Norditalien zu den Grundnahrungsmitteln zählende Reis wird in der Poebene angebaut. Die wichtigsten Sorten sind Arborio, Carnaroli, Vialone und Baldo – rundkörnige Reissorten, die sich für Risottos eignen, weil sie nicht zerkochen. Reis wird auch in Suppen gegeben und für andere Gerichte verwendet, niemals aber dient er in Italien als Beilage zu Fleisch oder Fisch.

Ricotta Ein quarkähnlicher Frischkäse aus Milch, der süß und salzig zubereitet wird. Der seltener angebotene Ricotta romana wird aus Schafsmilch hergestellt und ist würziger im Geschmack. Beide Sorten müssen frisch verbraucht werden und lassen sich nicht einfrieren. Ricotta wird gern zum Füllen bestimmter Pasta und für Süßspeisen verwendet.

Rosmarin Ein intensiv würzendes Kraut, das man vor allem zur Aromatisierung von Fleischgerichten verwendet.

Salami Aus gehacktem Fleisch und Fett zubereitete, luftgetrocknete und gelegentlich auch geräucherte Hartwurst. Meist aus Schweinefleisch, aber auch aus anderen Fleischsorten – sogar aus Esel- und Gänsefleisch – hergestellt, wird die Wurst hauptsächlich zur gemischten Vorspeise gegessen, gelegentlich auch als Pizzabelag verwendet. Berühmt sind die Mailänder Salami und die Finocchiona, eine toskanische, mit Fenchelsamen gewürzte Salami.

1 Parmaschinken, 2 Salate, 3 Pecorino, 4 Fenchel, 5 Sultaninen, 6 Salbei, 7 Rosmarin, 8 Kartoffeln, 9 Pinienkerne, 10 Zwiebeln, 11 Tomaten

Salbei Er gehört neben Basilikum, Thymian und Oregano zu den beliebtesten italienischen Küchenkräutern und darf vor allem beim Saltimbocca nicht fehlen.

Sardellen Sie sind als Filets in Salz oder Öl eingelegt in Glasröhrchen oder Dosen zu haben. Ihren salzigen Geschmack kann man durch Abspülen mit Wasser oder durch Einlegen in Milch mildern. Durch längere Lagerung – bis zu 2 Jahren – gewinnt die Sardelle an Würze.

Sonnengetrocknete Tomaten Es gibt sie trocken abgepackt und in Öl eingelegt. Sie haben einen intensiven, hoch konzentrierten Geschmack und werden vor der Verwendung eingeweicht. Alternativ dazu lässt man sie abtropfen.

Steinpilze (Porcini) Sie sind die in Italien am meisten verwendeten Pilze. Da nur im Herbst frisch im Angebot, werden sie getrocknet (funghi secchi) und haben dann ein sehr intensives Aroma. Frische Pilze niemals waschen – sie saugen sich sonst voll Wasser –, sondern nur mit einem feuchten Tuch abreiben und putzen. Getrocknete Pilze werden vor der Verwendung eingeweicht; von hochwertiger Ware genügt eine kleine Menge.

Thymian Ein dem Majoran verwandtes, ihm auch geschmacklich ähnelndes Küchenkraut, das in der italienischen Küche häufig verwendet wird.

Tomaten Die intensiver schmeckenden Strauch- oder Buschtomaten sind den Fleischtomaten vorzuziehen. Kleine Kirschtomaten verwendet man gern zu Salaten. Die eierförmigen San Marzano sind ebenfalls intensiv im Geschmack; sie werden für die geschälten Dosentomaten verwendet, die für Saucen und als Pizzabelag bestens geeignet sind.

Tomatenmark Es wird in Tuben und Dosen angeboten, gelegentlich zusätzlich mit Basilikum gewürzt. Tomatenmark intensiviert den Geschmack frischer Tomaten. Tomatenmark ist in einer Konzentration von 14%, 28% und 36%, als Trockenmasse, in Flaschen, Dosen oder Tuben erhältlich.

Trüffel Der edelste und teuerste unter den Pilzen. Da er als Knolle unter der Erde wächst, setzt man zur Suche Hunde ein, gelegentlich auch noch Schweine. Weiße Trüffel findet man im Piemont. Sie werden, hauchfein gehobelt, roh über viele Gerichte gegeben. Schwarze Trüffel kommen aus Umbrien (Norcia) und werden meist gekocht. Außer frischen Trüffeln, die nur sehr begrenzt haltbar sind und meist direkt an die Gastronomie gehen, sind Produkte wie Trüffelpaste und Trüffelöl im Handel.

Walnüsse Steinfrüchte des aus Südasien stammenden Walnussbaums. Sie werden sowohl für pikante als auch für süße Zubereitungen verwendet, auch als Ersatz für Pinienkerne im Pesto.

Zwiebeln Man unterscheidet weiße, gelbe und rote Zwiebeln. Vor allem die etwas schärferen roten Zwiebeln werden in Italien häufiger verwendet. Für Saucen nimmt man auch gern die kleineren Schalotten.

Pasta

Nudeln haben eine sehr lange Geschichte; entsprechend unklar ist der Ort ihres tatsächlichen Ursprungs. Angeblich sollen Nudeln eine Erfindung der Chinesen sein; Marco Polo soll im 13. Jahrhundert nach seinem 25-jährigen Aufenthalt im Reich des Kublai Khan die lange Nudel in Italien bekannt gemacht haben. An dieser Legende stimmt jedoch nur, dass man auch in China Nudeln kannte und kennt. In Italien sind Nudeln seit vielen Jahrhunderten bekannt, und sicherlich wird sie nirgendwo sonst auf Erden in so vielen Formen und Varianten hergestellt. Dem trägt sogar ein Museum Rechnung – das Spaghettimuseum der Nudelherstellerfamilie Agnesi in Pontedassio bei Imperia in Ligurien. Hier erfährt der Besucher, dass bereits die Etrusker um 500 v. Chr. nudelartige Teigwaren herstellten.

Gewöhnlich werden für die italienische Pasta – ihr Name bedeutet Paste oder Teig – lediglich Hartweizengrieß und frisches Wasser verwendet. Diese Pasta secca ist hervorragend zum Trocknen und zur langen Lagerung geeignet. Pasta fresca oder Pasta all'uovo wird dagegen mit Weizenmehl und Eiern zubereitet und – wie der Name sagt – frisch zubereitet und gleich zu Tisch gebracht. Außerdem gibt es Nudeln aus Buchweizen- und aus Vollkornmehl und natürlich Nudeln, die mit allerlei Zutaten gefärbt sind. Spinat färbt Nudeln grün, mit Tomatenmark oder Roter Bete färbt man sie rot bis violett, mit Safran gelb und mit der Tinte der Tintenfische sogar schwarz.

Heute bieten gut sortierte Supermärkte und italienische Delikatessengeschäfte frische gefüllte Pasta – Ravioli, Tortellini u. Ä. – an, die selbst herzustellen sehr aufwändig ist. Einfache frische Nudeln hingegen kann man mit einiger Übung selbst machen.

Formenvielfalt

Man zählt mindestens 300 verschiedene Formen von Pasta und noch mehr wohlklingende, fantasievolle Namen. Im Grunde aber unterscheidet man vier Arten: lange Rundnudeln, lange Bandnudeln, Hohlnudeln und kleine Formen. Daneben gibt es gefüllte Pasta und die großen Teigblätter für Lasagne. Im Folgenden eine Liste der wichtigsten Pastasorten:

Acini di pepe »Pfefferkörner«; Kügelchen als Suppennudeln

Anellini »Ringlein«; kleine Suppennudeln

Bigoli Dicke Vollkornspaghetti aus dem Veneto

Bucatini »Gelochte«, dicke, hohle Spaghetti aus dem Latium

Capellini »Härchen«; sehr dünne Spaghetti

Capelli d'angelo »Engelshaar«; noch dünner als Capellini

Cavatappi Kurze, dicke »Korkenzieher«

Conchiglie Geriffelte »Muscheln« von klein bis handgroß zum Füllen

Conchigliette »Kleine Muscheln« als Suppennudel

Corallini Kleine Ringe

Cresti di gallo »Hahnenkämme«

Dischi volante »Fliegende Untertassen«

Ditali »Fingerhütchen«; kurze, gerillte Röhrennudeln aus Ligurien

Eliche »Propeller«; locker gedrehte Spiralen

Farfalle »Schmetterlinge«

Fedeli Dünne Spaghettiform

Fettuccine Schmale, gerade Bandnudeln, meist zu Nestern gedreht

Fusilli Lange oder kurze Spiralen aus Kampanien und Kalabrien

Lasagne Teigplatten für das gleichnamige im Ofen überbackene Gericht, oft auch mit Spinat grün gefärbt

Linguine »Züngelchen«; schmale, flache Nudeln

Lumache »Schnecken«; glatte, schneckenförmige, kleine Nudeln

Lumacone Kurze, leicht gebogene, gerillte Hörnchen

Macaroni, Maccheroni Lange oder kurze, dicke Nudelröhren, in Italien Sammelbegriff für verschiedene Pastasorten

Maccheroni alla chitarra Spezialität aus den Abruzzen, mit einem an eine Zither erinnernden Gerät hergestellte schmale Bandnudeln

Malfatti (Maltagliati) »Schlecht Gemachte«, (»schlecht Geschnittene«); unregelmäßig geschnittene, flache Nudeln

Orecchiette Aufwändig geformte »Öhrchen« aus Apulien

Pappardelle Sehr breite, glatte Bandnudeln aus der Toskana

Penne Kurze, schräg abgeschnittene, meist glatte Hohlnudeln

Pipe rigate »Gerillte Pfeifen«; etwa wie kleine Hörnchennudeln geformt

Rigatoni Kurze, gerillte Röhrennudeln

Ruote »Räder«

Semini »Samen«; wie kleine Samenkörner geformte Suppennudeln

Spaghetti »Bindfäden«; lange bis sehr lange, dünne Rundnudeln

Spaghettini Sehr dünne Spaghetti

Strozzapreti »Erstickt die Priester«; doppelt verzwirnte Spiralnudeln

Tagliarini Flache Bandnudeln, dünner als Tagliatelle

Tagliatelle Etwa 0,5–1 cm breite, flache Bandnudeln aus der Emilia-Romagna

Tortiglioni Lange gerillte Röhrennudeln

Trenette Lange, schmale, flache Nudeln aus Ligurien

Vermicelli »Würmchen«; sehr dünne Fadennudeln. Besonders als Suppeneinlage geeignet

Zitoni Lange, glatte, dicke Röhrennudeln

Pasta-Grundteig

Nudeln selbst herzustellen kostet Zeit und Mühe, doch der Aufwand lohnt sich. Zum Ausrollen und Schneiden des Teigs benötigt man eine große Arbeitsfläche.

Für 4 Personen
125 g Hartweizenmehl, zusätzlich Mehl für die Arbeitsfläche
125 g feiner Hartweizengrieß
1 TL Salz
2 EL Olivenöl
2 Eier, verschlagen
2–3 EL heißes Wasser

1 Mehl, Grieß und Salz zusammen in eine Schüssel sieben und eine Mulde hineindrücken. Öl, Eier und 1 EL des Wassers hineingeben. Mit den Fingerspitzen das Mehl langsam einmischen, bis ein glatter Teig entsteht. Falls nötig teelöffelweise mehr Wasser zugeben, damit sich der Teig kneten lässt.

2 Die Arbeitsfläche leicht mit Mehl bestäuben und den Teig darauf 10–15 Minuten kneten, bis er seidig und elastisch ist. Den Teig mit Mehl bestäuben, wenn er zu sehr an den Händen klebt.

3 Den Teig in 2 Portionen teilen. Eine Hälfte mit einem Küchenhandtuch bedecken, die andere Hälfte auf einem Küchentuch so gleichmäßig wie möglich dünn ausrollen, bis das Muster des Tuchs durchscheint. Mit einem Tuch bedecken und die zweite Teighälfte ausrollen.

4 Den Teig in die gewünschte Form schneiden und an einem kühlen Ort (nicht im Kühlschrank) lose bedeckt 30–40 Minuten liegen und trocknen lassen. Lange Bandnudeln auf einem Tuch über einer Stuhllehne hängend trocknen lassen.

Pastateig in der Küchenmaschine herstellen

1 Olivenöl, Eier und 1 EL heißes Wasser in die Rührschüssel geben und einige Sekunden lang gut durchmischen.

2 Mehl, Grieß und Salz hinzufügen und die Maschine rühren lassen, bis ein glatter Teig entsteht; eventuell mehr Wasser zugeben.

3 Jetzt die Knethaken einsetzen und damit den Teig 2–3 Minuten durchkneten, bis er seidig und elastisch ist. Ist die Maschine zu schwach, mit den Händen auf der bemehlten Arbeitsfläche weiterkneten. Zum Ausrollen und Schneiden gibt es spezielle Nudelmaschinen.

Pastateig färben

Rote Pasta
Dem Grundteig 2 EL Tomatenmark zugeben, dafür die Eimenge um ein Viertel vermindern.

Violette Pasta
Dem Grundteig 2 EL gekochte, fein geriebene Rote Bete zugeben, dafür die Eimenge um ein Viertel vermindern.

Gelbe Pasta
1 Tütchen Safranpulver oder Safranfäden in 2 EL heißem Wasser auflösen und an den Grundteig geben. Die übrige Wassermenge entsprechend um 2 EL reduzieren.

Grüne Pasta
150 g tiefgefrorenen Spinat auftauen, anschließend im Mixer pürieren und gut ausdrücken. Das Spinatpüree dem Grundteig zugeben, dafür die Eimenge um ein Viertel vermindern.

Pasta schneiden

Wer Pasta von Hand schneiden muss, hat bezüglich der Form keine sehr große Wahl. In jedem Fall ist ein scharfes Messer nötig, das den Teig zuverlässig schneidet, ohne ihn zu reißen oder zu sehr zusammenzudrücken.

Bandnudeln schneiden

Den dünn ausgewellten Pastateig locker zu einer Rolle formen. Die gerollte Pasta in dünne Scheiben (0,5 bis 1 cm) schneiden und die Scheiben möglichst schnell auseinander ziehen, damit sie nicht verkleben. Man kann auch ein Lineal – möglichst aus Metall oder mit Metallschiene – auf den ausgerollten Pastateig legen und mit dem Messer oder einem gewellten Teigrad daran entlangfahren.

Andere Formen

Mit kleinen, scharfrandigen Ausstechern kann man Sterne, Kreise, Quadrate, Halbmonde und andere Formen aus dem Pastateig ausschneiden.

Nudelmaschinen

Nudelmaschinen sind ein gutes Hilfsmittel, wenn man häufiger Pasta zubereitet. Eine mechanische Version mit Handkurbel kann auch einen Teil der Knetarbeit übernehmen. Man gibt dazu den vorbereiteten Teig mehrmals durch immer enger gestellte Walzen. Zuletzt schneidet man ihn mit dem entsprechenden Einsatz in die gewünschte Form. Zu diesen Maschinen gibt es neuerdings ein elektrisches Zusatzteil, sodass man nicht mehr selbst kurbeln muss.

Aus Italien werden inzwischen schwere elektrische Nudelmaschinen importiert, die vom Mischen über das Kneten bis zum Formen alle Arbeitsgänge übernehmen. Mit einer Vielzahl von Matrizen kann man mit ihrer Hilfe unterschiedlichste Formen – auch Hohlformen – selbst herstellen.

Pasta kochen

Pasta muss auf den Punkt genau gegart werden. Kocht man sie zu kurz, ist sie hart und schmeckt mehlig; kocht man sie zu lang, wird sie weich und schmeckt fad. Genau richtig gekochte Pasta ist bissfest, was man im Italienischen »al dente« nennt. Pro Portion rechnet man im Allgemeinen 40–50 g getrocknete Pasta für einen ersten Gang oder einen Nudelsalat und 75–120 g für ein Hauptgericht.

In einem großen Topf bringt man reichlich Wasser (1 Liter für 100 g) zum Kochen, salzt es und gibt 1 EL Olivenöl dazu. Das Öl verhindert, dass die Pasta aneinander klebt. Wenn das Wasser sprudelnd kocht, gibt man die Nudeln hinein und rührt einmal um. Man kocht die Nudeln im offenen Topf, und zwar frische ungefüllte Pasta etwa 2–3 Minuten, frische gefüllte Pasta 8–10 Minuten und getrocknete ungefüllte Pasta 15–20 Minuten. Sobald die Pasta bissfest ist, gießt man sie in ein Sieb ab und vermischt sie sofort mit der Sauce, einem guten Stich Butter oder etwas Olivenöl.

Pastasaucen

Kreative Köche werden ihre Lieblingssaucen immer wieder mit anderen Nudeln servieren. Obwohl es klassische Kombinationen gibt – wie etwa Spaghetti alla bolognese oder Spaghetti alla carbonara –, hat man keine starren Regeln, sondern nur Richtlinien, die gewissen vernünftigen Überlegungen folgen. So wird man mit Hackfleischfarce gefüllte Pasta nicht zusätzlich mit einer Bolognese oder anderen schweren Saucen servieren. Kurze Hohlnudeln sind dagegen ideal, um möglichst viel von cremigen Saucen aufzunehmen. Béchamel- und Käsesaucen verleihen überbackenen Nudelgerichten Fülle und Feuchtigkeit.

Béchamelsauce

300 ml Milch
2 Lorbeerblätter
3 Nelken
1 kleine Zwiebel
50 g Butter
40 g Mehl
300 ml Sahne oder Kaffeesahne
1 Prise Muskat
Salz und Pfeffer

1 Die Milch mit den Lorbeerblättern in einen Topf geben, die gepellte Zwiebel mit den Nelken spicken und ebenfalls zugeben. Die Milch einmal aufkochen, dann vom Herd nehmen und abkühlen lassen.

2 Die Milch durch ein Sieb gießen. Die Butter in einem Topf zerlassen, das Mehl hineingeben und 1 Minute unter Rühren anschwitzen, dann langsam portionsweise die Milch zugeben. Nach jeder Zugabe einmal aufwallen lassen und ununterbrochen rühren. Die Sauce 3 Minuten kochen lassen, dann die Sahne zugeben und erneut aufwallen lassen. Die Sauce vom Herd nehmen und nach Geschmack mit Muskat, Salz und Pfeffer würzen.

Lammsauce

2 EL Olivenöl
1 große Zwiebel, gehackt
2 Stängel Bleichsellerie, gehackt
450 g Lammhackfleisch
3 EL Tomatenmark
150 g getrocknete Tomaten in Öl, abgetropft und klein geschnitten
1 EL frischer Oregano, fein gehackt
1 EL Rotweinessig
150 ml Hühnerbrühe
Salz und Pfeffer

1 Das Öl in einer Pfanne erhitzen, Zwiebel und Sellerie zugeben und dünsten, bis die Zwiebel glasig wird. Das Lammhack zugeben und unter Rühren anbraten, bis es rundum gebräunt ist.

2 Das Tomatenmark einrühren. Die getrockneten Tomaten, Oregano, Essig und Hühnerbrühe zugeben und mit Salz und Pfeffer würzen. Zum Kochen bringen und unbedeckt 20 Minuten köcheln lassen, bis die Flüssigkeit weitgehend verdunstet ist. Eventuell nachwürzen.

Einfache Tomatensauce

2 EL Olivenöl
1 kleine Zwiebel, gehackt
1 Knoblauchzehe, gehackt
400 g geschälte Tomaten in Stücken (aus der Dose)
2 EL frische Petersilie, gehackt
1 EL frischer Oregano, gehackt
2 Lorbeerblätter
2 EL Tomatenmark
1 EL Zucker
Salz und Pfeffer

1 Das Öl in einem Topf erhitzen und die Zwiebel darin unter Rühren glasig dünsten. Den Knoblauch zugeben und 1 weitere Minute sautieren.

2 Die Tomaten aus der Dose samt der Flüssigkeit, Petersilie, Oregano, Tomatenmark und Zucker zugeben, durchrühren und mit Salz und Pfeffer abschmecken.

3 Die Sauce zum Kochen bringen, dann bei schwacher Hitze 15–20 Minuten simmern lassen, bis die Flüssigkeit um die Hälfte verkocht ist. Abschmecken und eventuell nachwürzen, die Lorbeerblätter herausnehmen und wegwerfen.

Käsesauce

25 g Butter
1 EL Mehl
250 ml Milch
2 EL Kaffeesahne
1 Prise Muskat
50 g Fontina, gerieben (ersatzweise Gruyère)
1 EL frisch geriebener Parmesan
Salz und Pfeffer

1 Die Butter auf mittlerer Hitze in einem Topf zerlassen, das Mehl zugeben und etwa 1 Minute anschwitzen, dabei ununterbrochen rühren. Portionsweise die Milch zugeben und vor jeder neuen Zugabe aufwallen lassen. Die Kaffeesahne zugeben und mit Muskat, Salz und Pfeffer abschmecken.

2 Die Sauce auf schwacher Hitze unter Rühren 5 Minuten köcheln lassen, dann vom Herd nehmen. Fontina und Parmesan zugeben und rühren, bis sie völlig geschmolzen sind. Die Sauce nicht wieder aufkochen.

Pizza

Wenn von Pizza die Rede ist, denkt man meist an die malerische alte Hafenstadt Neapel am Fuß des Vesuvs. Ob sie tatsächlich hier in der Hauptstadt Kampaniens kreiert wurde, weiß niemand. Schließlich war die Urpizza nicht mehr als ein einfacher, mit Olivenöl, Salz und Kräutern oder Knoblauch gewürzter Brotfladen. Und Mahlzeiten dieser Art gibt es überall, wo Fladenbrote gebacken werden.

Pizza nach heutiger Vorstellung – der belegte Hefefladen, der zunächst üppig mit Tomatensauce bestrichen wird – ist eine Erfindung der Neuzeit. Eine solche Pizza gibt es frühestens seit der Entdeckung Amerikas und dem damit verknüpften Import der Tomate, die bis dahin in der Alten Welt unbekannt war.

Ob nun in Neapel erfunden oder nicht – ganz sicher ist die Pizza heute das berühmteste Gericht der neapolitanischen Küche, und die Pizzabäcker, die »pizzaiouli«, wie sie hier in Neapel heißen, setzen ihren ganzen Ehrgeiz in ihre Zubereitung. Die wohl bekannteste aller Pizzas – die Pizza Margherita – wurde ganz gewiss in Neapel geschaffen, und zwar im Juni des Jahres 1889 vom Pizzabäcker Raffaele Esposito. Zu Ehren der Königin Margherita von Savoyen, der Gemahlin von Umberto I., die eine große Freundin der Pizza war, erfand er eine Pizza in den italienischen Nationalfarben Rot, Weiß und Grün, das heißt, er belegte sie mit Tomaten, Mozzarella und Basilikum.

Neben der Margherita, die heute auf keiner Speisekarte fehlt, gibt es noch ein paar andere Namen, die dort nicht mehr wegzudenken sind: etwa die schlichte Pizza marinara, nur mit Öl, Knoblauch, Tomaten und Oregano belegt, oder die sehr viel üppiger belegte Pizza quattro stagioni (vier Jahreszeiten), die typischerweise in vier deutlich abgesetzte Viertel geteilt und – die Jahreszeiten nachempfindend – entsprechend belegt ist; oder die Pizza pazza (Pizza verrückt), bei der der jeweilige Küchenchef die Freiheit hat, seiner Fantasie ungehinderten Lauf zu lassen.

Während ein echter Pizzabäcker nur frisch zubereiteten Teig verwendet, der immer frei mit den Händen durch Drehen und Werfen geformt und niemals ausgerollt wird, werden die Böden der Tiefkühlpizzas von Maschinen nach Norm gepresst und automatisch belegt. Entsprechend groß ist natürlich der geschmackliche Unterschied zwischen einer frischen, noch brutzelnden Pizza, die duftend aus dem Ofen kommt, und einer, die aus der Pappschachtel oder der Plastikfolie genommen und zum Aufwärmen in den Herd oder die Mikrowelle geschoben wird. Und doch erfreut sich der mit Zwiebeln, Champignons, Mozzarella, rohem oder gekochtem Schinken, Salami, Sardellen, Muscheln, Thunfisch, Garnelen, Artischocken, Oliven und anderen Zutaten belegte, stets mit Tomatensauce grundierte und mit Kräutern wie Thymian, Oregano oder Basilikum aromatisierte Hefefladen weltweiter Beliebtheit.

Obwohl es leicht ist, eine Pizza selbst zuzubereiten, machen sich nur wenige Menschen diese Mühe. Vielleicht scheuen sie die Zeit, die der Hefeteig gehen muss.

Der Pizzateig

Der übliche Pizzateig ist ein einfacher Hefeteig (s. S. 192), doch wird gelegentlich auch ein Kartoffelteig (s. S. 194) als Grundlage gewählt. Eilige können es auch einmal mit einem Knetteig aus Mehl und Milch (s. S. 193) versuchen.

Bei der Hefe hat man die Wahl zwischen frischer Hefe und Trockenhefe. Frische Hefe liegt in kleinen Würfeln zu 42,5 g im Kühlregal der Supermärkte, doch da sie sich nicht lange hält, muss sie schnell verarbeitet werden. Trockenhefe bleibt etwa 6 Monate aktiv, außerdem muss man nicht erst einen Vorteig bereiten, der etwa 15 Minuten gehen muss.

Das geeignetste Mehl ist ein Hartweizenmehl, doch führt auch normales Haushalts- oder Auszugsmehl (Typ 405) zum Erfolg. Selbstverständlich kann man auch Weizen- oder Dinkelvollkornmehl verwenden, dem eventuell etwas mehr Flüssigkeit zugesetzt werden muss. Solche Vollwertmehle verleihen dem Teig nicht nur besonderen Geschmack, sie sind mit ihrem höheren Ballaststoffanteil auch gesünder.

Und schließlich kann man die Mehle auch mischen. Jedwelches Mehl sollte immer zuerst gesiebt werden, damit der Teig keine Klümpchen bekommt. Außerdem nimmt das Mehl dadurch Sauerstoff auf, wodurch ein leichterer, luftigerer Teig entsteht.

Hefe benötigt Wärme, um aktiv werden zu können. Alle Zutaten und Geräte sollten daher Zimmertemperatur haben; sind sie zu kühl, benötigt die Hefe sehr lange, um zu gehen, was die Zubereitung der Pizza erheblich verzögern kann. Allerdings ist auch zu große Wärme zu vermeiden. Das Wasser, mit dem man die Hefe anrührt, sollte jedoch nicht mehr als 37 °C warm sein: Ist es zu heiß, stirbt die Hefe ab.

Weine

Fast überall in Italien wachsen und gedeihen Weintrauben und schon vor 3500 Jahren hat man in Italien Wein gekeltert. Kein Land der Erde produziert heute so viel Wein wie Italien. Ein gutes Viertel dieser Produktion geht in den Export, doch sind die Italiener mit einem Pro-Kopf-Verbrauch von durchschnittlich 63 Litern pro Jahr auch selbst große Weintrinker; in Italien ist der Wein wie das Brot ein wichtiger Bestandteil des Essens.

Obwohl Italien ein bedeutendes Weinland ist, denken die meisten Menschen eher an französische Weine, wenn von den ganz großen Weinen die Rede ist. Und in der Tat sind viele der italienischen Exporte Weine von geringer Qualität. Aber die Verbraucher verlangen häufig preiswerte Produkte, und so füllen endlose Batterien von minderwertigem Lambrusco, Frascati oder Valpolicella die Regale der Supermärkte.

Im Fachhandel kann man freilich auch außerhalb Italiens sehr gute italienische Weine bekommen. Nach den gesetzlichen Regelungen, die es natürlich auch in Italien gibt, werden drei Qualitätskategorien unterschieden. Vino da Tavola ist ein einfacher, für sein Herkunftsgebiet typischer Tafelwein. Der Hinweis Denominazione di Origine Controllata (DOC) auf dem Etikett bezeichnet Weine mit kontrollierter Ursprungsbezeichnung, Weine also, die aus einem genau bestimmten Anbaugebiet kommen und nach einem genau festgelegten Produktionsverfahren hergestellt werden. Sie können zusätzliche Prädikate wie classico, superiore oder riserva erhalten. Weine der Spitzenklasse führen die Bezeichnung Denominazione di Origine Controllata e Garantita (DOCG). Sie müssen höchsten Ansprüchen genügen und erhalten ein staatliches Garantiesiegel.

PIEMONT
- **Barbaresco** – rot, schwer (DOCG)
- **Barbera** – rot, trocken bis lieblich
- **Barolo** – rot, schwerer Spitzenwein (DOCG)
- **Dolcetto** – rot, mild

LOMBARDEI
- **Franciacorta** – rot, rosé und weiß, still und moussierend
- **Lugana** – weiß
- **Oltrepò pavese** – rot, rosé und weiß

LIGURIEN
- **Rossese dolceacqua** – rot

TRENTINO-ALTO ADIGE
- **Kalterer See** – rot
- **St. Magdalener** – rot
- **Trentino bianco** – weiß

VENETO
- **Bardolino** – rot und rosé (möglichst classico wählen)
- **Bianco di Custoza** – weiß, auch als Schaumwein
- **Raboso** – rot, herzhaft
- **Recioto** – rot und weiß, stark
- **Soave** – weiß (möglichst classico wählen)
- **Valpolicella** – rot (möglichst classico wählen)

EMILIA-ROMAGNA
- **Albana di Romagna** – weiß, süßer, prickelnder Schaumwein
- **Lambrusco** – rot, trocken bis lieblich

TOSKANA
- **Brunello di Montalcino** – rot (DOCG)
- **Chianti classico** – rot, möglichst mit dem schwarzen Hahn – »gallo nero« – auf der Flaschenhalsbanderole
- **Vino nobile di Montepulciano** – rot, anspruchsvoll (DOCG)
- **Vernaccia di San Gimignano** – weiß, trocken bis blumig, auch als Perlwein

UMBRIEN
- **Grechetto** – weiß
- **Orvieto** – weiß
- **Torgiano** – rot und weiß

MARKEN
- **Bianchello del Metauro** – weiß (jung zu trinken)
- **Rosso conero** – rot
- **Rosso piceno** – rot
- **Verdicchio dei Castelli di Jesi** – weiß, trocken, frisch bis herb

LATIUM
- **Est! Est!! Est!!! di Montefiascone** – weiß, trocken bis halbsüß
- **Frascati** – weiß, trocken bis lieblich

ABRUZZEN UND MOLISE
- **Biferno** – rot, rosé und weiß
- **Cerasuolo d'Abruzzo** – rosé
- **Montepulciano d'Abruzzo** – rot
- **Trebbiano d'Abruzzo** – weiß

KAMPANIEN
- **Lacrimae Christi** – weiß
- **Taurasi** – rot

APULIEN
- **Castel del Monte** – rot, rosé und weiß

BASILICATA
- **Aglianico del Vulture** – rot

KALABRIEN
- **Cirò** – rot, rosé und weiß
- **Greco di Bianco** – weiß, Dessertwein

SIZILIEN
- **Corvo** – rot und weiß
- **Donnafugata** – rot und weiß
- **Marsala** – bernsteinfarbener Dessertwein, trocken bis süß

SARDINIEN
- **Cannonau di Sardegna** – rot, trocken bis süß
- **Monica di Sardegna** – rot
- **Nuragus di Cagliari** – weiß
- **Vernaccia di Oristano** – weiß

Antipasti und Beilagen

Antipasti sind Vorspeisen, die vor dem ersten Gang gereicht werden. Sie können aus einem schlichten Salat oder einem Teller mit Schinken, Salami und Früchten bestehen oder aus einer kleinen warmen Zubereitung, je nachdem, zu welchem Anlass die Vorspeise gereicht wird. Gemüse werden nur leicht angegart, in jedem Fall müssen sie Biss haben und ihre Farbe bewahren.

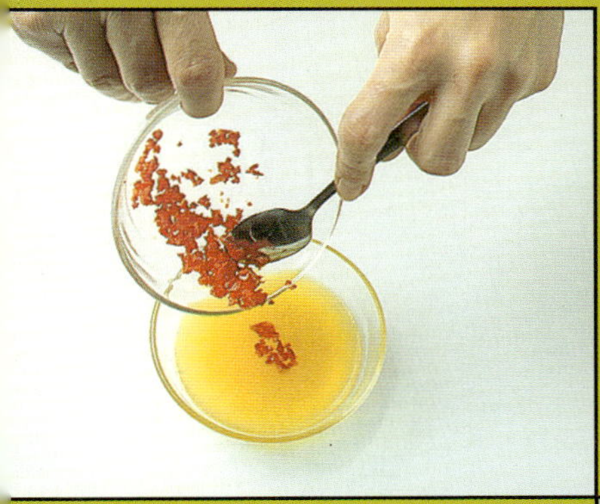

Antipasti sind weder aufwändige noch gehaltvolle Zubereitungen, denn sie sollen den Appetit anregen, aber keineswegs stillen; die Zutaten bleiben so rein und unverfälscht wie möglich. Einige der hier vorgestellten Rezepte – etwa die Paste von schwarzen Oliven auf knusprigen Brotscheiben, die Bruschetta und die Crostini – können auch als Knabberei zu einem Cocktail gereicht werden. Andere sind reichhaltig genug, um auch als kleiner Snack zu dienen, beispielsweise die Mozzarella in carozza, ein frittiertes, gefülltes Sandwich.

Sauer eingelegte Paprikaschoten

In Essig eingelegte Paprikaschoten sind in ganz Italien beliebt, nicht nur als köstlicher Antipasto, sondern auch als Pizzabelag, als Zutat zu leckeren Saucen oder zu anderen Gerichten, zu denen man Paprika verwenden würde.

Für 4 Personen
1 kg Paprikaschoten, rot und gelb gemischt
10 Basilikumblätter
2 Lorbeerblätter
5 schwarze Pfefferkörner
2 Knoblauchzehen, gepellt
600 ml Weißweinessig

1 Den Backofengrill vorheizen. Die Paprikaschoten halbieren, Kerne entfernen. Die Schoten mit der Hautseite nach oben 15 Minuten unter den Grill legen, bis die Haut schwarze Blasen wirft.

2 Die Schoten in eine Plastiktüte legen und 10 Minuten schwitzen lassen. Die Haut abziehen, das Fruchtfleisch in dicke Streifen schneiden und zum Abkühlen beiseite stellen.

3 Die Basilikumblätter leicht zwischen den Fingen zerreiben und mit dem Paprika, den Lorbeerblättern, den Pfefferkörnern und dem Knoblauch in einem sterilen Einmachglas schichten. Den Essig darüber gießen, das Glas luftdicht verschließen. Innerhalb von 6 Monaten verbrauchen.

WISSENSWERTES

Während man die verbrannte Haut abzieht, die Schoten über eine Schüssel halten, um den austretenden Saft aufzufangen.

Kräuterdressing

Diese sizilianische Sauce ist ein großartiges Dressing für alle Salate, kann aber auch – wie Pesto – als Pastasauce benutzt werden.

Für 4 Personen
1 Bund Basilikum
1 Bund Minze
1 Bund glatte Petersilie
kaltgepresstes Olivenöl

1 Alle Blätter von den Stängeln der Kräuter zupfen.

2 In einem Mörser die Blätter mit dem Pistill zu einer Paste zerreiben.

3 Langsam so viel Öl zugeben, dass ein dickflüssiges Dressing entsteht.

4 Man kann auch alle abgezupften Blätter zusammen in die Küchenmaschine oder den Mixer geben. Bei laufendem Motor das Öl in dünnem Faden einlaufen lassen, bis eine dicke Paste entstanden ist.

VARIATION

Man kann dem Kräuterdressing außerdem 2 Sardellenfilets und/oder 1 EL Kapern zugeben. In einem fest verschlossenen Gefäß hält es sich im Kühlschrank etwa 1 Monat.

Bunter Gemüsesalat

Farbenfrohe mediterrane Gemüse ergeben leicht in Öl geschmort ein appetitliches Vorgericht. Dazu passt ofenfrisches Weißbrot oder Tomatentoast.

Für 4 Personen
1 Zwiebel
2 rote Paprikaschoten
2 gelbe Paprikaschoten
3 EL Olivenöl
2 Zucchini, in Scheiben geschnitten
2 Knoblauchzehen, zerdrückt
1 EL Balsamessig
50 g Sardellenfilets, gehackt
25 g schwarze Oliven, entsteint, halbiert
Salz und Pfeffer
1 EL frisches Basilikum, gehackt
TOMATENTOAST
1 kleines Baguette
1 Knoblauchzehe, zerdrückt
1 Tomate, gehäutet und klein geschnitten
2 EL Olivenöl
Salz und Pfeffer

1 Die Zwiebel achteln. Die Samenkerne aus den Paprikaschoten entfernen, das Fruchtfleisch in dicke Streifen schneiden.

2 Das Öl in einer Pfanne erhitzen. Zwiebelstücke, Paprika, Zucchini und Knoblauch hineingeben. Unter Rühren etwa 20 Minuten bei mittlerer Hitze sautieren.

3 Essig, Sardellen und Oliven zugeben und nach Geschmack mit Salz und Pfeffer würzen. Gut mischen und zum Abkühlen beiseite stellen.

4 Das Gemüse auf Teller füllen und mit dem Basilikum bestreuen. Für den Tomatentoast das Baguette schräg in 1 cm dicke Scheiben schneiden.

5 Knoblauch, Tomaten, Öl und Gewürze gut mischen und gleichmäßig auf den Brotscheiben verteilen.

6 Die Scheiben auf ein Backblech legen, mit Öl beträufeln und im vorgeheizten Ofen bei 220 °C etwa 5–10 Minuten backen, bis das Brot leicht gebräunt und knusprig ist.

WISSENSWERTES

Kaltgepresstes, natives Olivenöl ist teurer als andere Pflanzenöle, doch hat es den besten Geschmack. Bei Gerichten wie diesem hat das hochwertige Öl eine geschmacksbildende Rolle.

Gelber Paprikasalat

Die farbenfrohe Kombination aus gelben Paprikaschoten, Radieschen und Bleichsellerie ergibt eine knackige, frische Mischung.

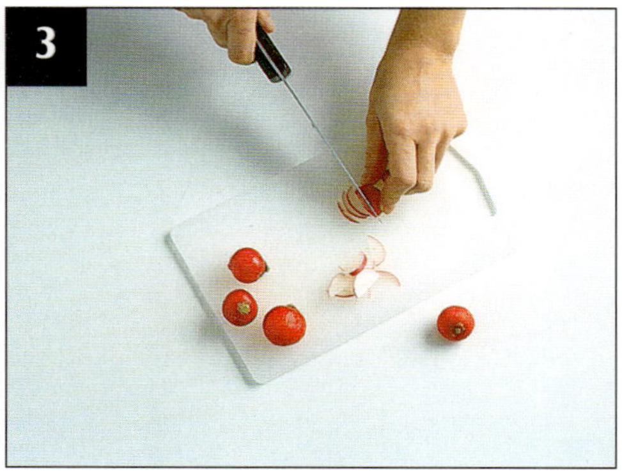

Für 4 Personen
4 Scheiben Pancetta oder Frühstücksspeck, klein geschnitten
2 gelbe Paprikaschoten
8 Radieschen, gewaschen und geputzt
1 Stängel Bleichsellerie, klein geschnitten
3 Eiertomaten, geachtelt
3 EL Olivenöl
1 EL frischer Thymian
Salz und Pfeffer

1 Den Pancetta oder Frühstücksspeck in einer beschichteten Pfanne ohne Zusätze 3–4 Minuten anbraten, bis er kross ist. Auf Küchenpapier abtropfen und abkühlen lassen, beiseite stellen.

2 Die Paprika mit einem scharfen Messer halbieren, die Samenkerne entfernen und das Fruchtfleisch in lange Streifen schneiden.

3 Die Radieschen mit einem Messer halbieren, dann in Keile schneiden. Paprika, Radieschen, Bleichsellerie und Tomaten in einer Schüssel mit Olivenöl und Thymian gut mischen, mit Salz und Pfeffer abschmecken.

4 Den Salat auf Servierteller verteilen und mit dem kross ausgebratenen Speck garnieren.

WISSENSWERTES

Radieschen, die nicht mehr ganz fest sind, gibt man in eine innen gut angefeuchtete Plastiktüte und legt sie in den Kühlschrank.

Rucolasalat

Rucola – auch Rauke genannt – spielt in der italienischen Küche von jeher eine wichtige Rolle. Bei uns wurde das herbe Salatkraut erst Ende der achtziger Jahre wieder entdeckt. Zusammen mit Pistazien und Oliven geht es eine elegante Mischung ein.

1

3

4

Für 4 Personen
25 g Pistazien
5 EL kaltgepresstes Olivenöl
1 EL Rosmarinnadeln, gehackt
2 Knoblauchzehen, gehackt
4 Scheiben Bauernbrot
1 EL Rotweinessig
1 TL Senf mit ganzen Körnern
1 TL Zucker
25 g Rucola (Rauke)
25 g rotstielige Artischockenblätter
50 g grüne Oliven, entsteint
2 EL frisches Basilikum, zerzupft

1 Die Pistazien aus der Schale lösen und mit einem Messer grob hacken.

2 2 EL des Öls in einer Pfanne erhitzen, die Rosmarinnadeln und den Knoblauch unter Rühren 2 Minuten darin angehen lassen.

3 Die Brotscheiben in die Pfanne legen und auf beiden Seiten je etwa 2–3 Minuten anrösten, bis sie goldbraun sind. Das Brot aus der Pfanne nehmen und auf Küchenpapier abtropfen lassen.

4 Für das Dressing das verbliebene Öl mit Rotweinessig, Senf und Zucker gut vermischen.

5 Auf 4 Servierteller je 1 Scheibe des Brots legen. Rucola, rotstielige Artischockenblätter sowie die zuvor halbierten grünen Oliven locker darüber verteilen.

6 Das Dressing über den Salat träufeln. Zuletzt die gehackten Pistazien und zerzupften Basilikumblätter darüber streuen und den Salat sofort servieren.

WISSENSWERTES

Wer keine rotstieligen Artischockenblätter bekommen kann, gibt hauchfein geschnittene Streifchen von rotem Paprika an den Salat.

Bunter Paprikasalat

Gut gekühlt und mit dünnen Scheiben von Salami oder Mortadella und knusprigem Knoblauchbrot serviert, ist dies eine herrliche Vorspeise. Warm serviert ergibt das Paprikagemüse eine leckere Beilage.

Für 4 Personen
4 große Paprikaschoten, grün, gelb, rot, orange
4 EL Olivenöl
1 große rote Zwiebel, in Ringe geschnitten
2 Knoblauchzehen, zerdrückt
4 Tomaten, gehäutet, klein geschnitten
1 Prise Zucker
1 TL Zitronensaft
Salz und Pfeffer

1 Die Paprikaschoten putzen und halbieren, die Samenkerne entfernen.

2 Den Backofengrill vorheizen. Die Paprika mit der Hautseite nach oben etwa 15 Minuten unter den Grill legen, bis die Haut sich löst und schwarze Blasen wirft. Die Schoten in einer Plastiktüte 10 Minuten schwitzen lassen, dann herausnehmen und die Haut abziehen.

3 Die weißen Innenhäutchen entfernen, das Fruchtfleisch in schmale Streifen schneiden. Das Öl erhitzen, Zwiebelringe und Knoblauch darin weich dünsten.

4 Die Paprikastreifen und die Tomaten zugeben und bei schwacher Hitze weitere 10 Minuten köcheln lassen.

5 Vom Herd nehmen, Zucker und Zitronensaft zugeben, mit Salz und Pfeffer abschmecken. Sofort servieren oder abkühlen lassen. Leicht gekühlt hat das Gemüse einen intensiveren Geschmack.

Meeresfrüchtesalat

Salate mit bunten Meeresfrüchten sind in Italien sehr beliebt, da es Fisch und Meeresfrüchte dort reichlich gibt. Jede Region kennt ihre eigenen Spezialitäten.

Für 4 Personen
175 g Tintenfischringe, aufgetaut, falls gefroren
600 ml Wasser
150 ml trockener Weißwein
250 g Seehecht- oder Seeteufelfilet, in Würfeln
16–20 Miesmuscheln, geschrubbt und entbartet
20 Venusmuscheln, geschrubbt (falls erhältlich, sonst mehr Miesmuscheln)
150 g gekochte Shrimps
3–4 Frühlingszwiebeln, in Ringen
Zitronenachtel zum Garnieren
Radicchio und Friséesalat zum Anrichten
DRESSING
6 EL Olivenöl
1 EL Weißweinessig
2 EL frische Petersilie, gehackt
1–2 Knoblauchzehen, zerdrückt
Salz und Pfeffer
KNOBLAUCHMAYONNAISE
5 EL Mayonnaise
2–3 EL Frischkäse oder Naturjoghurt
2 Knoblauchzehen, zerdrückt
1 EL Kapern
2 EL frische Petersilie, gehackt

1 Die Tintenfischringe in Wasser und Wein 20 Minuten pochieren, bis sie fast weich sind, den Fisch zugeben und weitere 7–8 Minuten simmern lassen. Den Fisch aus dem Kochsud nehmen und beiseite stellen, den Sud durch ein Sieb in einen Topf geben.

2 Den Sud zum Kochen bringen, die Mies- und Venusmuscheln hineingeben und bedeckt 5 Minuten köcheln lassen, bis sich die Muscheln öffnen. Geschlossene Muscheln wegwerfen.

3 Die Muscheln abgießen, aus den Schalen lösen und mit dem gegarten Fisch, den Shrimps und den Frühlingszwiebeln in eine Schüssel geben.

4 Für das Dressing Öl, Essig, Petersilie, Knoblauch, Salz und viel schwarzen Pfeffer miteinander verschlagen, über die Meeresfrüchte gießen und gut mischen. Zugedeckt einige Stunden kalt stellen.

5 Blätter von Radicchio und Friséesalat auf 4 Serviertellern anrichten und von dem Meeresfrüchtesalat je eine Portion darauf geben. Mit Zitrone garnieren. Die Zutaten für die Knoblauchmayonnaise mischen und zum Salat reichen.

Gegrillte Caprese

Die Caprese, ein Salat aus Tomaten, Büffelmozzarella und Basilikum, abgerundet mit Balsamessig und Olivenöl, ist eine Spezialität von der Insel Capri. Diese Caprese wird zusätzlich unter den Grill geschoben.

Für 4 Personen
2 Fleischtomaten
130 g Mozzarella
12 schwarze Oliven
1 EL Balsamessig
1 EL Olivenöl
Salz und Pfeffer
Basilikumblätter zum Garnieren

1 Die Tomaten mit einem scharfen Messer in dünne Scheiben schneiden.

2 Den Mozzarella mit einem scharfen Messer in dünne Scheiben schneiden.

3 Die Oliven entsteinen und in Ringe schneiden.

4 Tomaten, Mozzarella und Oliven in 4 Stapeln übereinander schichten, den Abschluss sollte eine Scheibe Mozzarella bilden.

5 Die Stapel unter den vorgeheizten Grill schieben und 2–3 Minuten überbacken, bis der Käse leicht bräunt und schmilzt.

6 Balsamessig und Olivenöl darüber träufeln und mit Salz und Pfeffer würzen.

7 Auf Servierteller geben, mit Basilikum garnieren und sofort servieren.

WISSENSWERTES

Balsamessig (Aceto balsamico) stammt aus Modena in der Region Emilia-Romagna. Der tiefbraune Weinessig wird in Fässern aus verschiedenen ausgesuchten Holzarten hergestellt. Er muss mindestens 3 Jahre lagern.

WISSENSWERTES

Büffelmozzarella wird im gut sortierten Fachhandel lose angeboten. Er ist zwar deutlich teurer als abgepackter Kuhmilchmozzarella, aber auch geschmacklich sehr viel besser; außerdem ist er weicher in der Konsistenz.

Artischocken-Parma-schinken-Salat

Falls erhältlich, sollte man lieber Artischocken aus dem Glas als solche aus der Dose verwenden, denn sie haben einen besseren Geschmack.

Für 4 Personen
250 g Artischockenherzen (aus der Dose oder dem Glas)
4 kleine Tomaten
25 g getrocknete Tomaten, in Streifen geschnitten
25 g schwarze Oliven, entsteint und halbiert
25 g Parmaschinken, in Streifen geschnitten
1 EL frische Basilikumblätter, zerzupft
frische Basilikumzweige zur Garnierung
FRENCH DRESSING
3 EL Olivenöl
1 EL Weißweinessig
1 Knoblauchzehe, zerdrückt
$^1/_2$ TL Dijonsenf
1 TL flüssiger Honig
Salz und Pfeffer

1 Die Artischocken abtropfen lassen, vierteln und in eine Schüssel geben.

2 Die Tomaten in jeweils 6 Segmente schneiden und zusammen mit getrockneten Tomaten, Oliven und Parmaschinken in die Schüssel geben.

3 Für das Dressing alle Zutaten in ein Glas mit Schraubverschluss geben. Das Glas kräftig schütteln, damit sich alle Zutaten gut vermischen.

4 Das Dressing über den Salat gießen und gut mischen. Den Salat auf Einzelteller geben, das zerzupfte Basilikum darüber streuen und mit Basilikumzweigen garniert servieren.

Thunfischsalat

Eine Vorspeise, die ein leichtes Sommeressen einleiten könnte. Man reicht heißen Knoblauchtoast dazu. Ein leichter Rotwein ist das passende Getränk.

Für 4 Personen
500 g Tomaten
200 g Thunfisch (aus der Dose), abgetropft
2 EL frische Petersilie, gehackt
1/2 Salatgurke
1 kleine rote Zwiebel, in Ringe geschnitten
225 g gekochte grüne Bohnen
1 kleine rote Paprikaschote, entkernt
1 Salatherz
6 EL French Dressing (s. S. 30)
3 hart gekochte Eier
50 g Sardellenfilets, abgetropft
12 schwarze Oliven, entsteint

1 Die Tomaten achteln, den Thunfisch mit 2 Gabeln zerzupfen. Beides zusammen mit der Petersilie in eine Schüssel geben.

2 Die Gurke der Länge nach halbieren, dann in Scheiben schneiden. Die Zwiebel in Ringe schneiden und beides in die Schüssel geben.

3 Die Bohnen und die Paprikaschote in mundgerechte Stücke schneiden und mit den Salatblättern in die Schüssel geben.

4 Das French Dressing über den Salat geben, alles sehr gründlich mischen und in eine Servierschale umfüllen.

5 Die Eier vierteln. Den Salat mit den Eivierteln, den Sardellenfilets und den Oliven garniert servieren.

WISSENSWERTES

Sardellenfilets können in Öl oder in grobem Salz eingelegt sein. Wer sie nach dem Abtropfen noch immer zu salzig findet, legt sie 5–10 Minuten in eine Untertassse mit Milch.

VARIATION

Alternativ kann man halbierte Wachteleier nehmen. Es gibt sie hart gekocht und gepellt im Glas. Frische Wachteleier sollte man unter fließendem Wasser pellen.

Überbackener Fenchel

Fenchel ist in Italien ein beliebtes Gemüse. Hier werden die deutlich nach Anis schmeckenden Knollen zunächst vorgegart und dann in einer Béchamelsauce mit Parmesan überbacken.

Für 4 Personen
4 Fenchelknollen
25 g Butter
Béchamelsauce (s. S. 17), mit 2 Eigelb abgezogen
150 ml trockener Weißwein
25 g frische Semmelbrösel
3 EL frisch geriebener Parmesan
Salz und Pfeffer
Fenchelgrün zum Garnieren

1 Die Fenchelknollen putzen, dabei alle holzigen Teile entfernen. Die Knollen halbieren.

2 Den Fenchel in einem Topf mit Salzwasser in 20 Minuten bissfest garen. Abgießen und gut abtropfen lassen.

3 Eine Auflaufform mit Butter ausstreichen und den Fenchel mit den Schnittseiten nach oben einlegen.

4 Den Weißwein in die Béchamelsauce rühren, kräftig abschmecken, die Sauce über den Fenchel gießen.

5 Semmelbrösel und Parmesan gleichmäßig über der Oberfläche verteilen.

6 Im vorgeheizten Ofen bei 200 °C etwa 20 Minuten überbacken, bis die Oberfläche goldbraun ist. Mit Fenchelgrün garniert sofort servieren.

1

4

5

Toskanischer Bohnensalat

Die Kombination von weißen Bohnen und Thunfisch ist besonders in der Toskana sehr beliebt. Das Dressing erhält durch den Honig und die Zitrone eine frische und raffinierte Komponente.

Für 4 Personen
2 Frühlingszwiebeln, in feine Ringe geschnitten
800 g kleine weiße Bohnen (aus der Dose), abgetropft
2 mittelgroße Tomaten
200 g Thunfisch (aus der Dose), abgetropft
2 EL glatte Petersilie, gehackt
2 EL Olivenöl
2 EL Zitronensaft
2 TL flüssiger Honig
1 Knoblauchzehe, zerdrückt

1 Die Frühlingszwiebeln und die abgetropften Bohnen zusammen in eine Schüssel geben.

2 Die Tomaten halbieren, in schmale Segmente schneiden und ebenfalls in die Schüssel geben.

3 Den Thunfisch mit 2 Gabeln zerpflücken, zu den anderen Zutaten geben und Petersilie darüber streuen.

4 Olivenöl, Zitronensaft, Honig und Knoblauch in ein Deckelglas geben und kräftig schütteln, bis die Zutaten emulgieren und ein Dressing entsteht.

5 Das Dressing über den Salat geben, mit 2 Löffeln gründlich durchmischen und servieren.

WISSENSWERTES

In einem gut verschlossenen Gefäß hält sich der Salat 2–3 Tage im Kühlschrank. Das Dressing sollte erst kurz vor dem Servieren zubereitet und darüber gegeben werden.

VARIATION

In Wasser eingelegter Thunfisch ist weniger fett als Thunfisch in Öl. Statt des Thunfischs aus der Dose kann man auch frischen, pochierten Lachs für diesen Salat verwenden.

Auberginensalat

Dieser herzhafte Salat mit Biss und süßsaurer Sauce ist einer sizilianischen Spezialität nachempfunden.

Für 4 Personen
2 große Auberginen, zusammen etwa 1 kg
6 EL Olivenöl
1 kleine Zwiebel, fein gehackt
2 Knoblauchzehen, zerdrückt
6–8 Stängel Bleichsellerie, in 1 cm großen Stücken
2 EL Kapern
12–16 grüne Oliven, entsteint, in Ringe geschnitten
2 EL Pinienkerne
25 g Zartbitterschokolade, gerieben
4 EL Weißweinessig
1 EL brauner Zucker
Salz und Pfeffer
2 hart gekochte Eier, in Scheiben geschnitten
Sellerieblätter oder krause Petersilie zum Garnieren

1 Die Auberginen in 2,5 cm große Würfel schneiden, reichlich mit Salz bestreuen und 30 Minuten stehen lassen, damit ihnen überschüssiges Wasser entzogen wird. Unter kaltem Wasser gründlich abspülen. Mit Küchenpapier sorgfältig trockentupfen.

2 5 EL Öl in einer Pfanne erhitzen. Die Auberginenwürfel darin unter Rühren anbraten, bis sie rundum goldbraun sind. Auf Küchenpapier abtropfen lassen und in eine große Schüssel geben.

3 Zwiebeln und Knoblauch mit dem restlichen Öl in die Pfanne geben und glasig dünsten. Den Sellerie zugeben und unter Rühren einige Minuten sautieren, bis die Gemüse leicht Farbe angenommen haben.

4 Die Selleriemischung zu den Auberginen geben, Kapern, Oliven und Pinienkerne hinzufügen und gut mischen.

5 Schokolade, Essig und Zucker in die Pfanne geben, bei schwacher Hitze schmelzen und einmal aufwallen lassen. Mit Salz und viel Pfeffer kräftig abschmecken und über den Salat gießen, gut mischen. Auskühlen lassen und zugedeckt in den Kühlschrank stellen.

6 Den Salat mit Eischeiben und Sellerieblättern oder krauser Petersilie garniert zu Tisch bringen.

Fenchelsalat mit Minze

Ein sehr erfrischender Sommersalat, der den Geschmack von frischem Fenchel mit der fruchtigen Säure von Orangen kombiniert.

Für 4 Personen
1 Fenchelknolle
2 kleine Orangen
1 kleine oder 1/2 große Salatgurke
1 EL frische Minze, gehackt
1 EL kaltgepresstes Olivenöl
2 hart gekochte Eier

1 Den Fenchel putzen und holzige Stellen entfernen, dann in feine Scheiben schneiden. Die Scheiben in eine Schale mit Zitronenwasser geben (siehe »Wissenswertes«).

2 Die Schale der Orangen über einer Schüssel abreiben. Das verbliebene Weiße mit einem scharfen Messer abschneiden. Dann die Orangen über der Schüssel mit den abgeriebenen Schalen filetieren.

3 Die Gurke mit einem scharfen Messer in 1 cm dicke Scheiben schneiden, dann jede Scheibe vierteln. Die Gurke mit dem abgetropften Fenchel und der Minze zu den Orangen geben.

4 Das Olivenöl in dünnem Faden über den Salat geben und gut durchmischen.

5 Die Eier pellen und vierteln. Den Salat auf Teller verteilen und mit den Eivierteln garniert sofort servieren.

WISSENSWERTES

Wie Äpfel und Birnen wird auch Fenchel braun, wenn er längere Zeit der Luft ausgesetzt ist. Um dies zu vermeiden, legt man ihn in Wasser, dem Zitronensaft beigemischt wurde.

WISSENSWERTES

Das erste, aus der kalten Pressung stammende Olivenöl ist das beste, da es alle wertvollen Inhaltsstoffe und den besten Geschmack hat. Allerdings ist es entsprechend teuer.

1

2

3

Champignonsalat

Kleine, rohe Champignons haben einen frischen, leicht erdigen Geschmack, den man in Italien sehr zu schätzen weiß.

Für 4 Personen
150 g feste weiße Champignons
4 EL kaltgepresstes Olivenöl
1 EL Zitronensaft
5 Sardellenfilets, abgespült und klein geschnitten
1 EL frische Majoranblättchen
Salz und Pfeffer

1 Die Champignons vorsichtig mit einem feuchten Tuch abwischen und mit einem scharfen Messer in dünne Scheiben schneiden.

2 Das Olivenöl mit dem Zitronensaft gründlich verschlagen und über die Pilze gießen. Vorsichtig vermischen, bis die Pilze ganz von der Flüssigkeit überzogen sind.

3 Die Sardellenfilets unterheben und mit schwarzem Pfeffer aus der Mühle kräftig abschmecken. Mit den Majoranblättchen garnieren.

4 Den Pilzsalat 5 Minuten ruhen lassen, damit sich die Aromen verbinden, nochmals durchmischen, salzen und servieren.

WISSENSWERTES

Wer getrocknete Kräuter anstelle der frischen verwendet, benötigt nur etwa ein Drittel der Menge.

1

2

3

Überbackene Auberginen

Ein Gericht aus der Gegend von Parma. Es empfiehlt sich, die Tomatensauce durch sanftes Köcheln vor dem Gebrauch ein wenig zu reduzieren.

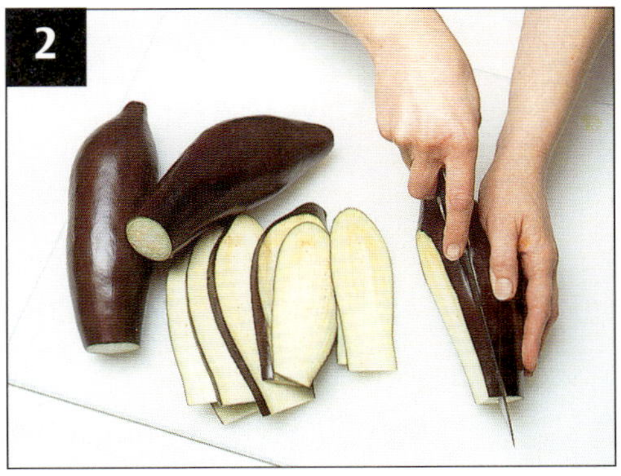

Für 4 Personen
4 Auberginen, küchenfertig
3 EL Olivenöl
300 g Mozzarella, in dünnen Scheiben
4 Scheiben Parmaschinken, in Streifen
1 EL frischer Majoran, gehackt
1 EL frisches Basilikum, gehackt
1/2 Menge Béchamelsauce (s. S. 17)
25 g frisch geriebener Parmesan
Salz und Pfeffer
TOMATENSAUCE
4 EL Olivenöl
1 große Zwiebel, gehackt
4 Knoblauchzehen, zerdrückt
400 g geschälte Tomaten in Stücken (aus der Dose)
500 g frische Tomaten, gehäutet und gewürfelt
4 EL frische Petersilie, gehackt
600 ml heiße Gemüsebrühe
1 EL Zucker
2 EL Zitronensaft
150 ml trockener Weißwein
Salz und Pfeffer

1 Für die Tomatensauce das Öl erhitzen, Zwiebel und Knoblauch darin weich dünsten. Geschälte und frische Tomaten, Petersilie, Gemüsebrühe, Zucker und Zitronensaft zugeben, bedeckt 15 Minuten köcheln lassen. Den Weißwein zugeben und nach Geschmack würzen.

2 Die Auberginen längs in dünne Scheiben schneiden. In einem großen Topf leicht gesalzenes Wasser aufsetzen und die Auberginenscheiben darin 5 Minuten garen.

3 Die Auberginen abgießen, die Scheiben nebeneinander legen und mit Küchenpapier trockentupfen. Die Hälfte der Tomatensauce in eine mit Öl ausgefettete Auflaufform gießen, die Hälfte der Auberginenscheiben darüber verteilen und mit etwas Öl beträufeln. Die Hälfte des Mozzarellas, des Parmaschinkens, des Majorans und des Basilikums darüber geben, gut salzen und pfeffern.

4 Dieselbe Schichtung noch einmal wiederholen, dann die Béchamelsauce darüber gießen und mit dem Parmesan bestreuen. Im vorgeheizten Ofen bei 190 °C 35–40 Minuten goldbraun überbacken und heiß servieren.

Spinatsalat

Frischen, ganz jungen Spinat kann man roh verzehren. Zusammen mit Hühnerfleisch und einem cremigen Dressing ergibt er einen exzellenten Salat.

Für 4 Personen
50 g Champignons
125 g junger Spinat, gewaschen
75 g Radicchio, grob geschnitten
125 g gekochtes Hähnchenbrustfilet
50 g Parmaschinken
2 EL Olivenöl
abgeriebene Schale von 1/2 und Saft von 1 Orange
1 EL Naturjoghurt

1 Die Champignons putzen und mit einem feuchten Tuch abwischen.

2 Den Spinat und den Radicchio in einer Schüssel vorsichtig mischen.

3 Die Champignons blättrig schneiden und zu den Salaten in die Schüssel geben.

4 Die gekochte Hähnchenbrust in Stücke zupfen, den Schinken in Streifen schneiden. Beide unter die Salatblätter mischen.

5 Für das Dressing das Olivenöl, die Orangenschale, den Orangensaft und den Joghurt in ein Glas mit Schraubverschluss geben. Das Glas kräftig schütteln, bis alle Zutaten gut vermischt sind, anschließend mit Salz und Pfeffer abschmecken.

6 Das Dressing über den Spinatsalat träufeln, gut durchmischen und sofort servieren.

VARIATION

Alternativ bereitet man einen Salat mit ausgebratenem Frühstücksspeck und knusprigen Knoblauchcroûtons.

WISSENSWERTES

Der rotblättrige Radicchio ist wie der Chicorée eine Zichorienart. Er schmeckt herb bis leicht bitter.

Italienischer Kartoffelsalat

Kartoffelsalat ist überall beliebt, doch mit getrockneten Tomaten und frischer Petersilie zubereitet wird er zu etwas Besonderem.

Für 4 Personen
450 g sehr kleine Frühkartoffeln, ungeschält
8 getrocknete Tomaten
4 EL Naturjoghurt
4 EL Mayonnaise
Salz und Pfeffer
2 EL glattblättrige Petersilie, gehackt

1 Die Kartoffeln gründlich abschrubben, dann in reichlich Wasser zum Kochen bringen und 8–12 Minuten so eben gar kochen. (Die Kochzeit richtet sich nach Größe und Sorte der Kartoffeln.)

2 Die getrockneten Tomaten mit einem scharfen Messer in feine Streifen schneiden.

3 Für das Dressing Joghurt und Mayonnaise in einer Schüssel miteinander verrühren, mit etwas Salz und Pfeffer abschmecken. Tomatenstreifen und Petersilie zugeben und gut untermischen.

4 Die Kartoffeln abgießen, kurz abdämpfen und zum Abkühlen beiseite stellen. Größere Kartoffeln halbieren oder vierteln (die Stücke sollten nicht größer als 5 cm sein).

5 Das Dressing über die abgekühlten Kartoffeln gießen und gut mischen. Den Kartoffelsalat für 20 Minuten in den Kühlschrank stellen, damit er völlig durchkühlt, dann entweder als Vorspeise oder als Beilage servieren.

Kartoffeln mit Oliven und Sardellen

Diese Kartoffelzubereitung ist eine köstliche Beilage zu gegrilltem Fisch oder Lammkoteletts. Der Fenchel trägt einen zarten Anisgeschmack bei.

Für 4 Personen
450 g neue Kartoffeln, geschrubbt
75 g gemischte Oliven
8 Sardellenfilets, abgetropft
2 EL Olivenöl
2 Fenchelknollen, geputzt, in Scheiben geschnitten
Nadeln von 2 Zweigen Rosmarin
Salz und Pfeffer

1 In einem großen Topf Wasser aufsetzen und die Kartoffeln darin 8–10 Minuten kochen, bis sie knapp gar sind. Mit einer Schaumkelle aus dem Wasser heben und zum Abkühlen beiseite stellen.

2 Sobald die Kartoffeln abgekühlt sind, mit einem scharfen Messer in Keile schneiden.

3 Die Oliven mit einem scharfen Messer halbieren und entsteinen.

4 Die Sardellenfilets mit einem scharfen Messer in schmale Streifen oder Stücke schneiden.

5 Das Öl in einer großen Pfanne erhitzen, Kartoffeln, Fenchel und den Rosmarin hineingeben. Unter gelegentlichem Wenden braten, bis die Kartoffeln goldbraun sind.

6 Oliven und Sardellen zugeben und bei schwacher Hitze 1 Minute lang gründlich durchwärmen. Auf einen großen Servierteller umfüllen und sofort auftragen.

WISSENSWERTES

Frischer Rosmarin ist ein in Italien sehr beliebtes Gewürz. Man kann für dieses Gericht auch andere frische Kräuter verwenden.

WISSENSWERTES

Junge Kartoffeln schmecken nicht nur besser, wenn sie in der Schale gekocht wurden, es bleiben ihnen auch wichtige Nährstoffe erhalten.

Bunter Vorspeisenteller

Würste, Salami und Schinken werden im Italienischen mit dem Sammelbegriff »salumi« bezeichnet. Man verzehrt sie zusammen mit frischen Früchten als Vorspeise.

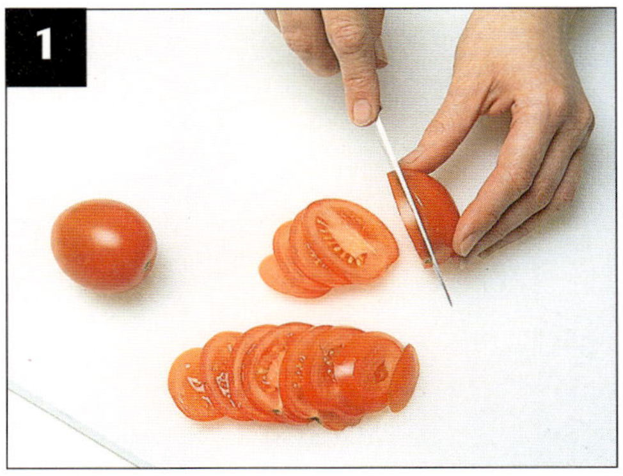

Für 4 Personen
3 reife Tomaten
3 frische Feigen
1 kleine Zuckermelone
20 g italienische Salami, dünn geschnitten
6 Scheiben Parmaschinken, dünn geschnitten
6 Scheiben Bündnerfleisch
4 Blatt frisches Basilikum, fein geschnitten
6 TL Olivenöl
75 g Oliven, entsteint
frisch gemahlener schwarzer Pfeffer

1 Die Tomaten in Scheiben schneiden.

2 Die Feigen vierteln.

3 Die Melone halbieren, die Kerne herauskratzen und das Fruchtfleisch in schmale Segmente schneiden.

4 Salami, Schinken und Bündnerfleisch auf der einen Hälfte eines Serviertellers arrangieren. Die Tomaten in die Mitte geben, Basilikum darüber streuen und mit Öl beträufeln.

5 Feigen und Melonen auf dem restlichen Teller arrangieren, die Oliven über den Salumi verteilen.

6 Mit zusätzlichem Olivenöl für das Bündnerfleisch und grob gemahlenem schwarzem Pfeffer sowie Grissini oder Weißbrot servieren.

Linsen-Thunfisch-Salat

Ein sättigender winterlicher Salat, der mit Gewürzen und Zitronensaft aromatisierte Linsen mit Thunfisch vereinigt.

Für 4 Personen
1 kleine rote Zwiebel
2 reife Tomaten
3 EL kaltgepresstes Olivenöl
1 EL Zitronensaft
1 TL Senf mit ganzen Körnern
1 Knoblauchzehe, zerdrückt
1/2 TL gemahlener Kreuzkümmel
1/2 TL gemahlener Koriander
400 g Linsen (aus der Dose), abgetropft
200 g Thunfisch (aus der Dose), abgetropft
2 EL frisches Koriandergrün (Cilantro), gehackt
Pfeffer

1 Die Tomaten vierteln, die Kerne entfernen und das Fruchtfleisch würfeln.

2 Die rote Zwiebel mit einem scharfen Messer fein würfeln.

3 Für das Dressing Olivenöl, Zitronensaft, Senf, Knoblauch, Kreuzkümmel und Korianderpulver zusammen in eine Schüssel geben und mit dem Schneebesen gründlich verschlagen. Bis zum Gebrauch beiseite stellen.

4 Die gewürfelten Zwiebeln und Tomaten sowie die abgetropften Linsen zusammen in eine Schüssel geben.

5 Den Thunfisch mit 2 Gabeln zerpflücken und vorsichtig unter die Zutaten in der Schüssel heben.

6 Das Koriandergrün vorsichtig untermischen.

7 Das Dressing über den Linsensalat gießen, mit frisch gemahlenem schwarzem Pfeffer würzen, mischen und sofort auftragen.

WISSENSWERTES

Statt der vorgekochten braunen Linsen aus der Dose kann man getrocknete Linsen einweichen und nach Packungsvorschrift selbst kochen. Besonders geeignet für diesen Salat sind Puylinsen.

Geschmorter Fenchel

Besonders in Norditalien wird viel Fenchel verwendet. Das vielseitige Gemüse kann gekocht, aber auch roh in Salaten verzehrt werden.

Für 4 Personen
2 Fenchelknollen
2 Stängel Bleichsellerie, in 7,5 cm langen Stücken
6 getrocknete Tomaten, halbiert
200 g passierte Tomaten
2 TL getrockneter Oregano
50 g frisch geriebener Parmesan

1 Den Fenchel putzen, mit einem scharfen Messer alle holzigen Stellen entfernen, die Knollen vierteln.

2 Einen großen Topf voll Wasser zum Kochen bringen, Fenchel und Sellerie darin in 8–10 Minuten so eben bissfest kochen. Mit einem Schaumlöffel herausheben und abtropfen lassen.

3 Fenchel, Sellerie und getrocknete Tomaten in einer flachen Auflaufform arrangieren.

4 Den Oregano unter die passierten Tomaten rühren, die Mischung über die Gemüse gießen.

5 Den Parmesan darüber streuen und im vorgeheizten Ofen bei 190 °C etwa 20 Minuten überbacken, bis die Gemüse durch und durch heiß sind.

6 Als Vorspeise mit knusprigem Weißbrot oder als Gemüsebeilage zu Fisch oder kurz gebratenem Fleisch servieren.

VARIATION

Zur Abwechslung kann man dieses Gericht auch mit Lauch (Porree) zubereiten. Man nimmt 750 g in Ringe geschnittenen Lauch, den man gründlich wäscht, damit kein Sand mehr darin hängt.

VARIATION

Möchte man ein sättigendes Gericht für Vegetarier zubereiten, kann man den Gemüsen außerdem 400 g bereits gekochte, gut abgetropfte weiße Bohnen aus der Dose (Canellini oder Borlotti) untermischen.

1

3

4

Paste von schwarzen Oliven

Man isst diese delikate Paste als Vorspeise oder als kleinen Cocktailsnack auf kross gebratenen Weißbrottalern.

Für 4 Personen
250 g fleischige schwarze Oliven, entsteint
1 Knoblauchzehe, zerdrückt
abgeriebene Schale von 1 Zitrone
4 EL Zitronensaft
25 g frische Semmelbrösel
50 g vollfetter Frischkäse
Salz und Pfeffer
Zitronenschnitze zum Garnieren

1 Die Oliven mit einem Messer grob hacken und mit Knoblauch, Zitronenschale und -saft, Semmelbröseln und Frischkäse mischen. Im Mörser oder in der Küchenmaschine zu einer Paste verarbeiten, mit Salz und Pfeffer abschmecken.

2 Die Paste in ein Glas mit Schraubverschluss füllen und für einige Stunden in den Kühlschrank stellen.

3 Aus dick geschnittenen Scheiben Weiß- oder Graubrot mit dem Ausstecher Kreise ausschneiden.

4 Die Brotkreise in der Pfanne in einer Mischung aus Olivenöl und Butter auf beiden Seiten goldbraun braten. Auf Küchenpapier abtropfen lassen.

5 Auf jeden Brottaler ein wenig von der Olivenpaste geben. Mit Zitronenschnitzen garniert sofort zu Tisch bringen. In einem luftdicht verschlossenen Glas hält sich die Paste im Kühlschrank etwa 2 Wochen.

Tomaten mit Thunfischmayonnaise

Köstliche gegrillte Tomaten werden mit einer selbst zubereiteten Zitronenmayonnaise und mit Thunfisch gefüllt.

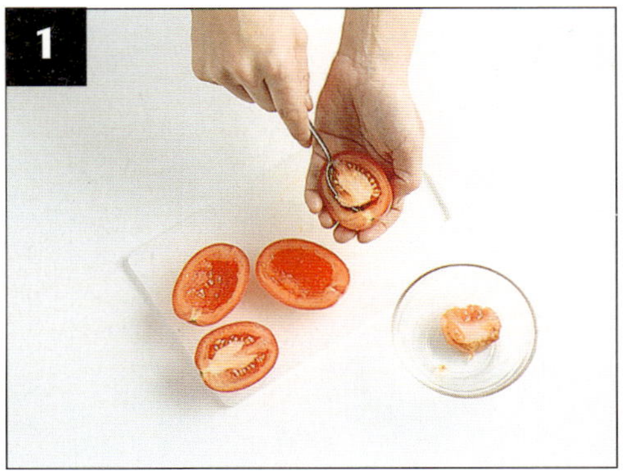

Für 4 Personen
4 Eiertomaten
2 EL Pesto rosso (siehe »Wissenswertes«)
4 EL Olivenöl
2 Eigelb
2 TL Zitronensaft
abgeriebene Schale von 1 Zitrone
125 g Thunfisch (aus der Dose), abgetropft
2 EL Kapern
Salz und Pfeffer
GARNIERUNG
2 getrocknete Tomaten in Streifen
frische Basilikumblätter

1 Die Tomaten längs halbieren, das Kernhaus auslöffeln und die entstandene Höhlung mit Pesto rosso ausstreichen.

2 Die Tomaten mit der Höhlung nach oben auf ein mit Öl ausgefettetes Backblech setzen und für einige Minuten unter den heißen Grill schieben, bis sie heiß, aber noch fest sind. Zum Abkühlen beiseite stellen.

3 Für die Mayonnaise die Eigelbe in die Küchenmaschine oder den Mixer geben und mit Zitronensaft und der Zitronenschale vermischen. Bei laufendem Motor tropfenweise das Öl zugeben, bis die Sauce dickt. Alternativ die Mayonnaise unter ständigem Rühren mit dem Schneebesen in einer Schüssel zubereiten.

4 Thunfisch und Kapern unter die Mayonnaise rühren und nach Geschmack würzen.

5 Die Thunfischmayonnaise in die Tomaten löffeln und bis zum Verzehr in den Kühlschrank stellen. Mit Streifen von getrockneten Tomaten und Basilikum garniert servieren.

WISSENSWERTES

Pesto rosso ist eine Paste aus getrockneten Tomaten, Gewürzen und Olivenöl, die man fertig kaufen kann. Um sie selbst herzustellen, schneidet man getrocknete Tomaten klein, püriert sie mit Olivenöl und würzt nach Geschmack. In einem luftdicht verschlossenen Gefäß hält sich die Paste im Kühlschrank 2 Wochen.

Frische Feigen mit Parmaschinken

Für diesen raffinierten fruchtigen Salat kann man grüne oder blaue Feigen verwenden. Die blauen setzen lediglich einen interessanten farblichen Akzent.

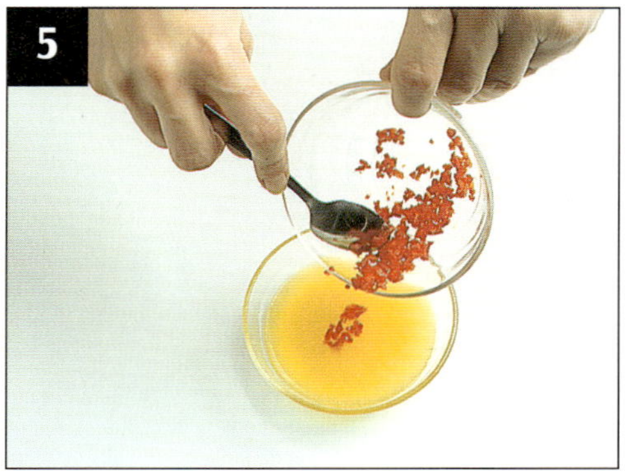

Für 4 Personen
40 g Rucola (Rauke)
4 frische Feigen
4 Scheiben Parmaschinken
4 EL Olivenöl
1 EL frischer Orangensaft
1 EL flüssiger Honig
1 kleine rote Pfefferschote

WISSENSWERTES

Der Parmaschinken stammt aus der Stadt Parma. Echtheitszeichen ist der Brandstempel mit der fünfzackigen Herzogskrone.

WISSENSWERTES

Pfefferschoten enthalten ätherische Öle, die die Haut reizen können. Zum Schneiden Handschuhe tragen oder danach die Hände waschen.

1 Den Rucola verlesen und in mundgerechte Stücke zupfen. Auf 4 Teller verteilen.

2 Die Feigen mit einem scharfen Messer vierteln. Je 4 Viertel auf die Teller mit dem Rucola setzen.

3 Den Parmaschinken mit einem scharfen Messer in Streifen schneiden, die Streifen aufrollen und auf die 4 Teller verteilen.

4 Öl, Orangensaft und Honig in ein Glas mit Schraubdeckel geben, heftig schütteln, bis ein emulgiertes Dressing entstanden ist. Das Dressing in eine Schüssel umgießen.

5 Die Pfefferschote mit einem scharfen Messer halbieren, die Kerne herauskratzen, das Fruchtfleisch sehr klein schneiden und zum Dressing in die Schüssel geben.

6 Das Dressing über die Zutaten auf den 4 Tellern träufeln, vorsichtig, aber gründlich durchmischen und sofort servieren.

Süßsaure Perlzwiebeln

Dieses typische Rezept der sizilianischen Küche kombiniert die Süße des Honigs mit der Säure des Essigs und der natürlichen Schärfe der Zwiebeln. Man isst die Zwiebeln heiß als Beilage oder kalt als Vorgericht.

Für 4 Personen
350 g Perlzwiebeln
2 EL Olivenöl
2 frische Lorbeerblätter, zerzupft
hauchfein abgeschnittene Schale von 1 Zitrone
1 EL brauner Zucker
1 EL flüssiger Honig
4 EL Rotweinessig

1 Die Zwiebeln in einer Schüssel mit kochendem Wasser übergießen – sie lassen sich dann leichter abpellen. Mit einem scharfen Messer pellen und halbieren.

2 Das Öl in einer großen Pfanne erhitzen. Die Lorbeerblätter und die Zwiebeln hineingeben und bei mittlerer Hitze 5–6 Minuten unter gelegentlichem Wenden anbraten, bis sie rundum leicht gebräunt sind.

3 Die Zitronenschale mit einem Messer in streichholzbreite Streifen schneiden, mit Zucker und Honig zu den Zwiebeln geben. Unter Wenden 2–3 Minuten karamellisieren lassen.

4 Vorsichtig den Rotweinessig angießen. Die Perlzwiebeln unter Rühren etwa 5 Minuten köcheln lassen, bis sie weich sind, ohne zu zerfallen. Die Flüssigkeit sollte fast gänzlich verdampft sein.

5 Die Zwiebeln auf einen Servierteller umfüllen und sofort heiß oder abgekühlt servieren.

WISSENSWERTES

Wenn man Essig in eine heiße Pfanne angießt, sollte man genügend Abstand halten, um den aufsteigenden Dampf nicht direkt einatmen zu müssen, denn er reizt die Schleimhäute.

WISSENSWERTES

Je nachdem, ob man es lieber süß oder eher sauer mag, kann man den Anteil an Zucker oder Essig erhöhen. Besonders pikant werden die Zwiebeln, wenn man Balsamessig statt des Rotweinessigs verwendet.

1

3

4

Geschmorte Artischocken

Die in Olivenöl geschmorten jungen Artischocken sind ein Gericht aus dem jüdischen Ghetto im alten Rom und heißen daher Carciofi alla giuda – Artischocken nach jüdischer Art.

Für 4 Personen
4 zarte junge Artischocken
4 Knoblauchzehen, gepellt
2 Lorbeerblätter
abgeriebene Schale und Saft von 1 Zitrone
etwa 1/2 l Olivenöl
2 EL frischer Majoran
Zitronenschnitze zum Garnieren

1 Mit einem scharfen Messer die äußeren harten Blätter der Artischocken entfernen, die holzigen Stiele auf etwa 2,5 cm kürzen.

2 Die Artischocken halbieren und das Heu mit dem Messer entfernen.

3 Die Artischocken nebeneinander in einen breiten Topf setzen und so viel Öl angießen, dass sie gut zur Hälfte davon bedeckt sind.

4 Knoblauchzehen, Lorbeerblätter und die Hälfte der Zitronenschale zugeben.

5 Die Artischocken langsam erhitzen und bei schwacher bis mittlerer Hitze 40 Minuten garen, nicht frittieren. Nach 20 Minuten einmal wenden.

6 Sobald die Artischocken weich sind, mit der Schaumkelle aus dem Öl heben und auf Küchenpapier gut abtropfen lassen.

7 Die Artischocken auf vorgewärmte Teller geben, mit der verbliebenen abgeriebenen Zitronenschale und dem frischen Majoran bestreuen und mit den Zitronenschnitzen garniert sofort servieren. Man reicht Weißbrot dazu.

WISSENSWERTES

Um zu verhindern, dass die angeschnittenen Artischocken sich an der Luft verfärben, stellt man eine Schüssel mit Eiswasser bereit, in die man Zitronensaft gibt. Man legt die fertig vorbereiteten Artischocken hinein, bis alle geputzt sind.

Kichererbsen mit Parmaschinken

Kichererbsen kann man fertig gekocht in der Dose kaufen. Da sie meist sehr weich gekocht sind und leicht zerfallen, sollte man sie nach Möglichkeit selbst kochen.

Für 4 Personen
1 EL Olivenöl
1 mittelgroße Zwiebel, in feine Ringe geschnitten
1 Knoblauchzehe, zerdrückt
1 kleine rote Paprikaschote, entkernt, in Streifen geschnitten
200 g Parmaschinken, stückig geschnitten
400 g Kichererbsen (aus der Dose), abgespült und abgetropft
1 EL frische Petersilie, gehackt
knuspriges Weißbrot als Beilage

1 Das Öl in einer großen Pfanne erhitzen. Zwiebelringe, Knoblauch und Paprikastreifen hineingeben und 3–4 Minuten unter Wenden mit einem Holzspatel andünsten.

2 Den Parmaschinken in die Pfanne geben und alles bei milder Hitze etwa 5 Minuten sautieren, bis der Schinken leicht zu bräunen beginnt.

3 Die Kichererbsen zu den Gemüsen und dem Schinken geben und unter Rühren etwa 2–3 Minuten lang durchwärmen.

4 Auf eine vorgewärmte Servierplatte umfüllen, mit Petersilie bestreuen und sofort heiß servieren.

WISSENSWERTES

Verwenden Sie nach Möglichkeit immer nur frische Kräuter. Seitdem viele Kräuter in den Gemüseabteilungen der Supermärkte und in Gemüsegeschäften in kleinen Töpfen angeboten werden, ist das nicht schwierig. Die Kräuter wachsen in den Töpfchen eine Zeit lang nach, man kann sie aber auch umtopfen.

VARIATION

Wer das Gericht schärfer mag, kann ihm eine frische, sehr klein geschnittene Pfefferschote beigeben.

Frittierte Meeresfrüchte

Frittierte Meeresfrüchte sind im gesamten Mittelmeerraum beliebt. Man reicht eine Knoblauchmayonnaise und Zitronenachtel dazu.

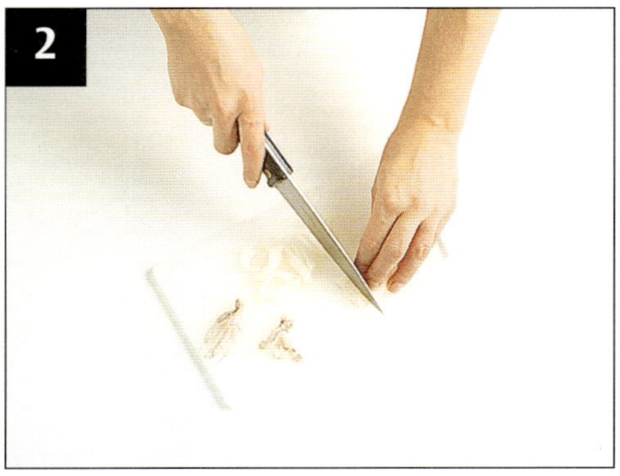
2

5

6

Für 4 Personen
200 g küchenfertiger Tintenfisch
200 g geschälte Riesengarnelen
150 g küchenfertige Sprotten
Öl zum Frittieren
50 g Mehl
Salz und Pfeffer
1 EL frisches Basilikum, gehackt
ZUM ANRICHTEN
Knoblauchmayonnaise
Zitronenachtel

1 Die Meerestiere unter kaltem Wasser sorgfältig abwaschen. Sofern man Tiefkühlware verwendet, auftauen lassen und abspülen.

2 Den Tintenfisch mit einem scharfen Messer in Ringe schneiden, die Tentakel ganz lassen.

3 Das Öl in einer tiefen Pfanne auf 180 °C erhitzen oder so lange, bis ein hineingeworfener Weißbrotwürfel in 30 Sekunden bräunt.

4 Das Mehl in eine Schüssel geben und mit Salz und Pfeffer kräftig würzen.

5 Die Meeresfrüchte im gewürzten Mehl wenden, bis sie rundum bedeckt sind, überschüssiges Mehl vorsichtig abschütteln.

6 Die Meeresfrüchte im heißen Öl portionsweise jeweils 2–3 Minuten frittieren, bis sie knusprig und goldbraun sind. Mit einem Schaumlöffel herausheben und auf Küchenpapier abtropfen lassen.

7 Die Meeresfrüchte mit Basilikum bestreuen und mit Zitronenachteln und Knoblauchmayonnaise (siehe »Wissenswertes«) servieren.

WISSENSWERTES

Für die Knoblauchmayonnaise 8 EL Mayonnaise aus dem Glas in eine Schüssel geben. 2 zerdrückte Knoblauchzehen einrühren, mit Salz und Pfeffer oder Cayenne und etwas gehackter Petersilie abschmecken.

Bruschetta mit Tomaten

Sonnengereifte Kirschtomaten und bestes kaltgepresstes Olivenöl machen aus dieser schlichten toskanischen Vorspeise eine kleine Delikatesse.

Für 4 Personen
300 g Kirschtomaten
4 getrocknete Tomaten
4 EL kaltgepresstes Olivenöl
16 Basilikumblätter, zerzupft
Salz und Pfeffer
2 Knoblauchzehen, gepellt
8 Scheiben italienisches Weißbrot

1 Die Kirschtomaten mit einem scharfen Messer halbieren.

2 Die getrockneten Tomaten mit einem scharfen Messer in Streifen schneiden.

3 Beide Tomatensorten in eine Schüssel geben. Öl und zerzupfte Basilikumblätter zugeben, kräftig salzen und pfeffern und gut mischen.

4 Die Knoblauchzehen längs halbieren, das italienische Weißbrot nicht zu dunkel toasten.

5 Das getoastete Brot beidseitig mit den Schnittflächen der Knoblauchzehen einreiben.

6 Das getoastete Brot auf 4 Teller verteilen, jeweils etwas von der Tomatenmischung darauf geben, mit Basilikum garnieren und sofort servieren.

WISSENSWERTES

Da das Weißbrot keine zu lockere Krume haben sollte, kann man für dieses Rezept auch normales Graubrot verwenden, das man wie angegeben toastet.

VARIATION

Statt der kleinen Kirschtomaten kann man auch aromatische Busch- oder Strauchtomaten verwenden, die man in etwa 2 cm große Würfel schneidet.

Italienisches Omelett

Dieses im Ofen gebackene Omelett enthält mit Kartoffeln, Zwiebeln und Artischocken sehr sättigende Zutaten. Mit einem Salat wäre es ein leichtes Hauptgericht.

Für 4 Personen
900 g Kartoffeln
1 EL Öl
1 große Zwiebel, in Ringe geschnitten
2 Knoblauchzehen, zerdrückt
6 getrocknete Tomaten, in Streifen geschnitten
400 g Artischockenherzen (aus der Dose), abgetropft
250 g Ricotta
4 große Eier, leicht verschlagen
2 EL Milch
50 g frisch geriebener Parmesan
3 EL frischer Thymian, gehackt
Salz und Pfeffer

1 Die Kartoffeln schälen und in eine Schüssel mit kaltem Wasser legen. Nacheinander in dünne Scheiben schneiden.

2 Die Kartoffelscheiben in einem großen Topf mit Wasser 5–6 Minuten so eben bissfest kochen.

3 Das Öl in einer Pfanne erhitzen, die Zwiebelringe und den Knoblauch hineingeben und unter gelegentlichem Rühren 3–4 Minuten andünsten.

4 Die getrockneten Tomaten zugeben und bei milder Hitze weitere 2 Minuten garen.

5 Den Boden einer mit Öl ausgefetteten Auflaufform mit einer Lage Kartoffelscheiben auslegen. Darüber je eine Lage Zwiebelmischung, Artischockenherzen und Ricotta schichten. Die Schichtung wiederholen und mit einer Lage Kartoffeln abschließen.

6 Die Eier mit Milch, der Hälfte des Parmesans und dem Thymian verquirlen, mit Salz und Pfeffer würzen. Die Mischung über die Kartoffeln gießen. Den restlichen Parmesan darüber streuen, im vorgeheizten Ofen bei 190 °C etwa 20–25 Minuten backen, bis die Oberfläche goldbraun ist. In Stücke schneiden und servieren.

WISSENSWERTES

Legt man die Kartoffeln sofort nach dem Schälen in eine Schüssel mit kaltem Wasser, so verfärben sie sich nicht, während man die anderen schält und schneidet.

Weiße Bohnen in Tomatensauce

Dies ist ein schnell und sehr leicht zubereitetes Gericht, das als Beilage zu gegrillten Würstchen oder gegrilltem Fisch auch ein leichtes Abendessen darstellen kann.

Für 4 Personen
400 g Cannellinibohnen (aus der Dose)
400 g Borlottibohnen (aus der Dose)
2 EL Olivenöl
1 Stängel Bleichsellerie
2 Knoblauchzehen, zerdrückt
175 g Perlzwiebeln, halbiert
450 g Tomaten
75 g Rucola (Rauke)

1 Die Bohnen aus beiden Dosen abgießen, 6 EL Flüssigkeit zurückbehalten.

2 Das Öl erhitzen, den klein geschnittenen Sellerie sowie Knoblauch und Zwiebeln 5 Minuten darin andünsten (die Zwiebeln müssen gebräunt sein).

3 Die Tomaten oben kreuzweise einschneiden, 30 Sekunden in kochendes Wasser geben, herausnehmen und die Haut abziehen. Das Fruchtfleisch ohne die Kerne mit einem schweren Messer fein hacken. Die Tomaten und die zurückbehaltene Bohnenflüssigkeit in den Topf geben und bei schwacher Hitze 5 Minuten köcheln lassen.

4 Die Bohnen zugeben und weitere 3–4 Minuten garen, bis die Bohnen heiß sind.

5 Den Rucola einrühren und zusammenfallen lassen. Heiß servieren.

WISSENSWERTES

Wer es ganz eilig hat, nimmt statt der frischen Tomaten, die erst gebrüht und gehäutet werden müssen, bereits gehäutete Tomaten aus der Dose (400 g) und gibt außerdem 2 EL Tomaten- oder Paprikamark aus der Tube dazu.

VARIATION

Wünscht man das Gericht etwas schärfer, gibt man ein paar Spritzer Tabasco oder etwas Cayenne dazu.

Omelettstreifen in Tomatensauce

Die mit Käse und Zwiebeln gewürzten und in üppiger Tomatensauce schwimmenden Omelettstreifen sind schnell zubereitet und schmecken deliziös.

Für 4 Personen
25 g Butter
1 Zwiebel, fein gehackt
2 Knoblauchzehen, zerdrückt
4 Eier, leicht verschlagen
150 ml Milch
75 g Greyerzer (Gruyère), gewürfelt
400 g geschälte Tomaten in Stücken (aus der Dose)
1 EL Rosmarinnadeln
150 ml Gemüsebrühe
frisch geriebener Parmesan zum Bestreuen
knuspriges Brot zum Anrichten

1 Die Butter in einer Pfanne zerlassen, Zwiebel und Knoblauch darin 4–5 Minuten weich dünsten.

2 Die Eier mit der Milch verquirlen und zu der fein gehackten Zwiebel in die Pfanne gießen.

3 Mit einem Holzspatel das gestockte Ei am Pfannenrand anheben, die Pfanne bewegen und noch flüssiges Ei darunter laufen lassen.

4 Den Greyerzer über dem Omelett verteilen, auf milder Hitze weitergaren, bis die Oberfläche stockt. Auf einen Teller gleiten lassen und aufrollen.

5 Tomaten, Rosmarin und Gemüsebrühe in die Pfanne geben und unter Rühren aufkochen lassen.

6 Die Tomatensauce bei schwacher Hitze 10 Minuten köcheln lassen, bis sie eindickt.

7 Das gerollte Omelett in schräge Streifen schneiden, in die kochende Tomatensauce geben und erhitzen, aber nicht umrühren.

8 Den frisch geriebenen Parmesan über die Omelettstreifen streuen. In der Pfanne zu Tisch bringen und dazu knuspriges Brot reichen.

Zucchinireibekuchen mit Thymian

Serviert man diese kleinen Reibekuchen mit einem bunten Paprikasalat (s. S. 27), so erhält man ein leckeres Vegetariergericht.

Für 16 kleine Reibekuchen
100 g Mehl
2 Eier, leicht verschlagen
50 ml Milch
300 g Zucchini
2 EL frischer Thymian
1 EL Öl
Salz und Pfeffer

1 Das Mehl in eine große Schüssel sieben und eine Mulde in die Mitte drücken. Die Eier hineingeben und mit einem Holzlöffel gründlich mit dem Mehl verrühren.

2 Langsam die Milch zugeben und rühren, bis eine Paste entsteht.

3 Die Zucchini putzen, waschen und über einem Stück Küchenpapier grob raffeln (so können sie Flüssigkeit besser aufnehmen).

4 Die Zucchini leicht ausdrücken, in den Mehlteig geben, mit Thymian, Salz und Pfeffer würzen.

5 Das Öl in einer Pfanne erhitzen, den Teig nochmals gut durchrühren, dann esslöffelweise Portionen für kleine Reibekuchen in das heiße Öl geben. Auf jeder Seite 3–4 Minuten braten, bis sie goldbraun sind.

6 Die fertigen Zucchiniküchlein aus der Pfanne nehmen, auf Küchenpapier abtropfen lassen und im Backofen warm halten, während die restlichen gebraten werden. Sobald alle fertig sind, heiß servieren.

VARIATION

Wer die Reibekuchen schärfer mag, gibt außerdem gerebelte, getrocknete Pfefferschoten an den Teig.

Mozzarella in carrozza

»Mozzarella in der Kutsche« heißt dieser aus Neapel stammende Snack, der eher eine Zwischenmahlzeit als eine Vorspeise darstellt.

Für 4 Personen
200 g Mozzarella
4 Scheiben Parmaschinken
8 Scheiben altbackenes Kastenweißbrot ohne Rinde
Butter zum Bestreichen
2–3 Eier
3 EL Milch
Salz und Pfeffer
Pflanzenöl zum Frittieren
TOMATEN-PAPRIKA-SAUCE
1 Zwiebel, gehackt
2 Knoblauchzehen, zerdrückt
3 EL Olivenöl
1 rote Paprikaschote, Fruchtfleisch gewürfelt
400 g geschälte Tomaten (aus der Dose)
2 EL Tomatenmark
3 EL Wasser
1 EL Zitronensaft
Salz und Pfeffer
glatte Petersilie zum Garnieren

1 Für die Sauce Zwiebel und Knoblauch in Öl andünsten, den Paprika zugeben und nach einigen Minuten die Tomaten, das Tomatenmark, Wasser und Zitronensaft. 10–15 Minuten köcheln lassen, dann im Mixer pürieren oder durch ein Sieb streichen. Mit Salz und Pfeffer abschmecken.

2 Den Mozzarella in 4 gleich große Scheiben schneiden, den Schinken ebenso groß schneiden oder entsprechend zusammenlegen.

3 Die Brotscheiben mit Butter bestreichen, mit Mozzarella und Schinken dekorativ zu Sandwiches zusammenlegen, fest zusammendrücken, in Folie wickeln und in den Kühlschrank oder kurz in den Gefrierschrank legen.

4 Die Eier mit Milch, Salz und Pfeffer verschlagen und in einen großen, tiefen Teller geben.

5 Die Sandwiches mit beiden Seiten in die Eiermischung tauchen, bis sie gut davon überzogen sind. Anschließend beiseite stellen, damit sie sich vollsaugen können.

6 Das Öl in einem zum Frittieren geeigneten Topf so heiß werden lassen, dass ein hineingegebener Weißbrotwürfel in 30 Sekunden bräunt. Die Sandwiches nacheinander im heißen Öl beidseitig goldbraun ausbraten. Auf Küchenpapier abtropfen lassen und warm halten. Zusammen mit der wieder erwärmten Tomaten-Paprika-Sauce und mit Petersilie garniert servieren.

3

5

6

Spinatklößchen mit Ricotta

Für Klößchen dieser Art gibt es viele Rezepte und viele Namen, im Trentino nennt man sie Strangolapreti (»erstickt die Priester«), in der Lombardei Malfatti (»schlecht Gemachte«).

Für 4 Personen
450 g frischer Spinat
250 g Ricotta
1 Ei
2 EL Fenchelsamen, leicht zerstoßen
Salz und Pfeffer
50 g frisch geriebener Parmesan oder Pecorino
25 g Mehl, mit 1 TL getrocknetem Thymian vermischt
75 g Butter
2 Knoblauchzehen, zerdrückt

1 Den Spinat verlesen und waschen. Tropfnass in einer beschichteten Pfanne in 2–3 Minuten so eben zusammenfallen lassen, in ein Sieb geben, auskühlen und abtropfen lassen.

2 Den Ricotta mit dem Ei und den Fenchelsamen vermischen, mit reichlich Salz und Pfeffer würzen, dann den geriebenen Käse unterrühren.

3 Den Spinat gut ausdrücken, dann mit einem schweren, scharfen Messer fein hacken und unter die Ricottamischung geben.

4 Mit einem Esslöffel Portionen von der Mischung abnehmen und zu Klößchen formen, die Klößchen in dem gewürzten Mehl wenden, bis sie rundum bedeckt sind.

5 Wasser in einem Topf zum Kochen bringen. Die Klößchen vorsichtig hineingeben und 3–4 Minuten köcheln lassen, bis sie an die Oberfläche steigen. Mit einer Schaumkelle herausnehmen und gut abtropfen lassen.

6 Die Butter in einer Pfanne zerlassen, den Knoblauch zugeben und kurz andünsten. Die Knoblauchbutter über die Klößchen gießen.

7 Mit Pfeffer und etwas gehobeltem Parmesan garniert heiß servieren.

Frittierte Reisbällchen

Supplì al telefono – »Telefondrähte« – nennt man diese Reisklößchen, denn sie enthalten Mozzarella, der beim Ausbacken schmilzt und dann lange Fäden zieht.

Für 4 Personen
2 EL Olivenöl
1 Zwiebel, fein gehackt
1 Knoblauchzehe, zerdrückt
1/2 rote Paprikaschote, gewürfelt
150 g Risottoreis (Arborio)
1 TL getrockneter Oregano
400 ml heiße Gemüse- oder Hühnerbrühe
100 ml trockener Weißwein
75 g Mozzarella
Pflanzenöl zum Frittieren
frische Basilikumblätter zur Garnierung

1 Das Öl in einer Pfanne erhitzen, Zwiebel und Knoblauch zugeben und 3–4 Minuten glasig dünsten.

2 Paprika, Reis und Oregano zugeben und bei milder Hitze unter Rühren andünsten, bis der Reis ganz vom Öl überzogen ist und glasig wird.

3 Vorsichtig Brühe und Wein schöpfkellenweise angießen. Immer erst dann mehr Flüssigkeit zugeben, wenn die jeweilige Zugabe vom Reis aufgenommen ist.

4 Wenn der Reis weich und die Flüssigkeit aufgebraucht ist (insgesamt etwa 15 Minuten), die Pfanne vom Herd nehmen und den Reis so weit auskühlen lassen, dass man ihn anfassen kann.

5 Den Mozzarella in 12 Würfel schneiden. Ein wenig Reis in die Handfläche geben, einen Käsewürfel darauf setzen und eine geschlossene Kugel formen (12 Stück).

6 Das Pflanzenöl so erhitzen, dass ein Brotwürfel in 30 Sekunden darin bräunt. Anschließend die Reisbällchen portionsweise je 2 Minuten darin frittieren.

7 Die fertigen Bällchen aus dem Öl heben, auf Küchenpapier abtropfen lassen. Auf vorgewärmte Teller geben und mit Basilikum garniert servieren.

Crostini alla fiorentina

Diese mit geschmorter Leber belegten Brottaler werden üblicherweise zusammen mit Crostini mit Olivenpaste (s. S. 44) als Vorspeise gereicht.

Für 4 Personen
3 EL Olivenöl
1 Zwiebel, fein gehackt
1 Stängel Bleichsellerie, fein gehackt
1 Karotte, fein gehackt
1–2 Knoblauchzehen, zerdrückt
120 g Hühnerleber
120 g Schweine- oder Kalbsleber
150 ml Rotwein
1 EL Tomatenmark
2 EL Petersilie, fein gehackt
3–4 Sardellenfilets, fein gehackt
2 EL Brühe oder Wasser
Salz und Pfeffer
25–45 g Butter
1 EL Kapern
kleine, knusprige Weißbrotscheiben
gehackte Petersilie zum Garnieren

1 Das Öl in einer Pfanne erhitzen, Zwiebel, Sellerie, Karotte und Knoblauch darin 4–5 Minuten andünsten, aber nicht bräunen.

2 Die Hühnerleber sowie die Schweine- oder Kalbsleber parieren und in Streifen schneiden und zu den Gemüsen in die Pfanne geben. Unter Rühren anbraten, bis keine roten Stellen mehr zu sehen sind.

3 Die Hälfte des Weins angießen und bei mittlerer Hitze köcheln lassen, bis er wieder verdunstet ist. Dann den restlichen Wein, das Tomatenmark, die Hälfte der Petersilie, die Sardellen und die Brühe zugeben. Salzen und kräftig pfeffern.

4 Den Pfanneninhalt bei aufgelegtem Deckel 15–20 Minuten simmern lassen, bis die meiste Flüssigkeit verdampft ist.

5 Vom Herd nehmen, leicht auskühlen lassen und entweder mit dem Messer oder in der Küchenmaschine mit Hilfe der Impulstaste grob hacken oder durch den Wolf drehen.

6 Die gehackte Mischung wieder in die Pfanne geben, Butter, Kapern und restliche Petersilie hinzufügen und erhitzen, bis die Butter schmilzt. Abschmecken und kross getoastete Weißbrotscheiben damit belegen. Mit gehackter Petersilie bestreuen und servieren.

2

3

6

Knoblauchtörtchen

Ein knuspriger Boden aus Brot, gefüllt mit Knoblauchbutter und Pinienkernen, ergibt eine köstliche kleine Vorspeise.

Für 4 Personen
4 Scheiben Vollkorn- oder Grahamtoastbrot
50 g Pinienkerne
150 g Butter
5 Knoblauchzehen, gepellt und halbiert
2 EL frischer Oregano, gehackt
4 schwarze Oliven, halbiert
Oreganoblättchen zum Garnieren

1 Die Brotscheiben mit dem Nudelholz ein wenig ausrollen und mit einem großen Ausstecher 4 Kreise ausschneiden, die in ein entsprechendes Blech (z. B. Muffinblech) passen; sie sollten etwa 10 cm Durchmesser haben. Die Reste vom Brot bis zum Gebrauch im Kühlschrank aufbewahren.

2 Die Pinienkerne in einer beschichteten Pfanne ohne Fett unter Rühren 2–3 Minuten leicht anbräunen. Rechtzeitig vom Herd nehmen, da sie nachbräunen.

3 Die Brotreste mit den Pinienkernen, Butter, Knoblauch und Oregano in der Küchenmaschine zu einer Paste verarbeiten. Alternativ die Zutaten von Hand im Mörser zerreiben. Die Paste sollte nicht zu fein sein.

4 Die Mischung in die mit dem Brot ausgelegten Höhlungen des Blechs löffeln. Mit je 2 halben Oliven belegen und im vorgeheizten Ofen bei 200 °C 10–15 Minuten überbacken.

5 Die Knoblauchtörtchen auf vorgewärmte Teller setzen, dekorativ mit frischen Oreganoblättchen garnieren und anschließend sofort heiß zu Tisch bringen.

VARIATION

Statt des Brots kann man auch fertigen Blätterteig verwenden.

Zwiebel-Mozzarella-Törtchen

Diese köstlichen Blätterteigtörtchen munden sowohl heiß als auch kalt. Aber auch zu einem Picknick sind sie hervorragend geeignet.

Für 4 Personen
250 g Blätterteig; falls tiefgefroren, auftauen lassen
2 mittelgroße rote Zwiebeln
1 rote Paprikaschote
8 Kirschtomaten, halbiert
125 g Mozzarella, in Würfeln
8 Zweige Thymian

1 Den Blätterteig so ausrollen, dass 4 Quadrate von 7,5 cm Größe entstehen. Mit einem scharfen Messer 0,5 cm dicke Ränder abschneiden. Quadrate und Randstreifen für etwa 30 Minuten in den Kühlschrank stellen.

2 Die Teigquadrate auf ein Backblech legen, die Kanten mit Wasser bestreichen und die abgeschnittenen Teigstreifen so darauf setzen, dass die Teigquadrate erhöhte Ränder bekommen.

3 Die Zwiebeln in Keile schneiden und die Paprikaschote entkernen.

4 Zwiebeln und Paprikaschote in die Grillpfanne geben und 15 Minuten unter den heißen Grill stellen, bis die Haut der Paprikaschote dunkle Blasen wirft.

5 Die Paprikaschote in eine Plastiktüte geben und 10 Minuten beiseite legen, anschließend die Haut abziehen und das Fruchtfleisch in Streifen schneiden.

6 Die Teigquadrate mit passenden Quadraten aus Aluminiumfolie abdecken und im vorgeheizten Ofen bei 200 °C 10 Minuten backen. Dann die Aluminiumfolie entfernen und die Teigquadrate weitere 5 Minuten vorbacken.

7 Zwiebeln, Paprika, Tomaten und Mozzarella gleichmäßig auf den Blätterteigquadraten verteilen, zuletzt die Thymianzweige darauf geben.

8 Nochmals 15 Minuten in den Ofen geben und goldbraun überbacken.

Suppen

Als »primo piatto« – den ersten Gang eines italienischen Menüs – gibt es Pasta, Risotto oder eine Suppe. Gemüsesuppen sind dabei besonders beliebt. Glatte Cremesuppen stehen auf der Beliebtheitsskala nicht sehr weit oben, denn man möchte nicht nur schmecken, sondern auch sehen können, woraus die Suppe besteht.

Reis und kleine Nudeln sind im Norden geschätzte Suppeneinlagen, dagegen sind weiße Bohnen besonders in der Toskana beliebt. Tomaten und Knoblauch finden sich vor allem in den Suppen des Südens; und alle Küstenregionen haben ihre speziellen Fisch- und Meerestiersuppen. Einige der Suppen dieses Kapitels sind leicht und delikat, andere sind eher sättigende Eintöpfe. Da man auch bei den Suppen der Jahreszeit gemäß kocht, sind Hülsenfrüchte für die Wintersuppen bestimmt. Frische, junge Gemüse kommen im Frühjahr und Sommer vor, während der Herbst die Zeit für Pilzsuppen ist.

Minestrone mit Pesto

Es gibt unendlich viele Variationen der Rezepte für Minestrone, doch immer enthalten sie Gemüse, Pasta oder Reis und oft auch Hülsenfrüchte.

Für 6 Personen
175 g kleine weiße Bohnen, über Nacht eingeweicht
2,5 l Wasser oder ungesalzene Brühe
1 große Zwiebel, gehackt
1 Stange Lauch, in Ringe geschnitten
2 Stängel Bleichsellerie, klein geschnitten
2 Karotten, klein geschnitten
3 EL Olivenöl
2 Tomaten, gehäutet, Fruchtfleisch gewürfelt
1 Zucchini, in Scheiben geschnitten
2 Kartoffeln, geschält und gewürfelt
90 g kurze Nudeln nach Wahl
Salz und Pfeffer
4–6 EL frisch geriebener Parmesan zum Bestreuen
PESTO
2 EL Pinienkerne
5 EL kaltgepresstes Olivenöl
2 Bund Basilikum, nur die Blätter
4–6 Knoblauchzehen, zerdrückt
75 g geriebener Pecorino oder Parmesan
Salz und Pfeffer

1 Die Bohnen abgießen, in einem großen Topf mit dem Wasser oder der Brühe aufsetzen und 1 Stunde köcheln lassen.

2 Zwiebel, Lauch, Sellerie, Karotten und Öl zugeben, bedeckt 4–5 Minuten köcheln lassen.

3 Tomaten, Zucchini, Kartoffeln und Nudeln zugeben, salzen und pfeffern. Deckel auflegen und erneut 30 Minuten simmern lassen, bis alle Zutaten gar sind.

4 In der Zwischenzeit für den Pesto die Pinienkerne in einer beschichteten Pfanne hellbraun anrösten und abkühlen lassen. Die gewaschenen und gut abgetrockneten Basilikumblätter zusammen mit Pinienkernen und Knoblauch in die Küchenmaschine oder den Mixer geben. Bei laufendem Motor das Öl in dünnem Faden einlaufen lassen, mixen, bis eine glatte Paste entstanden ist. Alternativ alles von Hand in einem Mörser zerdrücken. In eine Schüssel geben, den Käse einrühren, mit Salz und Pfeffer abschmecken.

5 1½ EL des Pestos in die Suppe geben und gut verrühren. Weitere 5 Minuten leise köcheln lassen.

6 Abschmecken und heiß mit Pesto und geriebenem Parmesan servieren.

Minestrone

»Minestra« ist im Italienischen die »schlichte Suppe«, die Minestrone ist die »große Suppe«. Dieses Rezept für eine solche Eintopfsuppe stammt aus Livorno.

Für 4 Personen
1 EL Olivenöl
125 g Bauchspeck (Pancetta), gewürfelt
2 Zwiebeln, gehackt
2 Knoblauchzehen, zerdrückt
1 Kartoffel, geschält und gewürfelt
1 Karotte, in Scheiben geschnitten
1 Stange Lauch, in Ringe geschnitten
1/2 Weißkohl, in Streifen geschnitten
2 Stängel Bleichsellerie, klein geschnitten
400 g geschälte Tomaten in Stücken (aus der Dose)
200 g Flageolets (grüne Bohnenkerne) aus der Dose, abgetropft und abgewaschen
600 ml Hühnerbrühe
600 ml Wasser
1 Kräutersträußchen (Bouquet garni)
Salz und Pfeffer
frisch geriebener Parmesan zum Bestreuen

1 Das Öl in einem großen, schweren Topf erhitzen, den gewürfelten Speck, Zwiebeln und Knoblauch zugeben und etwa 5 Minuten rundum anrösten.

2 Kartoffeln, Karotten, Lauch, Weißkohl und Sellerie zugeben und alles unter Rühren 2 Minuten leicht angehen lassen, bis die Gemüse vom Öl überzogen sind.

3 Die Tomaten und die Bohnenkerne aus der Dose hinzufügen, Brühe und Wasser angießen und das Kräutersträußchen zugeben. Rühren, damit sich alles vermischt. Deckel auflegen und bei schwacher Hitze 15–20 Minuten köcheln lassen, bis die Gemüse bissfest gegart sind.

4 Das Kräutersträußchen entfernen. Die Suppe mit Salz und Pfeffer abschmecken, in vorgewärmte Suppenschalen füllen und mit reichlich Parmesan bestreut servieren.

VARIATION

Je nach Jahreszeit kann man andere Gemüse für diese Suppe verwenden. Den ziemlich fetten Bauchspeck kann man durch gewürfelten Parmaschinken ersetzen.

Grüne Suppe

Die leichte, mit jungen grünen Bohnen, Gurke und Brunnenkresse zubereitete Suppe kann heiß, im Sommer aber auch eisgekühlt serviert werden.

Für 4 Personen
1 EL Olivenöl
1 Zwiebel, fein gehackt
1 Knoblauchzehe, zerdrückt
200 g Kartoffeln, geschält, in 2,5 cm große Würfel geschnitten
750 ml Gemüse- oder Hühnerbrühe
1 kleine oder 1/2 große Gurke, in 2,5 cm große Würfel geschnitten
75 g Brunnenkresse
125 g junge grüne Bohnen, abgezogen, eventuell halbiert
Salz und Pfeffer

1 Das Öl erhitzen. Zwiebel und Knoblauch darin 3–4 Minuten lang andünsten, dann die gewürfelten Kartoffeln zugeben und weitere 2–3 Minuten dünsten.

2 Die Brühe angießen, zum Kochen bringen, 5 Minuten köcheln lassen.

3 Die Gurkenwürfel zugeben und weitere 3 Minuten leise kochen lassen, bis die Kartoffeln weich sind. Mit einem spitzen Küchenmesser die Garprobe machen – die Klingenspitze sollte leicht hineingleiten.

4 Die verlesene Brunnenkresse zugeben und so eben zusammenfallen lassen. Die Suppe jetzt in den Mixer oder die Küchenmaschine geben und pürieren. Alternativ die Suppe vor Zugabe der Kresse durch ein Sieb streichen und die Kresse danach fein gehackt einrühren.

5 In einem zweiten Topf Wasser zum Kochen bringen und die Bohnen im Dampfeinsatz darin etwa 4 Minuten lang garen.

6 Die Bohnen zur Suppe geben, gut abschmecken und heiß oder kalt servieren.

VARIATION

Statt der grünen Bohnen kann man frische Zuckerschoten (Kaiserschoten, Zuckererbsen) verwenden.

Kidneybohnensuppe

Eine zünftige Minestrone wird in der Regel auch getrocknete Bohnen enthalten, die der Suppe Substanz verleihen. Statt der roten kann man auch schwarze oder andere Bohnen nehmen.

2

4

5

Für 4–6 Personen
175 g getrocknete Kidneybohnen, über Nacht eingeweicht
1,75 l Wasser
1 Schinkenknochen mit Fleischresten
2 Karotten, in Stücke geschnitten
1 große Zwiebel, gehackt
2 Stängel Bleichsellerie, klein geschnitten
1 Stange Lauch, in Ringe geschnitten
1–2 Lorbeerblätter
2 EL Olivenöl
2–3 Tomaten, gehäutet, Fruchtfleisch gewürfelt
1 Knoblauchzehe, zerdrückt
1 EL Tomatenmark
50 g Risottoreis (Arborio)
125 g Weißkohl, in Streifen geschnitten
Salz und Pfeffer

1 Die Bohnen abgießen. So eben mit frischem Wasser bedeckt zum Kochen bringen und 15 Minuten sprudelnd kochen lassen. Die Hitze verringern und weitere 45 Minuten garen, eventuell mehr Wasser zugeben.

2 Die Bohnen abgießen, mit Wasser, Schinkenknochen, Karotten, Zwiebel, Sellerie, Lauch und Lorbeer in einen Topf geben, Olivenöl zugießen und zum Kochen bringen. Deckel auflegen, 1 Stunde simmern lassen, bis die Gemüse gar sind.

3 Die Lorbeerblätter und den Knochen herausnehmen, Schinkenreste ablösen und aufbewahren. Eine große Kelle Suppe beiseite stellen. Die restliche Suppe pürieren oder durch ein Sieb streichen.

4 Anschließend in den Topf zurückgeben. Tomaten, Knoblauch, Tomatenmark und Reis zur Suppe geben, salzen und pfeffern und 15 Minuten kochen lassen.

5 Den Kohl, die zurückbehaltene Suppe und den Schinken zugeben, weitere 5 Minuten simmern lassen, abschmecken und sehr heiß zu Tisch bringen. Nach Geschmack kann man eine Scheibe Röstbrot in den Teller legen, ehe man die Suppe einfüllt. Sollte sie zu dick sein, kann man die Suppe mit etwas kochendem Wasser oder Brühe verdünnen.

Toskanische Bohnensuppe

Eine dicke, cremige Suppe, die ein traditionelles toskanisches Rezept zum Vorbild hat. Frisches, ofenwarmes Brot mit Butter passt ausgezeichnet dazu.

Für 4 Personen
225 g große weiße Bohnen, über Nacht eingeweicht, oder 800 g weiße Riesenbohnen (Bianchi di Spagna) aus der Dose
1 EL Olivenöl
2 Knoblauchzehen, zerdrückt
1 Würfel Hühner- oder Gemüsebrühe, zerkrümelt
Salz und Pfeffer
150 ml Milch
2 EL frischer Oregano, gehackt

1 Getrocknete, eingeweichte Bohnen abgießen und waschen. Einen großen Topf voll Wasser zum Kochen bringen, die Bohnen 10 Minuten sprudelnd kochen, dann bei aufgelegtem Deckel köcheln lassen, bis sie weich sind. Abgießen und das Kochwasser aufbewahren. Bohnen aus der Dose abgießen, die Flüssigkeit auffangen.

2 Das Öl in einer Pfanne erhitzen, den Knoblauch darin in 2–3 Minuten leicht anbräunen.

3 Die Bohnen und 400 ml der Flüssigkeit zugeben. Rühren und den zerkrümelten Brühwürfel zugeben, eventuell mehr Wasser angießen. Zum Kochen bringen, rühren, dann vom Herd nehmen und etwas abkühlen lassen.

4 Die Suppe im Mixer oder in der Küchenmaschine sehr glatt pürieren oder per Hand durch ein Sieb streichen. Das Püree in den Topf zurückgeben, mit Salz und Pfeffer kräftig abschmecken und die Milch einrühren.

5 Die Suppe bis knapp an den Siedepunkt erhitzen, den gehackten Oregano hineingeben, in Suppenschalen füllen und servieren.

VARIATION

Wer keinen frischen Oregano bekommen kann, nimmt 2 TL getrockneten und gibt ihn bereits zusammen mit dem Brühwürfel zu. Auch Canellini- oder Borlottibohnen eignen sich für diese Suppe.

Bohnen-Tomaten-Suppe mit Nudeln

Eine typisch mittelmeerische Bohnensuppe mit Tomaten, Pasta und Kräutern. Mit frischem Parmesan bestreut stellt sie eine Köstlichkeit zu ofenfrischem, knusprigem Brot dar.

Für 4 Personen
225 g kleine weiße Bohnen, über Nacht eingeweicht, dann abgegossen und abgespült
4 EL Olivenöl
2 große Zwiebeln, in Ringe geschnitten
3 Knoblauchzehen, zerdrückt
400 g geschälte Tomaten in Stücken (aus der Dose)
1 TL getrockneter Oregano
1 TL Tomatenmark
900 ml Wasser
75 g kleine Nudeln (Fusilli oder Conchigliette)
100 g getrocknete Tomaten, in feine Streifen geschnitten
Salz und Pfeffer
1 EL frisches Koriandergrün (Cilantro) oder glatte Petersilie, gehackt
2 EL frisch geriebener Parmesan

1 Die eingeweichten Bohnen in einem großen Topf mit Wasser zum Kochen bringen und 15 Minuten sprudelnd kochen lassen, dann in ein Sieb abgießen und abtropfen lassen.

2 Das Öl in einem großen Topf erhitzen, die Zwiebelringe zugeben und so lange sautieren, bis sie leicht Farbe anzunehmen beginnen. Den Knoblauch zugeben und 1 Minute mitdünsten. Die Dosentomaten, Oregano und Tomatenmark zugeben, dann das Wasser und die Bohnen. Zum Kochen bringen, Deckel auflegen und 45 Minuten köcheln lassen, bis die Bohnen fast weich sind.

3 Die Nudeln und die getrockneten Tomaten zugeben, salzen und pfeffern, wieder zum Kochen bringen und weitere 10 Minuten köcheln lassen, bis die Pasta gar, aber noch bissfest ist.

4 Das Koriandergrün (oder Petersilie) zugeben, abschmecken und eventuell nachwürzen. Die Suppe in eine vorgewärmte Terrine füllen, mit Parmesan bestreuen und sofort servieren.

Linsensuppe mit Nudeln

Diese schmackhafte Linsensuppe wird traditionell mit Farfalline – kleinen Schmetterlingsnudeln – hergestellt. Italiens beste Linsen kommen aus Castelluccio in Umbrien.

Für 4 Personen
125 g Bauchspeck (Pancetta), gewürfelt
1 Zwiebel, gehackt
2 Knoblauchzehen, zerdrückt
2 Stängel Bleichsellerie, klein geschnitten
50 g kleine Schmetterlingsnudeln (Farfalline)
400 g Linsen (aus der Dose), abgegossen
1,2 l heiße Hühner- oder Gemüsebrühe
2 EL frische Minze, gehackt

1 Den Bauchspeck in einer heißen Pfanne auslassen, anschließend Zwiebel, Knoblauch und Sellerie zugeben. 4–5 Minuten unter Rühren ansautieren, bis die Zwiebelstücke weich und die Speckwürfel braun werden.

2 Die Nudeln zugeben und 1 Minute rühren und wenden, bis sie völlig von dem ausgebratenen Fett überzogen sind.

3 Die Linsen und die Brühe zugeben und zum Kochen bringen. Die Hitze reduzieren und die Suppe 12–15 Minuten simmern lassen, bis die Nudeln gar, aber noch bissfest sind.

4 Den Topf vom Herd nehmen und die frische Minze einrühren.

5 Die Suppe in vorgewärmte Teller füllen und sofort servieren.

VARIATION

Wer statt der vorgekochten Linsen aus der Dose getrocknete Linsen verwenden möchte, kocht sie zunächst nach Packungsanweisung. Grüne Linsen sind besonders schmackhaft und garen rasch.

VARIATION

Statt der kleinen Schmetterlingsnudeln kann man auch andere Nudeln verwenden; die Garzeit ändert sich eventuell geringfügig. Kleine Kinder werden von Buchstaben- oder Zahlennudeln begeistert sein.

Topinambursuppe

Der Topinambur – auch Jerusalem- oder Erdartischocke genannt – ist eine längliche, an die Kartoffel erinnernde Knolle von leicht süßlichem, erdigem Geschmack. Sie wird von Oktober bis Mai angeboten.

1

3

5

Für 4–6 Personen
1 Zitrone, in dicke Scheiben geschnitten
675 g Topinambur
50 g Butter
2 Zwiebeln, gehackt
1 Knoblauchzehe, gehackt
1,25 l Hühner- oder Gemüsebrühe
2 Lorbeerblätter
1/4 TL frisch gemahlene Muskatnuss oder Muskatblüte (Macis)
1 EL Zitronensaft
Salz und Pfeffer
150 ml süße Sahne
GARNIERUNG
grob geraspelte Karotte
frische Petersilie oder Koriandergrün, gehackt

1 Eine Schüssel mit Wasser und Zitronenscheiben bereitstellen. Die Topinamburs schälen, würfeln und in die Schüssel geben, damit sie nicht braun werden.

2 Die Butter in einer Pfanne zerlassen, die Zwiebeln und den Knoblauch zugeben und bei schwacher Hitze 3–4 Minuten sautieren.

3 Die Topinamburwürfel abgießen, zu den Zwiebeln geben, gut mischen und 2–3 Minuten andünsten, bis sie leicht Farbe annehmen.

4 Die Brühe angießen, Lorbeer, Muskatnuss oder -blüte, Zitronensaft, Salz und Pfeffer zugeben. Zum Kochen bringen, bedeckt 30 Minuten köcheln lassen, bis die Gemüse weich sind.

5 Die Lorbeerblätter entfernen, die Suppe im Mixer oder in der Küchenmaschine pürieren oder durch ein Sieb streichen.

6 In den Topf zurückgeben, erneut aufkochen, die Sahne einrühren und abschmecken, falls nötig nachwürzen. Sobald die Sahne zugegeben ist, nicht mehr aufkochen.

7 Die Suppe in eine vorgewärmte Terrine füllen, mit Karotte und Petersilie garniert servieren.

Tomatencremesuppe

Diese rasch zubereitete cremige Suppe hat ein herrliches Tomatenaroma, das sofort an Sonne und die italienische Lebensart denken lässt.

1

2

6

Für 4 Personen
50 g Butter
700 g reife Tomaten, vorzugsweise Busch- oder Eiertomaten, grob gewürfelt
Salz und Pfeffer
900 ml heiße Gemüsebrühe
50 g gemahlene Mandeln
150 ml Milch oder süße Sahne
1 TL Zucker
2 EL Basilikumblätter, grob gehackt

1 Die Butter in einem Topf zerlassen, die Tomaten zugeben und bei mittlerer Hitze etwa 5 Minuten angehen lassen, bis die Häute sich zu lösen beginnen. Mit Salz und Pfeffer abschmecken.

2 Die Brühe angießen, zum Kochen bringen und bei aufgelegtem Deckel etwa 10 Minuten köcheln lassen.

3 In der Zwischenzeit die Mandeln in einer beschichteten Pfanne unter ständigem Rühren leicht anbräunen. Sofort vom Herd nehmen, wenn sie goldbraun sind: Sie verbrennen sonst.

4 Den Topf mit der Suppe vom Herd nehmen und etwas abkühlen lassen. Die Suppe im Mixer oder in der Küchenmaschine gründlich pürieren oder mit dem Kartoffelstampfer sehr gut zermusen.

5 Die Suppe durch ein feines Sieb streichen, um alle Schalenteile und Kerne auszufiltern.

6 Die Suppe wieder auf den Herd setzen, Milch oder Sahne einrühren, die Mandeln und den Zucker zugeben. Die Suppe bis an den Siedepunkt erhitzen, aber nicht kochen. Das Basilikum an die Suppe geben, in einer Terrine oder auf Einzeltellern heiß servieren.

VARIATION

Statt der gemahlenen Mandeln kann man frische, ebenfalls leicht angeröstete Semmelbrösel an die Suppe geben. 1 EL Tomatenmark intensiviert das Tomatenaroma.

Toskanische Zwiebelsuppe

Für diese Suppe sollte man möglichst milde Zwiebeln verwenden. Geeignet sind große weiße Zwiebeln oder – noch besser – Gemüsezwiebeln.

Für 4 Personen
50 g Bauchspeck (Pancetta), gewürfelt
1 EL Olivenöl
4 große weiße Zwiebeln oder 3 große Gemüsezwiebeln, in feine Ringe geschnitten
3 Knoblauchzehen, zerdrückt
1 l heiße Hühner- oder Rinderbrühe
4 Scheiben Baguette oder italienisches Weißbrot
50 g Butter
75 g Greyerzer (Gruyère) oder Cheddar, grob gerieben
Salz und Pfeffer

1 Den Speck in einer heißen Pfanne 3–4 Minuten unter Rühren anbraten, bis er bräunt und das Fett austritt. Aus der Pfanne nehmen und bis zum Gebrauch beiseite stellen.

2 Das Olivenöl in die Pfanne geben, die Zwiebelringe und den Knoblauch bei starker Hitze etwa 4 Minuten anbraten, dabei ständig rühren und wenden. Die Hitze verringern, Deckel auflegen und die Zwiebeln 15 Minuten schmoren lassen, bis sie leicht karamellisiert sind.

3 Die Brühe angießen und zum Kochen bringen, bei aufgelegtem Deckel etwa 10 Minuten köcheln lassen.

4 In der Zwischenzeit die Baguettescheiben im Toaster oder notfalls unter dem Grill beidseitig goldbraun rösten. Das getoastete Brot mit Butter bestreichen, den geriebenen Käse gleichmäßig darauf verteilen und die Scheiben in mundgerechte Häppchen schneiden.

5 Den Speck an die Suppe geben, mit Salz und Pfeffer abschmecken. Die Zwiebelsuppe auf 4 vorgewärmte Suppenschalen verteilen, in jede 3 oder 4 Brothäppchen setzen und sofort heiß servieren.

WISSENSWERTES

Pancetta – ein luftgetrockneter, gesalzener Bauchspeck – wird abgepackt in manchen Supermärkten und in italienischen Delikatessengeschäften angeboten. Ersatzweise nimmt man normalen, frischen Bauchspeck oder Parmaschinken.

1

2

4

Muscheln in Weißwein

Diese mit Zwiebeln, Weißwein und Sahne zubereitete Muschelsuppe kann als kleines Vorgericht oder – mit viel Weißbrot – als Hauptgang serviert werden.

Für 4 Personen
675 g frische Miesmuscheln
50 g Butter
1 große Zwiebel, sehr fein gehackt
2–3 Knoblauchzehen, zerdrückt
350 ml trockener Weißwein
150 ml Wasser
2 EL Zitronensaft
etwas abgeriebene Zitronenschale
1 Kräutersträußchen (Bouquet garni)
Salz und Pfeffer
1 EL Mehl
4 EL süße Sahne
2–3 EL frische Petersilie (vorzugsweise glatte), gehackt
frisches, ofenwarmes Baguette als Beilage

1 Die Muscheln gründlich waschen und schrubben und die Bärte herausziehen. Alle Muscheln mit beschädigten Schalen aussortieren und wegwerfen, ebenso bereits geöffnete Muscheln, die sich nicht sofort schließen, wenn man mit einem harten Gegenstand daran klopft.

2 Die Hälfte der Butter in einem Topf zerlassen, Zwiebeln und Knoblauch zugeben und auf mittlerer Hitze darin glasig dünsten.

3 Wein, Wasser und Zitronensaft angießen, Zitronenschale, Kräutersträußchen, Salz und Pfeffer zugeben, zum Kochen bringen und zugedeckt 4–5 Minuten simmern lassen.

4 Die Muscheln hineingeben, den Deckel auflegen und unter gelegentlichem Rütteln des Topfs 5–6 Minuten garen, bis sich die Muscheln geöffnet haben. Muscheln, die geschlossen bleiben, aussortieren und wegwerfen. Das Kräutersträußchen entfernen.

5 Alle oberen Schalenhälften der Muscheln entfernen (oder die Muscheln ganz auslösen). Die restliche Butter mit dem Mehl verrühren und portionsweise in die Suppe rühren. 2–3 Minuten köcheln lassen, bis die Suppe eindickt.

6 Die Sahne und die Hälfte der Petersilie zugeben, erhitzen, aber nicht kochen, abschmecken und eventuell nachwürzen. Die Muscheln auf vorgewärmte Teller verteilen und mit Suppe auffüllen. Mit der restlichen Petersilie bestreuen und sofort heiß auftragen. Dazu viel frisches Baguette reichen.

Fischsuppe

Ein Land wie Italien, das fast gänzlich vom Meer umspült ist, hat natürlich unzählige Rezepte für Fischsuppen kreiert. Diese hier enthält diverse Fische und andere Meeresfrüchte.

Für 4–6 Personen
1 kg gemischter Mittelmeerfang (einschließlich Tintenfisch), küchenfertig zubereitet
2 Zwiebeln, in feine Ringe geschnitten
2 Stängel Bleichsellerie, klein geschnitten
einige Petersilienstängel
2 Lorbeerblätter
1 l Wasser
150 ml trockener Weißwein
2 EL Olivenöl
1 Knoblauchzehe, zerdrückt
1 Karotte, klein geschnitten
400 g geschälte Tomaten in Stücken (aus der Dose)
2 Kartoffeln, klein gewürfelt
1 EL Tomatenmark
1 EL frischer Oregano, gehackt (oder 1 TL getrockneter)
Salz und Pfeffer
350 g frische Muscheln
175 g geschälte Garnelen
2 EL frische Petersilie, gehackt
knuspriges Brot als Beilage

1 Den gewaschenen, entgräteten Fisch in mundgerechte Stücke teilen. Mit der Hälfte der Zwiebeln und des Selleries, der Petersilie und dem Lorbeer den Fisch in Wasser und Wein zum Kochen bringen und 25 Minuten leise köcheln lassen.

2 Den Fisch herausnehmen und den Sud durchseihen. Was im Sieb hängen bleibt, wegwerfen.

3 Das Öl erhitzen, die restliche Zwiebel mit Knoblauch, Karotte und verbliebenem Sellerie andünsten. Die Tomaten aus der Dose, Kartoffelwürfel, Tomatenmark, Oregano und Fischsud zugeben und mit Salz und Pfeffer kräftig abschmecken. Zum Kochen bringen, bei schwacher Hitze knapp 15 Minuten köcheln lassen, bis die Kartoffeln fast weich sind.

4 Die Muscheln schrubben und entbarten. Zusammen mit den Garnelen in den Topf geben und 5 Minuten kochen, bis sich die Muscheln geöffnet haben (ungeöffnete wegwerfen).

5 Die beiseite gestellten Meerestiere in die Suppe geben, wieder erhitzen und die Petersilie zugeben. Abschmecken und eventuell nachwürzen.

6 Die Suppe in einer vorgewärmten Terrine zu Tisch bringen. Wer mag, kann sich eine Scheibe geröstetes Brot in den Teller legen, ehe er die Suppe darauf gibt; man kann das Brot aber auch separat essen. Die Muscheln kann man vor dem Servieren aus den Schalen lösen.

Kürbissuppe mit Orange und Thymian

Diese cremige Kürbissuppe hat eine herrlich goldgelbe Farbe. Durch die Orange und den Thymian erhält sie zudem einen wunderbaren Geschmack.

Für 4 Personen
2 EL Olivenöl
2 mittelgroße Zwiebeln, gehackt
2 Knoblauchzehen, zerdrückt
900 g Kürbisfleisch, gewürfelt
1,5 l heiße Gemüse- oder Hühnerbrühe
abgeriebene Schale und Saft von 1 Orange
3 EL frischer Thymian, dickere Stängel entfernt
Salz und Pfeffer
150 ml Milch
knuspriges Weißbrot als Beilage

1 Das Olivenöl in einem großen Topf erhitzen und die Zwiebeln darin 3–4 Minuten andünsten. Den Knoblauch und den gewürfelten Kürbis zugeben und unter Rühren weitere 2 Minuten sautieren.

2 Die heiße Gemüse- oder Hühnerbrühe angießen, den Orangensaft und die abgeriebene Schale sowie 2 EL des Thymians zugeben. Die Hitze reduzieren und die Suppe 20 Minuten köcheln lassen, bis der Kürbis gar und weich ist.

3 Die Suppe etwas abkühlen lassen, dann im Mixer oder in der Küchenmaschine pürieren oder durch ein Sieb streichen. In den Topf zurückgeben und mit Salz und Pfeffer abschmecken.

4 Die Suppe wieder erhitzen, aber nicht kochen. Die Milch einrühren (alternativ die entsprechende Menge Sahne nehmen) und zum Schluss den restlichen Thymian einrühren.

5 Die Kürbissuppe in 4 vorgewärmte Suppenteller oder -tassen füllen und sofort servieren. Dazu knuspriges, frisches Weißbrot reichen.

WISSENSWERTES

Speisekürbisse können eine beachtliche Größe erreichen; sie werden deshalb meist zerteilt angeboten. Man sollte auf saftiges, frisches, orangerotes Fruchtfleisch achten. Die Suppe lässt sich gut einfrieren.

Kalabrische Pilzsuppe

Die Bergregionen Kalabriens sind berühmt für ihre Wildpilze, aus denen sich köstliche Suppen wie diese hier zubereiten lassen.

Für 4 Personen
2 EL Olivenöl
1 Zwiebel, gehackt
450 g gemischte frische Speisepilze (Steinpilz, Austernpilz, Steinchampignon, Maronenpilz)
300 ml Milch
850 ml Gemüsebrühe oder Pilzfond aus dem Glas
8 Scheiben Baguette
2 Knoblauchzehen, zerdrückt
50 g flüssige Butter
75 g Greyerzer (Gruyère), gerieben
Salz und Pfeffer

1 Das Öl in einem großen Topf erhitzen und die Zwiebel darin in 3–4 Minuten glasig dünsten.

2 Die Pilze putzen und feucht abwischen; größere Pilze in mundgerechte Stücke schneiden.

3 Die Pilze zu der gehackten Zwiebel in die Pfanne geben und unter Rühren mit Öl überziehen.

4 Die Milch angießen und zum Kochen bringen. Deckel auflegen und die Pilze 5 Minuten köcheln lassen. Dann vorsichtig die heiße Brühe oder den Fond angießen.

5 Die Baguettescheiben im Toaster oder notfalls unter dem Grill goldbraun rösten.

6 Den Knoblauch in die Butter geben und das Brot damit gut befeuchten.

7 In 4 vorgewärmte Suppenteller je 2 Scheiben des vorbereiteten Baguettes legen und von der heißen Suppe darüber geben. Jede Portion mit geriebenem Käse bestreuen und sofort auftragen.

WISSENSWERTES

Pilze sind Schwämme und saugen deshalb Wasser auf. Sie sollten daher niemals gewaschen, sondern nur mit dem Messer geputzt und mit einem Tuch abgerieben werden.

2

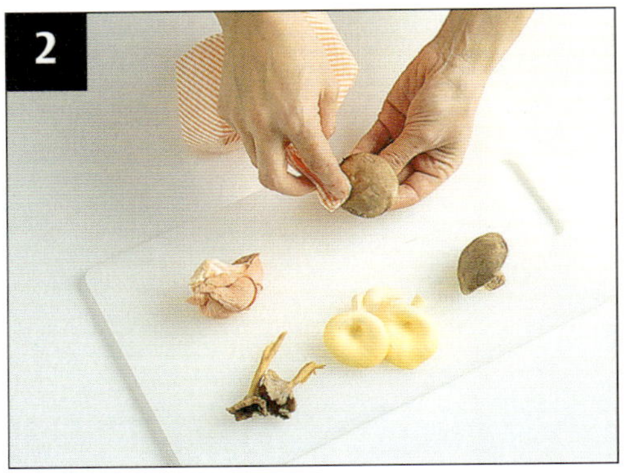

4

6

Pastagerichte

Mit Nudeln kann man Gemüse und Pilze, Fisch und Meeresfrüchte, Fleisch und Geflügel, Käse, Eier und Sahne kombinieren. Jeder wird irgendeine Nudelsauce finden, die ihm behagt; zudem sind Nudelsaucen meist rasch und problemlos zuzubereiten. Pastagerichte können unkompliziert und preiswert sein, wie Spaghetti alla carbonara oder Spaghetti mit Thunfisch-Petersilien-Sauce, sie können aber auch etwas ganz Besonderes darstellen – entweder wenn die Nudeln selbst gemacht sind wie bei Tortellini oder Ravioli oder wenn die dazu gereichte Sauce außergewöhnlich ist. In Italien isst man Pasta als »primo piatto«, als ersten Gang. Doch eignen sich viele der hier vorgestellten Rezepte auch als vollwertiges Hauptgericht. Die auf den folgenden Seiten jeweils bei den Rezepten angegebenen Nudelarten sind selbstverständlich nur als Vorschläge zu verstehen, die man nach Lust und Geschmack variieren kann.

Tagliatelle mit scharfer Tomatensauce

Dies ist eine frische, durch leichte Schärfe akzentuierte Tomatensauce, die ausgezeichnet zu langen Nudeln passt – seien es Spaghetti oder schmale Bandnudeln wie Tagliatelle oder Fettuccine.

Für 4 Personen
50 g Butter
1 Zwiebel, fein gehackt
1 Knoblauchzehe, zerdrückt
2 kleine rote Pfefferschoten, entkernt und sehr fein geschnitten
450 Buschtomaten, gehäutet, entkernt und gewürfelt
200 ml Gemüsebrühe
2 EL Tomatenmark
1 TL Zucker
Salz und Pfeffer
675 g frische weiße und grüne Tagliatelle oder 350 g Trockenware

1 Die Butter in einem Topf zerlassen, Zwiebel und Knoblauch zugeben und 3–4 Minuten dünsten.

2 Die Pfefferschoten zugeben und weitere 2 Minuten dünsten.

3 Die Tomaten und die Brühe zugeben, die Hitze verringern und das Ganze unter Rühren etwa 10 Minuten köcheln lassen.

4 Die Sauce etwas abkühlen lassen, dann im Mixer oder der Küchenmaschine pürieren. Alternativ die Sauce durch ein Sieb streichen.

5 Die Sauce in den Topf zurückgeben, das Tomatenmark und den Zucker hinzufügen, mit Salz und Pfeffer würzen. Auf schwacher Hitze unter Rühren wieder sehr heiß werden lassen.

6 Die Nudeln in leicht gesalzenem, sprudelnd kochendem Wasser garen, frische Nudeln 2–3 Minuten, trockene 8–12 Minuten lang. Die Nudeln sollten gar, aber noch bissfest sein. Abgießen und gut abtropfen lassen.

7 In einer Servierschüssel mit der Sauce mischen und heiß servieren.

VARIATION

Man kann 50 g gewürfelten Pancetta oder rohen Schinken in einer beschichteten Pfanne kross ausbraten und über die Nudeln geben.

Spaghetti alla carbonara

Die Spaghetti »nach Art der Köhlerin« sind ein italienischer Klassiker. Die Zutaten müssen so heiß wie möglich sein, damit das verschlagene Ei beim Kontakt leicht stockt.

Für 4 Personen
400 g Spaghetti
2 EL Olivenöl
1 große Zwiebel, in feine Ringe geschnitten
2 Knoblauchzehen, zerdrückt
175 g Frühstücksspeck, in feinen Streifen
25 g Butter
175 g Champignons, blättrig geschnitten
300 ml süße Sahne
3 Eier, leicht verschlagen
75 g frisch geriebener Parmesan
Salz
schwarzer Pfeffer aus der Mühle
Salbeiblättchen zum Garnieren

1 Eine große Servierschüssel vorwärmen. Die Spaghetti in sprudelnd kochendem Wasser garen, dem Salz und 1 EL Öl beigegeben sind. Die fertigen Spaghetti abgießen, in den Topf zurückgeben und sehr heiß halten.

2 Während die Spaghetti kochen, das restliche Öl erhitzen, die Zwiebel darin glasig dünsten, dann Knoblauch und Frühstücksspeck zugeben und braten, bis der Speck kross ist.

3 Zwiebel, Knoblauch und Speck mit einem Schaumlöffel aus dem Topf nehmen und beiseite stellen. Die Butter in das Kochgeschirr geben und die Champignons darin 3–4 Minuten sautieren, gelegentlich umrühren. Die Zwiebelmischung in den Topf zurückgeben und mit den Pilzen verrühren. Deckel auflegen und gut warm halten.

4 Sahne, Eier und Parmesan vermischen und mit Salz und Pfeffer würzen.

5 Die Spaghetti zu den Pilzen in den Topf geben, gut mischen und heiß werden lassen, dann die Eiersahne darüber gießen. Die Spaghetti mit 2 Gabeln gründlich durchmischen, in die gut vorgewärmte Schüssel füllen, mit Salbeiblättern garnieren, sofort servieren und bei Tisch mit weiterem Parmesan bestreuen.

Pasta mit Basilikum und Tomaten

Die unter dem Grill gegarten Tomaten haben einen besonders intensiven Geschmack. Wenn möglich sollten es italienische Strauchtomaten oder Eiertomaten sein.

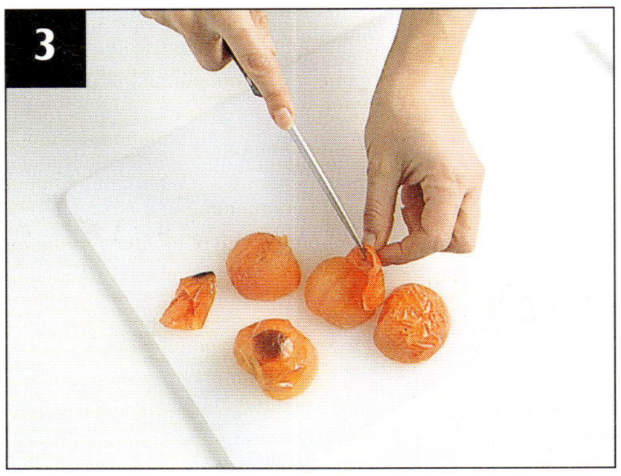

Für 4 Personen
2–3 EL Olivenöl
2 Zweige Rosmarin
4 Knoblauchzehen, ungeschält
450 g Tomaten, halbiert
1 EL Pesto rosso
12 frische Basilikumblätter, zusätzlich Basilikum zum Garnieren
Salz und Pfeffer
675 g frische Farfalle oder 350 g Trockenware

1 1 EL Öl, dann Rosmarin, Knoblauch und Tomaten – Schnittfläche nach unten – in einen flachen Bräter geben.

2 1–2 EL Öl darüber träufeln und 20 Minuten unter den vorgeheizten Grill stellen, bis die Haut der Tomaten leicht geschwärzt ist.

3 Die Tomaten häuten, Fruchtfleisch grob würfeln und in einen Topf geben.

4 Die Knoblauchzehen aus der Schale drücken, mit dem Tomatenfleisch und dem Pesto rosso vermischen.

5 Die Basilikumblätter zerzupfen und ebenfalls in die Tomatensauce geben. Die Sauce mit etwas Salz und Pfeffer würzen und abschmecken.

6 Die Farfalle in sprudelnd kochendem Wasser bissfest garen und auf ein Sieb abgießen. Die Tomaten-Basilikum-Sauce inzwischen auf schwache Hitze setzen und erwärmen.

7 Die Farfalle in eine vorgewärmte Schüssel geben und mit der Tomaten-Basilikum-Sauce mischen. Mit Basilikum und eventuell ein paar Rosmarinnadeln garnieren und sofort zu Tisch bringen.

WISSENSWERTES

Die Sauce schmeckt auch kalt hervorragend zu einem Nudelsalat.

Tagliatelle mit Hühnersauce

Mit Spinat grün gefärbte Bandnudeln ergeben zusammen mit einer roten Tomatensauce und hellem Hühnerfleisch in weißer Sauce ein leckeres Gericht, das obendrein rasch zubereitet ist.

Für 4 Personen
1 Portion Einfache Tomatensauce (s. S. 17)
250 g frische grüne Bandnudeln
1 EL Olivenöl
Salz
Basilikumblätter zum Garnieren
HÜHNERSAUCE
50 g Butter
400 g ausgebeintes, enthäutetes Hähnchenbrustfilet, in feine Streifen geschnitten
75 g blanchierte Mandeln
300 ml süße Sahne
Salz und Pfeffer
Basilikumblätter zum Garnieren

1 Zuerst die Tomatensauce zubereiten, beiseite stellen und warm halten.

2 Für die Hühnersauce die Butter in einem Topf zerlassen, das Hühnerfleisch und die Mandeln darin unter häufigem Wenden 5–6 Minuten anbraten, bis das Hühnerfleisch rundum weiß ist.

3 Nebenher die Sahne in einem zweiten Topf zum Kochen bringen und im Laufe von etwa 10 Minuten fast um die Hälfte einkochen lassen. Die Sahne dann über das Hühnerfleisch und die Mandeln gießen, gut verrühren und würzen. Beiseite stellen und warm halten.

4 Die Nudeln in einem großen Topf in sprudelnd kochendem Wasser, dem 1 EL Öl und etwas Salz zugesetzt sind, garen, bis sie bissfest sind. Abgießen, in den Topf zurückgeben, bedecken und warm halten.

5 Die Pasta in eine vorgewärmte Schüssel geben, die Tomatensauce darüber löffeln.

VARIATION

Man kann für dieses Gericht genauso gut Streifen von Putenbrust oder streifig geschnittene Schweine- oder Kalbslende verwenden.

1

2

3

Spaghetti alla bolognese

Die berühmte Fleischsauce, in Italien schlicht »ragù« genannt, wird auch zur Lasagne, für Cannelloni und überbackene Polenta verwendet. Da man sie gut einfrieren kann, sollte man gleich eine große Portion zubereiten.

Für 4 Personen
400 g Spaghetti
1 EL Olivenöl
Salz
15 g Butter
2 EL gehackte frische Petersilie zum Garnieren
RAGÙ
3 EL Olivenöl
40 g Butter
2 große Zwiebeln, gehackt
4 Stängel Bleichsellerie, klein geschnitten
175 g Bauchspeck (Pancetta), klein gewürfelt
2 Knoblauchzehen, zerdrückt
500 g Rinderhack
2 EL Tomatenmark
1 EL Paprikamark
400 g geschälte Tomaten (aus der Dose)
150 ml Rinderfond
150 ml trockener Rotwein
Salz und Pfeffer
2 TL getrockneter Oregano
$^1/_2$ TL frisch geriebene Muskatnuss

1 Für das Ragù Öl und Butter zusammen erhitzen. Zwiebeln, Sellerie und Speck darin 5 Minuten anbraten und gelegentlich rühren.

2 Knoblauch und Rinderhack zugeben und unter Wenden so lange braten, bis das Fleisch zerkrümelt und keine roten Stellen mehr zu sehen sind. Die Hitze verringern und weitere 10 Minuten köcheln lassen, gelegentlich rühren.

3 Wenn das Fleisch gut durchgegart ist, das Tomaten- und das Paprikamark, die Dosentomaten, den Rinderfond und den Rotwein zugeben und alles einmal aufwallen lassen, dabei gut durchrühren. Mit Salz, Pfeffer, Oregano und Muskatnuss würzen. Bei aufgelegtem Deckel 45 Minuten lang leise köcheln lassen.

4 Die Spaghetti in sprudelnd kochendem Wasser, dem Öl und Salz zugesetzt wurden, bissfest garen. Abgießen, gut abtropfen lassen und in eine vorgewärmte Schüssel geben.

5 Butterflöckchen darauf setzen und mit 2 Gabeln durchmischen.

6 Die Sauce abschmecken und eventuell nachwürzen, dann über die Spaghetti gießen und nochmals gut durchmischen. Mit gehackter Petersilie bestreut sofort servieren.

Tortellini

Für die Füllung der Tortellini, einer Spezialität aus der Region Emilia-Romagna, gibt es unzählige verschiedene Rezepte. Mit Käse gefüllte Tortellini werden auch mit »ragù« angerichtet.

Für 4 Personen
1 Portion Pasta-Grundteig (s. S. 15)
FÜLLUNG
125 g Hähnchenbrustfilet, enthäutet
50 g Parmaschinken
40 g gegarter Spinat, gut ausgedrückt
1 EL fein gehackte Zwiebel
2 EL frisch geriebener Parmesan
1 Prise gemahlener Piment
Salz und Pfeffer
1 Ei, verschlagen
SAUCE
300 ml süße Sahne oder Kaffeesahne
1–2 Knoblauchzehen, zerdrückt
125 g Champignons, blättrig geschnitten
4 EL frisch geriebener Parmesan
1–2 EL Petersilie, gehackt

1 Die Hähnchenbrust in gut gesalzenem Wasser 10 Minuten pochieren, abtropfen lassen und klein schneiden. Sobald sie kalt ist, mit Parmaschinken, Spinat und Zwiebel in der Küchenmaschine zerkleinern, dann Parmesan, Piment, Salz, Pfeffer und Ei unterrühren.

2 Den Nudelteig auf einer leicht bemehlten Fläche sehr dünn ausrollen und mit einem runden Ausstecher Kreise von 5 cm Durchmesser ausschneiden.

3 In die Mitte jedes Kreises je ½ TL von der Füllung setzen. Die Kreisränder mit Wasser anfeuchten, zu Halbkreisen zusammenfalten und fest andrücken. Die Enden der Halbkreise etwas lang ziehen, um den Zeigefinger wickeln und die Enden überlappend zusammendrücken. Fertige Tortellini auf ein bemehltes Geschirrtuch gleiten lassen. Es empfiehlt sich, den Teig portionsweise für jeweils etwa 6 Tortellini auszurollen und die fertigen Tortellini für kurze Zeit liegen zu lassen – der ausgerollte Teig wird sonst zu trocken.

4 Einen großen Topf mit gesalzenem Wasser zum Kochen bringen und jeweils einige Tortellini darin garen. Wenn sie an die Oberfläche steigen, noch 5 Minuten ziehen lassen. Mit dem Schaumlöffel herausheben und auf Küchenpapier abtropfen lassen. Warm halten, bis alle gekocht sind.

5 Für die Sauce die Sahne mit dem Knoblauch in einem Topf zum Kochen bringen und ein paar Minuten köcheln lassen. Die Champignons und die Hälfte des Parmesans zugeben, würzen und 2–3 Minuten köcheln lassen. Die Petersilie einrühren und die Sauce über die heißen Tortellini gießen. Mit dem restlichen Parmesan bestreuen und sofort servieren.

Ravioli

Die mit Pilzen und Käse gefüllten, quadratischen Teigtaschen sind überraschend sättigend. 3 Stück pro Person reichen für einen ersten Gang; man sollte 9 Stück zu Tisch bringen, wenn sie als Hauptgericht dienen.

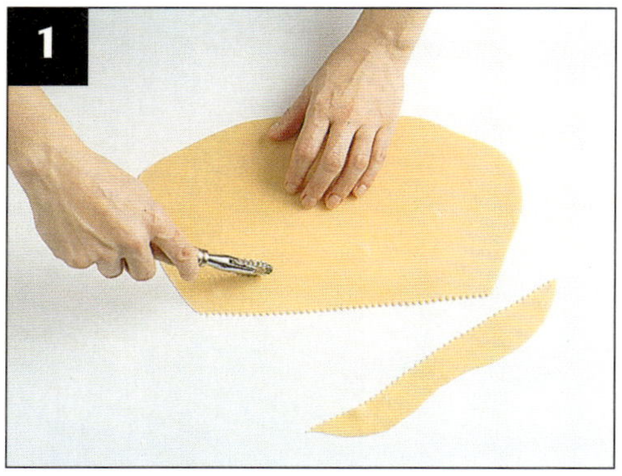

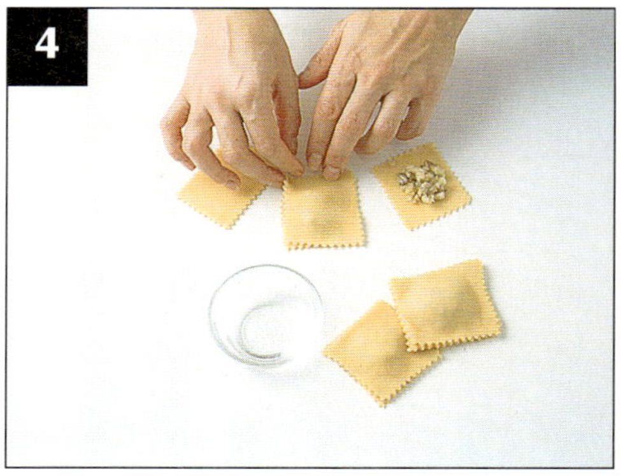

Für 36 Ravioli
etwa 300 g Pasta-Grundteig (s. S. 15), dünn ausgerollt
75 g Butter
50 g Schalotten, fein gehackt
3 Knoblauchzehen, zerdrückt
50 g frische Pilze, feucht abgewischt und fein gehackt
½ Stängel Bleichsellerie, fein gehackt
25 g frisch geriebener Pecorino, zusätzlich Käse zum Bestreuen
Salz und Pfeffer
1 EL Öl

1 Mit einem gewellten Teigrad den ausgerollten Nudelteig in 5 cm große Quadrate schneiden. Für 36 Ravioli benötigt man 72 Quadrate. Ausgerollte Pasta mit Frischhaltefolie abdecken, damit sie nicht austrocknet.

2 25 g der Butter in eine Pfanne geben und die Schalotten darin glasig dünsten. 1 Knoblauchzehe, Pilze und Sellerie zugeben und 4–5 Minuten dünsten.

3 Die Pfanne vom Herd nehmen, den Pecorino einrühren, salzen und pfeffern.

4 Auf 36 Quadrate je ½ TL von der Pilzmischung setzen. Die Ränder mit Wasser anfeuchten, die restlichen 36 Quadrate passgenau darauf legen und die Ränder fest andrücken. 5 Minuten ruhen lassen.

5 Einen großen Topf mit leicht gesalzenem Wasser zum Kochen bringen, Öl zugeben und jeweils einige Ravioli darin 2–3 Minuten garen. Sie steigen an die Oberfläche, wenn sie gar sind (sie sollten bissfest sein). Mit dem Schaumlöffel herausheben, abtropfen lassen und warm halten.

6 In der Zwischenzeit die restliche Butter zerlassen, den verbliebenen Knoblauch hineingeben, 1–2 Minuten sautieren und kräftig pfeffern.

7 Die Ravioli auf Teller geben, mit Knoblauchbutter beträufeln, mit geriebenem Pecorino bestreuen und servieren.

Tagliatelle mit Fleischklößchen

Der Kontrast, der im Geschmack und der unterschiedlichen Konsistenz dieses Gerichts liegt, macht seinen Reiz aus. Tagliatelle mit Fleischklößchen gelten als eines der beliebtesten italienischen Rezepte.

Für 4 Personen
500 g mageres Hackfleisch
50 g zerbröseltes Weißbrot ohne Rinde
1 Knoblauchzehe, zerdrückt
2 EL Petersilie, gehackt
1 TL getrockneter Oregano
1 Prise frisch geriebene Muskatnuss
1/4 TL Korianderpulver
50 g frisch geriebener Parmesan
2–3 EL Milch
Mehl für die Hände
4 EL Olivenöl
400 g Tagliatelle
25 g Butter in Flöckchen
Salz
2 EL gehackte Petersilie zum Garnieren
Gemischter Salat als Beilage
SAUCE
3 EL Olivenöl
2 große Zwiebeln, in Ringe geschnitten
2 Stängel Bleichsellerie, klein geschnitten
2 Knoblauchzehen, zerdrückt
400 g geschälte Tomaten in Stücken (aus der Dose)
2 EL Tomatenmark
1 EL brauner Zucker oder Melasse
150 ml trockener Weißwein oder Wasser
Salz und Pfeffer

1 Für die Sauce das Öl erhitzen, Zwiebeln und Sellerie darin glasig dünsten. Zunächst Knoblauch und nach etwa 1 Minute auch die Tomaten zugeben. Dann Tomatenmark, Zucker und Wein hinzufügen. 10 Minuten köcheln lassen und mit Salz und Pfeffer kräftig abschmecken.

2 Das Hackfleisch in eine Schüssel geben, das zerbröselte Weißbrot, Knoblauchzehe, Petersilie, Oregano, Muskatnuss, Korianderpulver und Parmesan zugeben, gut mischen und so viel Milch angießen, dass eine dicke Paste entsteht. Mit bemehlten Händen jeweils 1 EL Fleischteig zu einer Kugel formen. Öl in einer Pfanne erhitzen und die Fleischbällchen darin 5–6 Minuten rundum braun braten.

3 Die Tomatensauce über die Fleischbällchen geben. Deckel auflegen und bei schwacher Hitze 30 Minuten köcheln lassen. Gelegentlich umrühren, eventuell etwas mehr Flüssigkeit angießen.

4 In einem großen Topf Wasser zum Kochen bringen, Salz und 1 EL Öl zugeben und die Nudeln darin bissfest garen. Abgießen, gut abtropfen lassen, in eine vorgewärmte Schüssel umfüllen und die Butterflöckchen untermischen. Die Sauce mit den Fleischbällchen darüber geben und sofort mit einem frischen Salat servieren.

1

2

3

Pasta mit Basilikum-Vinaigrette

Getrocknete Tomaten und schwarze Oliven geben der Vinaigrette ihr pikantes Aroma. Man kann das Gericht warm oder als kalten Salat servieren.

Für 4–6 Personen
250 g Spiralnudeln
4 Tomaten, gehäutet
25 g getrocknete Tomaten
50 g schwarze Oliven
2 EL Pinienkerne, geröstet
2 EL Parmesanspäne
frische Basilikumzweige zum Garnieren
BASILIKUM-VINAIGRETTE
2 EL kaltgepresstes Olivenöl
2 EL Zitronensaft
4 EL gehackte frische Basilikumblätter
1 Knoblauchzehe, zerdrückt
2 EL frisch geriebener Parmesan
Pfeffer aus der Mühle

1 Die Nudeln in sprudelnd kochendem, gesalzenem Wasser in 10–12 Minuten bissfest kochen. Abgießen, mit heißem Wasser abschrecken und gut abtropfen lassen.

2 Für die Vinaigrette Öl und Zitronensaft mit einer Gabel kräftig verschlagen, die übrigen Zutaten zugeben und gut mischen, mit Pfeffer abschmecken.

3 Die Nudeln in eine Schüssel geben, die Vinaigrette darüber gießen und gut mischen.

4 Die Tomaten achteln, Oliven entkernen und halbieren, getrocknete Tomaten in feine Streifen schneiden.

5 Tomaten und Oliven zu den Nudeln geben, nochmals gut mischen. Auf Teller verteilen, mit Pinienkernen und Parmesan bestreuen, mit Basilikum garnieren und auftragen.

Grüne Lasagne

Die Fleischsauce, mit der die goldbraun überbackene Lasagne gefüllt wird, ist dasselbe »ragù« wie für die Spaghetti alla bolognese (s. S. 84).

Für 6 Personen
Ragù (s. S. 84)
1 EL Olivenöl
250 g grüne Lasagne
50 g frisch geriebener Parmesan
Béchamelsauce (s. S. 17)
Salz und Pfeffer
grüner Salat, Tomatensalat oder schwarze Oliven als Beilage

1 Zunächst die Hackfleischsauce wie auf Seite 84 beschrieben zubereiten. Falls sie zu flüssig ist, muss man sie etwas einkochen lassen. Die Sauce sollte die Konsistenz einer dicken Paste, nicht die einer flüssigen Sauce haben.

2 In einem großen Topf Wasser zum Kochen bringen, salzen und 1 EL Öl zugeben. Die Lasagneblätter – immer nur 3–4 auf einmal – darin etwa 8 Minuten vorgaren. Diese Vorgehensweise ist nur bei getrockneter Packungsware nötig, Lasagne aus frisch zubereitetem Nudelteig muss nicht vorgegart werden, wenn sie sofort weiterverarbeitet wird.

3 Die Lasagneblätter mit dem Schaumlöffel aus dem Wasser nehmen und auf einem angefeuchteten Geschirrtuch nebeneinader ausbreiten.

4 Eine viereckige Lasagneform ausfetten und ein wenig von der Fleischsauce auf dem Boden der Form verteilen. Eine Lage Lasagneblätter darauf legen, etwas Béchamelsauce darüber geben und Käse darüber streuen. Auf diese Weise in Lagen fortfahren, bis alle Zutaten aufgebraucht sind; die letzte Lage besteht aus der Béchamelsauce.

5 Den restlichen Parmesan darüber streuen. Die Lasagne im vorgeheizten Ofen bei 190 °C etwa 40 Minuten überbacken. Sofort in der Form zu Tisch bringen, dazu einen grünen Salat, einen Tomatensalat oder schwarze Oliven reichen.

Lasagne mit Zucchini und Auberginen

Eine interessante Variante der klassischen Lasagne, für die man frische Lasagneblätter verwenden kann. Getrocknete Lasagneblätter müssen zunächst vorgegart werden (s. S. 89).

3

4

6

Für 6 Personen
1 kg Auberginen
4 EL Salz
8 EL Olivenöl
25 g Knoblauch-Kräuter-Butter
500 g Zucchini, in Scheiben geschnitten
schwarzer Pfeffer aus der Mühle
250 g Mozzarella, klein geschnitten
600 ml stückige Tomaten (aus der Dose), durch ein Sieb gestrichen
6 Blatt vorgegarte Lasagne
600 ml Béchamelsauce (s. S. 17)
50 g frisch geriebener Parmesan
1 EL getrockneter Oregano

1 Die Auberginen in dünne Scheiben schneiden, die Scheiben in einer Schüssel schichten und jede Lage reichlich mit Salz bestreuen. 30 Minuten stehen lassen, dann gut mit Wasser abwaschen und trockentupfen.

2 4 EL Öl in einer Pfanne erhitzen und die Auberginenscheiben nebeneinander liegend darin 6–7 Minuten braten, bis sie beidseitig gut gebräunt sind. Auf Küchenpapier abtropfen lassen. Auf diese Art alle Auberginenscheiben braten.

3 Die Knoblauch-Kräuter-Butter in der Pfanne zerlassen und die Zucchinischeiben darin 5–6 Minuten goldbraun braten. Auf Küchenpapier abtropfen lassen.

4 Die Hälfte der Auberginen- und der Zucchinischeiben in einer Auflaufform schichten, pfeffern und die Hälfte des Mozzarellas und 300 ml der durchpassierten Tomaten darüber geben, mit 3 Lasagneblättern abdecken.

5 Die restlichen Auberginen- und Zucchinischeiben, Mozzarella und passierte Tomaten in gleicher Weise einschichten und mit Pfeffer aus der Mühle würzen. Mit Lasagneblättern abdecken.

6 Die Béchamelsauce darüber verteilen, mit Parmesan und Oregano bestreuen. Den Auflauf im vorgeheizten Ofen bei 220 °C 30–35 Minuten backen. Sofort heiß servieren.

Gefüllte Cannelloni

Cannelloni sind dicke Pastaröhren, die sich ausgezeichnet dafür eignen, mit herzhaften Pasten aller Art gefüllt und dann im Ofen überbacken zu werden.

Für 4 Personen
8 Cannelloni
1 EL Olivenöl
frische Kräuter zum Garnieren
FÜLLUNG
25 g Butter
300 g gefrorener Blattspinat, aufgetaut und fein gehackt
125 g Ricotta
25 g frisch geriebener Parmesan
50 g Schinken, fein gehackt
2 EL süße Sahne
2 Eier, leicht verschlagen
1/4 TL frisch geriebene Muskatnuss
Salz und Pfeffer
SAUCE
25 g Butter
25 g Mehl
300 ml Milch
2 Lorbeerblätter
1 Prise Muskatnuss
25 g frisch geriebener Parmesan

1 Für die Füllung die Butter in einer Pfanne zerlassen und den Spinat hineingeben. 2–3 Minuten unter Rühren dünsten, bis alle Flüssigkeit verdunstet ist. Die Pfanne vom Herd nehmen. Ricotta, Parmesan, Schinken, Sahne und Eier unter den Spinat rühren, mit Muskat, Salz und Pfeffer würzen, beiseite stellen; abkühlen lassen.

2 In einem großen Topf Wasser zum Kochen bringen, salzen und 1 EL Öl zusetzen. Die Cannelloni darin 10–12 Minuten garen, bis sie weich, aber noch formfest sind. Abtropfen lassen und beiseite stellen.

3 Für die Sauce die Butter in einem Topf zerlassen, das Mehl zugeben und 2 Minuten kochen lassen. Portionsweise unter Rühren die Milch zugeben, bis eine glatte Sauce entsteht. Die Lorbeerblätter hineingeben und 5 Minuten köcheln lassen. Mit Salz, Pfeffer und Muskat würzen. Vom Herd nehmen und die Lorbeerblätter entfernen.

4 Die Füllung in einen Spritzbeutel geben und die Cannelloni füllen.

5 Den Boden einer Auflaufform mit weißer Sauce bedecken, die Cannelloni nebeneinander liegend einschichten und mit der restlichen weißen Sauce bedecken.

6 Mit Parmesan bestreuen und im vorgeheizten Ofen bei 190 °C 40–45 Minuten überbacken, bis die Oberfläche goldbraun ist. Je 2 Cannelloni auf vorgewärmte Teller geben und mit Kräutern garniert servieren.

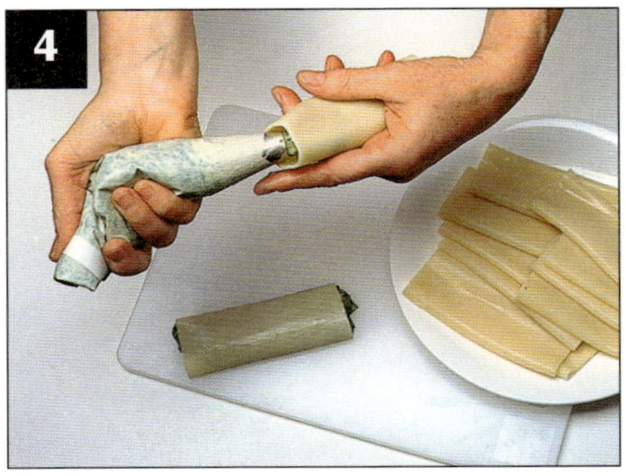

Hackbraten mit Nudelfüllung

In diesem lockeren, leicht gewürzten Hackbraten steckt als kleine Überraschung eine mit Käsesauce umhüllte Nudelfüllung.

Für 6 Personen
25 g Butter, zusätzlich Butter zum Ausfetten der Form
1 Zwiebel, fein gehackt
1 kleine rote Paprikaschote, entkernt und klein geschnitten
1 Knoblauchzehe, zerdrückt
500 g Rinderhack
25 g Paniermehl
1/2 TL Cayennepfeffer
1 EL Zitronensaft
1/2 TL abgeriebene Zitronenschale
2 EL gehackte Petersilie
75 g getrocknete Pasta (z. B. Hörnchen)
Salz und Pfeffer
1 EL Olivenöl
Käsesauce (s. S. 17)
4 Lorbeerblätter
175 g Frühstücksspeck, in dünne Scheiben geschnitten
Salat zur Garnierung

1 Die Butter in einer Pfanne zerlassen, Zwiebel und Paprika zugeben. 3 Minuten dünsten, bis die Zwiebel glasig ist. Knoblauch zugeben, eine weitere Minute sautieren.

2 Das Rinderhack in eine Schüssel geben, mit Paniermehl, Cayennepfeffer, Zitronensaft und -schale sowie mit den abgekühlten Gemüsen aus der Pfanne zu einem Fleischteig verkneten. Mit Salz und Pfeffer würzen und beiseite stellen.

3 Die Nudeln in reichlich Salzwasser, dem 1 EL Öl zugesetzt ist, bissfest kochen, abgießen und gut abtropfen lassen. In die Käsesauce geben und vorsichtig mischen.

4 Eine 1-kg-Kastenform mit Butter ausfetten, die Lorbeerblätter auf den Boden der Form legen. Die Form wie gezeigt völlig mit leicht überlappenden Speckscheiben auskleiden.

5 Die Hälfte des Fleischteigs in die Form geben, glatt streichen, die Käsenudeln hineingeben, mit Fleischteig bedecken und die Form mit Alufolie schließen.

6 Den Hackbraten im vorgeheizten Ofen bei 180 °C 1 Stunde braten, bis klarer Fleischsaft austritt. Den Saft und überschüssiges Fett vorsichtig abgießen, den Hackbraten auf eine Servierplatte stürzen. In Scheiben schneiden und mit Salatblättern garniert noch heiß servieren.

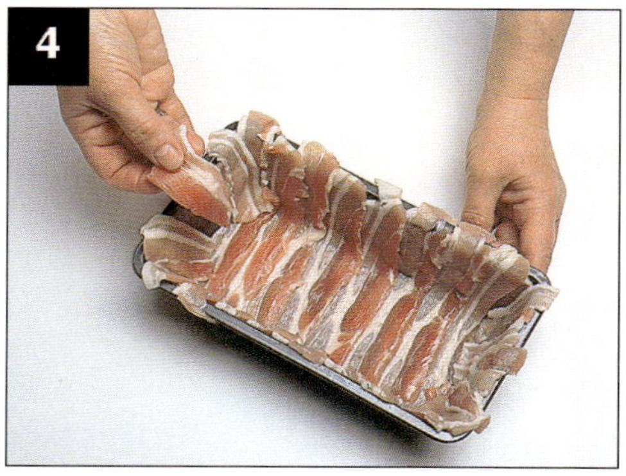

Auberginenauflauf

Ein üppiger, sättigender Auflauf für die ganze Familie aus gebratenen Auberginenscheiben, Fleischsauce und Pasta mit Käse.

Für 4 Personen
1 Aubergine, in dünne Scheiben geschnitten
5 EL Olivenöl
250 g kurze Pasta (z. B. Fusilli)
50 g Butter, zusätzlich Butter zum Ausfetten der Form
40 g Mehl
300 ml Milch
150 ml Kaffeesahne
150 ml Geflügelfond oder Hühnerbrühe
1 große Prise frisch geriebene Muskatnuss
Salz und Pfeffer
75 g mittelalter Cheddar, gerieben
1 Portion Lammsauce (s. S. 17)
25 g frisch geriebener Parmesan
Artischockenherzen aus dem Glas, Tomaten und schwarze Oliven als Beilage

1 Die Auberginenscheiben in einem Sieb schichten und jede Lage reichlich mit Salz bestreuen. 45 Minuten stehen lassen, dann gut mit Wasser abwaschen und trockentupfen.

2 4 EL Öl in einer Pfanne erhitzen und die Auberginenscheiben nebeneinander liegend darin auf jeder Seite 4 Minuten braten, bis sie gut gebräunt sind. Auf Küchenpapier abtropfen lassen.

3 Inzwischen die Nudeln in sprudelnd kochendem, gesalzenem Wasser, dem 1 EL Öl zugegeben ist, bissfest kochen. Abgießen, in den Topf zurückgeben und warm halten.

4 Die Butter in einem Topf zerlassen, das Mehl zugeben und 1 Minute unter Rühren angehen lassen. Portionsweise unter ständigem Rühren Milch, Kaffeesahne und Fond zugeben. Mit Muskat, Salz und Pfeffer würzen und 5 Minuten unter Rühren köcheln lassen. Vom Herd nehmen, den geriebenen Cheddar einrühren und die Hälfte der Sauce über die Nudeln geben, anschließend gut durchmischen.

5 Eine flache Auflaufform mit Butter ausstreichen, die Hälfte der Käsenudeln hineingeben, die Hälfte der Lammsauce darüber füllen, mit Auberginenscheiben abdecken. Die Lagen noch einmal wiederholen, als Abschluss die restliche Käsesauce darüber geben und mit Parmesan bestreuen. Im vorgeheizten Ofen bei 190 °C 25 Minuten überbacken. Mit Artischockenherzen, Tomaten und Oliven servieren.

Pesto alla genovese

War Basilikumpesto vor wenigen Jahren noch ein Geheimtipp, so kann man ihn heute in jedem Supermarkt fertig kaufen. Meist mit Petersilie gestreckt und mit minderwertigem Öl zubereitet, bleibt er hinter einem frischen Pesto jedoch weit zurück.

Für 4 Personen
2 Bund Basilikum, nur die Blätter, keine Stiele
3 Knoblauchzehen, zerdrückt
30 g Pinienkerne
50 g frisch geriebener Parmesan
25 g frisch geriebener Pecorino
5 EL kaltgepresstes Olivenöl
Salz und Pfeffer
675 g frische Pasta oder 350 g Trockenware

WISSENSWERTES

Ist der Pesto zu dick, verrührt man ihn mit 1–2 EL heißem Kochwasser der Nudeln. In einem fest schließenden Gefäß hält sich Pesto im Kühlschrank 4 Wochen. Einen Spiegel aus Olivenöl darauf gießen, damit die Oberfläche nicht oxidiert.

VARIATION

2–3 Blättchen frische Minze heben den Geschmack des Pestos. Statt der Pinienkerne kann man 25 g Walnusskerne nehmen und noch 1 EL Walnussöl an den Pesto geben. Man kann ihn statt mit Basilikum auch mit Rucola zubereiten.

1 Die Basilikumblätter möglichst nicht waschen. Falls dies doch nötig ist, sehr sorgfältig trockentupfen.

2 Basilikum, Knoblauch, Pinienkerne und geriebene Käse von Hand in einem Mörser zerdrücken, dabei tropfenweise das Öl zugeben, bis eine glatte, dicke Paste entstanden ist. Mit Salz und Pfeffer abschmecken.

3 Alternativ alle Zutaten in die Küchenmaschine oder den Mixer geben. Bei laufendem Motor das Öl in dünnem Faden einlaufen lassen, mixen, bis eine glatte Paste entstanden ist, salzen und pfeffern.

4 In der Zwischenzeit die Nudeln nach Packungsanweisung bissfest kochen, auf ein Sieb abgießen und gut abtropfen lassen.

5 Die Nudeln in eine vorgewärmte Schüssel geben, mit dem Pesto vermischen und sofort servieren.

Pasticcio

Pasticcio ist ein Gericht, das seine Wurzeln sowohl in Italien als auch in Griechenland hat. Da es im Ofen überbacken wird, hat man genügend Zeit, einen frischen bunten Salat zuzubereiten, der ausgezeichnet als Beilage passt.

Für 6 Personen
250 g kurze Nudeln (z. B. Fusilli)
1 EL Olivenöl
4 EL süße Sahne
Salz
Rosmarinzweige zum Garnieren
Bunter Salat als Beilage
SAUCE
2 EL Olivenöl, zusätzlich Öl zum Ausfetten der Form
1 Zwiebel, in dünne Ringe geschnitten
1 rote Paprikaschote, entkernt, klein geschnitten
2 Knoblauchzehen, zerdrückt
500 g Rinderhack
400 g geschälte Tomaten in Stücken (aus der Dose)
125 ml trockener Weißwein
2 EL gehackte Petersilie
50 g Sardellenfilets, abgespült, fein gehackt
Salz und Pfeffer
ÜBERZUG
300 ml Naturjoghurt
3 Eier, leicht verschlagen
1 Prise frisch geriebene Muskatnuss
50 g frisch geriebener Parmesan

1 Für die Sauce das Öl in einer Pfanne erhitzen, Zwiebelringe und Paprika 3 Minuten darin andünsten, den Knoblauch zugeben und nach 1 weiteren Minute das Rinderhack. Rühren und wenden, bis am Fleisch keine roten Stellen mehr zu sehen sind.

2 Die Tomaten und den Wein zugeben und zum Kochen bringen. 20 Minuten köcheln lassen, bis die Sauce eingedickt ist. Petersilie und Sardellen zugeben, salzen und pfeffern.

3 Die Nudeln in leicht gesalzenem, kochendem Wasser, dem Öl zugesetzt ist, so eben bissfest kochen. Abgießen, abtropfen lassen, in eine Schüssel geben, die Sahne untermischen und beiseite stellen.

4 Für den Überzug Joghurt und Eier miteinander verschlagen, mit Muskat, Salz und Pfeffer würzen, 1 EL geriebenen Käse unterrühren.

5 Eine flache Auflaufform ausfetten. Die Hälfte der Nudeln einfüllen und von der Fleischsauce darüber geben. Die Lagen wiederholen, zuletzt den Überzug darüber streichen und mit dem restlichen Käse bestreuen. Im vorgeheizten Ofen bei 190 °C 25 Minuten backen, bis der Überzug goldbraun ist. Mit Rosmarin garnieren und mit Salat servieren.

Tagliatelle mit Kürbis

Eine ungewöhnliche Kreation aus der Region Emilia-Romagna, der Heimat des Parmesans und des Parmaschinkens. Dazu passt ein leichter Weißwein wie der Bianco di Custoza.

Für 4 Personen
500 g Kürbis, vorzugsweise Butternut Squash (s. Abb. 1)
2 EL Olivenöl
1 Zwiebel, fein gehackt
2 Knoblauchzehen, zerdrückt
4–6 EL gehackte Petersilie
1 Prise frisch geriebene Muskanuss oder Muskatblüte (Macis)
Salz und Pfeffer
etwa 250 ml Hühner- oder Gemüsebrühe
125 g Parmaschinken, in feine Streifen geschnitten
250 g schmale, glatte Bandnudeln (grün und/oder weiß)
150 ml süße Sahne
frisch geriebener Parmesan zum Bestreuen

1 Den Kürbis schälen, von den Faserteilen und Kernen befreien, das Fruchtfleisch in 1 cm große Würfel schneiden.

2 Das Öl in einer Pfanne erhitzen, Zwiebel und Knoblauch darin glasig dünsten, die Hälfte der Petersilie zugeben und 1–2 Minuten sautieren.

3 Das Kürbisfleisch zugeben und 2–3 Minuten angehen lassen, mit Salz, Pfeffer und Muskat würzen. Die Hälfte der Brühe angießen, bei aufgelegtem Deckel 10 Minuten köcheln lassen, bis der Kürbis weich ist, eventuell mehr Brühe zugeben. Den Parmaschinken zugeben und nochmals 2 Minuten durchkochen, dabei rühren.

4 Inzwischen die Bandnudeln in sprudelnd kochendem, gesalzenem Wasser, dem ein Schuss Öl zugesetzt ist, bissfest kochen. Abgießen, abtropfen lassen und in eine vorgewärmte Schüssel geben.

5 Die Sahne zum Kürbis geben und heiß werden lassen, aber nicht kochen. Abschmecken und eventuell nachwürzen. Die Sauce über die Nudeln geben. Mit der restlichen Petersilie bestreuen und sofort servieren. Den geriebenen Parmesan dazu getrennt reichen.

Bunte Nudeln mit Paprika

Diese Sauce aus gegrillten Paprikaschoten ist sowohl süß als auch scharf, was seine Ursache in den beigegebenen Pfefferschoten hat. Fügt man 2 EL Rotweinessig hinzu, erhält man eine feine Sauce für einen kalten Nudelsalat.

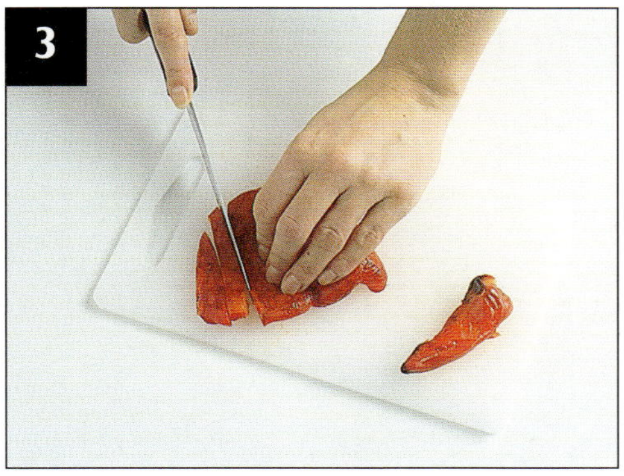

Für 4 Personen
2 rote Paprikaschoten, halbiert und entkernt
1 rote Pfefferschote
2 Knoblauchzehen
4 Tomaten, halbiert
50 g geriebene Mandeln
7 EL Olivenöl
675 g frische Pasta oder 350 g Trockenware
Salz und Pfeffer
frischer Oregano zum Garnieren

1 Die Paprikaschoten – Hautseite nach oben – mit Knoblauchzehen und Pfefferschote auf ein Backblech legen und für etwa 15 Minuten unter den vorgeheizten Grill schieben. Nach 10 Minuten auch die Tomaten hinzufügen.

2 Paprikaschoten und Pfefferschote für 10 Minuten in einen Plastikbeutel geben.

3 Die Haut von allen Schoten abziehen, das Fruchtfleisch mit einem Messer in feine Streifen schneiden.

4 Den Knoblauch aus der Schale drücken, Tomaten häuten und entkernen.

5 Die gemahlenen Mandeln auf einem Backblech verteilen und unter dem Grill 2–3 Minuten rösten, bis sie goldbraun sind.

6 Paprika, Pfefferschote, Knoblauch und Tomate in der Küchenmaschine oder dem Mixer pürieren, dabei das Öl in dünnem Faden einlaufen lassen. Alternativ die Gemüse von Hand mit einer Gabel zerdrücken und das Öl tropfenweise einarbeiten.

7 Die gerösteten Mandeln in die Mischung einrühren.

8 Die Sauce in einen Topf umfüllen und vorsichtig erhitzen.

9 Die Nudeln in leicht gesalzenem, sprudelnd kochendem Wasser garen, frische Nudeln 2–3, trockene Nudeln 8–12 Minuten. Sie sollen gar, aber noch bissfest sein. Abgießen, gut abtropfen lassen und in eine vorgewärmte Servierschüssel geben. Die Sauce darüber gießen und gut untermischen. Mit frischen Oreganoblättchen garniert sofort heiß servieren.

Auberginen alla siciliana

Ein originelles Rezept, das von sizilianischen Hausfrauen zur Resteverwertung erfunden wurde. Diesem Zweck entsprechend können sowohl lange als auch kurze Nudeln dafür verwendet werden.

Für 4 Personen
150 ml Olivenöl
2 Auberginen, zusammen etwa 500 g
350 g mageres Hackfleisch (Rind oder gemischt)
1 Zwiebel, gehackt
2 Knoblauchzehen, zerdrückt
2 EL Tomatenmark
400 g geschälte Tomaten in Stücken (aus der Dose)
1 TL Worcestersauce
1 EL frischer Oregano oder Majoran, gehackt, oder 1 TL getrockneter Oregano oder Majoran
Salz und Pfeffer
50 g schwarze Oliven, entsteint, in Scheiben geschnitten
1 Paprikaschote (grün, gelb oder rot), entkernt, klein geschnitten
175 g Nudeln nach Wahl
125 g frisch geriebener Parmesan
frischer Oregano oder Petersilie zum Garnieren

1 Eine 20-cm-Springform mit Olivenöl ausfetten, den Boden mit Backpapier auslegen und erneut ausfetten. Die Auberginen in leicht schräge Scheiben von 0,5 cm Dicke schneiden. Öl in einer Pfanne erhitzen, die Auberginenscheiben nebeneinander hineinlegen und beidseitig anbraten, dabei eventuell mehr Öl zugeben. Anschließend auf Küchenpapier abtropfen lassen.

2 Hackfleisch, Zwiebel und Knoblauch in einer Pfanne unter Rühren kräftig anbraten. Das Tomatenmark, die Dosentomaten, Worcestersauce und Oregano (oder Majoran) zugeben und mit Salz und Pfeffer abschmecken. 10 Minuten köcheln lassen, dabei gelegentlich rühren. Oliven und Paprika hinzufügen und weitere 10 Minuten köcheln lassen.

3 In einem großen Topf gesalzenes Wasser zum Kochen bringen und die Nudeln 12–14 Minuten bissfest garen (sofern man keine Reste benutzt), anschließend abgießen. In einer Schüssel mit der Fleischsauce und dem Parmesan gründlich vermischen.

4 Boden und Rand der Springform mit leicht überlappenden Auberginenscheiben auslegen, die Fleisch-Nudel-Masse darauf verteilen und festdrücken, mit weiteren Auberginenscheiben abdecken.

5 Die Form auf ein Backblech stellen und im vorgeheizten Ofen bei 200 °C 40 Minuten backen. Aus dem Ofen nehmen, 5 Minuten ruhen lassen, auf eine Servierplatte stürzen, den Ring vorsichtig öffnen und den Boden samt Papier abnehmen. Mit Oregano oder Petersilie bestreut sofort servieren.

Spaghetti mit Krabben und Gemüse

Für dieses leckere bunte Frühlingsgericht kann man gekochte frische Krabben vom Fischhändler oder tiefgefrorene, geschälte Krabben verwenden.

Für 4 Personen
250 g Spaghetti, in etwa 15 cm lange Stücke gebrochen
2 EL Olivenöl
300 ml Hühnerbrühe
1 EL Zitronensaft
1 kleiner Blumenkohl, in Röschen geteilt
2 Karotten, in dünne Scheiben geschnitten
125 g Zuckerschoten, Fäden abgezogen
50 g Butter
1 Zwiebel, in Ringe geschnitten
250 g Zucchini, in dünne Scheiben geschnitten
1 Knoblauchzehe, zerdrückt
350 g geschälte Krabben (Tiefkühlware, aufgetaut)
Salz und Pfeffer
2 EL gehackte Petersilie
25 g frisch geriebener Parmesan
1/2 TL Paprikapulver zum Bestreuen
4 ganze Garnelen zum Garnieren (nach Geschmack)

1 Die Spaghetti in einem großen Topf in leicht gesalzenem, sprudelnd kochendem Wasser, dem 1 EL Öl zugesetzt ist, in 8–12 Minuten bissfest garen. Abgießen, in den Topf zurückgeben, mit dem restlichen Öl vermischen und warm halten.

2 Die Hühnerbrühe mit dem Zitronensaft zum Kochen bringen, Blumenkohlröschen und Karotten 3–4 Minuten darin kochen, herausheben und beiseite stellen. Nun die Zuckerschoten 1–2 Minuten darin garen, herausheben und zu den anderen Gemüsen geben; Brühe für einen anderen Zweck aufheben.

3 Die Hälfte der Butter in einer großen Pfanne zerlassen, Zwiebelringe und Zucchinischeiben darin 3 Minuten andünsten, Knoblauch und Krabben zugeben, mit Salz und Pfeffer abschmecken und weitere 2–3 Minuten garen, bis alles durch und durch heiß ist.

4 Die beiseite gestellten Gemüse zugeben und erhitzen, dann die restliche Butter zugeben.

5 Die Spaghetti in eine vorgewärmte Servierschüssel füllen, den Pfanneninhalt darüber geben, mit Petersilie bestreuen und durchmischen. Mit geriebenem Käse und Paprikapulver bestreuen, mit Garnelen garnieren und sofort auftragen.

Pasta mit Meeresfrüchten

In den meisten Fischgeschäften bekommt man frische Muscheln und andere Meeresfrüchte, doch kann man genauso gut Tiefkühlware verwenden.

Für 4 Personen
675 g frische Venusmuscheln oder 300 g Muschelfleisch aus der Konserve
2 EL Olivenöl
2 Knoblauchzehen, fein gehackt
400 g gemischte Meeresfrüchte wie Krabben, Tintenfisch, Miesmuscheln (aufgetaut, falls Tiefkühlware)
150 ml trockener Weißwein
150 ml Fischfond aus dem Glas
675 g frische Nudeln oder 350 g Trockenware
2 EL frischer Estragon, gehackt
Salz und Pfeffer

1 Frische Muscheln wässern, gut schrubben und entbarten, bereits geöffnete Muscheln wegwerfen.

2 Das Öl in einer Pfanne erhitzen, Knoblauch und Muscheln hineingeben und 2 Minuten garen. Die Pfanne zudecken und schütteln, damit alle Muscheln gleichmäßig Hitze bekommen.

3 Die restlichen Meeresfrüchte in die Pfanne geben und weitere 2 Minuten köcheln lassen.

4 Wein und Fond angießen und zum Kochen bringen. Den Deckel auflegen, die Hitze reduzieren und das Ganze 8–10 Minuten simmern lassen, bis sich die Muscheln öffnen. Solche, die sich nicht geöffnet haben, wegwerfen.

5 Inzwischen die Nudeln in leicht gesalzenem, sprudelnd kochendem Wasser bissfest garen, frische Nudeln 2–3 Minuten, trockene Nudeln 8–12 Minuten lang. Abgießen und gut abtropfen lassen.

6 Den Estragon an die Meeresfrüchte geben, salzen und pfeffern. Die Pasta in eine Schüssel füllen, die Sauce darüber gießen und servieren.

VARIATION

Damit die Sauce Farbe erhält, kann man ihr entweder ein wenig Tomatenmark (2 EL) oder Paprikamark aus der Tube untermischen oder ein Döschen Safranpulver hineingeben.

Muschelnudeln mit Miesmuscheln

Nudeln in Muschelform mit frischen Miesmuscheln sind ein herrliches Essen für Freunde, die sowohl Meeresfrüchte als auch Knoblauch mögen.

2

3

5

Für 4–6 Personen
400 g Muschelnudeln
1 EL Olivenöl
SAUCE
1,5 kg frische Miesmuscheln
250 ml trockener Weißwein
2 große Zwiebeln, fein gehackt
125 g Butter
6 große Knoblauchzehen, zerdrückt
5 EL gehackte Petersilie
300 ml süße Sahne
Salz und Pfeffer
ofenfrisches, knuspriges Weißbrot als Beilage

1 Die Muscheln unter fließendem kaltem Wasser gründlich schrubben und die Bärte herausziehen. Muscheln, die sich nicht sofort schließen, wenn man mit einem harten Gegenstand daran klopft, wegwerfen. Die Muscheln mit dem Wein und der Hälfte der Zwiebeln in einen Topf geben, Deckel auflegen und 3–5 Minuten kochen lassen, bis sich die Muscheln öffnen.

2 Den Topf vom Herd nehmen, Muscheln aus dem Sud heben, beiseite stellen, bis man sie anfassen kann, den Sud aufheben. Muscheln, die geschlossen blieben, aussortieren und wegwerfen.

3 Die Butter in einer Pfanne zerlassen, die restlichen Zwiebeln darin glasig dünsten, den Knoblauch zugeben und 1 Minute sautieren, dann den zurückbehaltenen Muschelsud hineingeben und gut verrühren. Die Petersilie zugeben und die Sahne angießen. Salzen, pfeffern und heiß werden lassen, nicht kochen.

4 Die Nudeln in reichlich Wasser, dem Salz und 1 EL Öl zugesetzt sind, in 8–12 Minuten bissfest kochen. Abgießen, gut abtropfen lassen, in den Topf zurückgeben und warm halten.

5 Einige wenige Muscheln in der Schale zurückbehalten, die anderen aus den Schalen lösen, in die Sauce geben und vorsichtig umrühren. Die Muschelnudeln in eine vorgewärmte Schüssel füllen, die Muschelsauce darüber geben und mit 2 Löffeln gut untermischen. Mit den Muscheln in der Schale garnieren. Sofort servieren und dazu knuspriges Brot reichen.

Spaghettini mit Muschelsauce

Ein schnelles Rezept, für das man lediglich ein paar Zutaten aus dem Vorratsschrank benötigt.

Für 4 Personen
400 g Spaghettini, Spaghetti oder lange, dünne Bandnudeln
1 EL Olivenöl
25 g Butter, in Flöckchen
2 EL frisch geriebener Parmesan
2 EL Parmesanspäne zum Garnieren
Basilikum zum Garnieren
SAUCE
1 EL Olivenöl
2 Zwiebeln, gehackt
2 Knoblauchzehen, gehackt
2 200-g-Gläser Muschelfleisch
125 ml trockener Weißwein
4 EL gehackte Petersilie
1/2 TL getrockneter Oregano
Salz und Pfeffer
1 Prise frisch geriebene Muskatnuss

1 Die Nudeln in gesalzenem Wasser, dem 1 EL Öl zugeben ist, bissfest kochen. Abgießen, gut abtropfen lassen, in den Topf zurückgeben, die Butterflöckchen darüber verteilen, durchschütteln und warm halten.

2 Für die Muschelsauce das Öl in einem Topf erhitzen und die Zwiebeln darin glasig dünsten. Den Knoblauch hinzufügen und eine weitere Minute unter Rühren sautieren.

3 Die Flüssigkeit aus einem der Muschelgläser durch ein Sieb filtern, zu den Zwiebeln geben und den Wein zufügen. Unter Rühren 3 Minuten köcheln lassen. Die Flüssigkeit des anderen Glases weggießen.

4 Das Muschelfleisch und die Kräuter zu den Zwiebeln geben, mit Salz, Pfeffer und Muskat würzen. Bei schwacher Hitze erwärmen. Die Nudeln in eine vorgewärmte Schüssel umfüllen, die Sauce darüber gießen. Mit Parmesanspänen und Basilikum garnieren und sofort zu Tisch bringen.

WISSENSWERTES

Statt frischer Petersilie kann man tiefgefrorene nehmen. Gut geeignet ist auch frischer oder tiefgefrorener Dill oder Schnittlauch. Frische Kräuter sparsam verwenden.

Spaghetti mit Räucherlachs

Im Nu zubereitet, ist dies ein delikates Essen, mit dem man unverhofften Besuch angenehm überraschen kann.

Für 4 Personen
500 g Buchweizenspaghetti
2 EL Olivenöl
75 g zerbröselter Feta
Koriandergrün (Cilantro) oder Petersilie zum Garnieren
SAUCE
300 ml süße Sahne
150 ml Whisky oder italienischer Brandy
125 g Räucherlachs
1 Prise Cayennepfeffer
2 EL Koriandergrün (Cilantro), gehackt
Salz und Pfeffer

1 Die Spaghetti in einem großen Topf in reichlich kochendem Wasser, dem Salz und 1 EL Olivenöl zugesetzt sind, bissfest kochen. Abgießen, gut abtropfen lassen, in den Topf zurückgeben und mit dem restlichen Öl beträufeln. Den Topf zudecken, durchschütteln und die Nudeln warm halten.

2 Für die Sauce in 2 getrennten kleinen Töpfen die Sahne und den Brandy oder Whisky erhitzen, jedoch nicht zum Kochen bringen.

3 Den Brandy zur Sahne geben, den Räucherlachs in schmale Streifen schneiden, ebenfalls zur Sahne geben, mit schwarzem Pfeffer und Cayennepfeffer abschmecken und den gehackten Koriander untermischen.

4 Die Spaghetti in eine vorgewärmte Schüssel füllen, die Lachssauce darüber geben und mit 2 großen Gabeln gründlich mischen. Den zerbröselten Feta darüber verteilen, mit Koriander oder Petersilie garnieren und sofort auftragen.

VARIATION

Man kann zusätzlich 1/2 Gurke der Länge nach halbieren, das Fruchtfleisch klein schneiden, in Butter dünsten und zur Sauce geben.

1

2

3

Spaghetti mit Thunfisch-Petersilien-Sauce

Da Petersilie heutzutage das ganze Jahr über frisch zu haben ist, kann man dieses Gericht jederzeit zubereiten.

Für 4 Personen
500 g Spaghetti
1 EL Olivenöl
25 g Butter in Flöckchen
schwarze Oliven zum Garnieren
knuspriges Weißbrot als Beilage
SAUCE
200 g Thunfisch (aus der Dose), abgetropft
50 g Sardellenfilets, abgetropft
250 ml Olivenöl
1 großer Bund frische glatte Petersilie, grob gehackt
150 ml Crème fraîche
Salz und Pfeffer

1 Die Spaghetti in einem großen Topf in reichlich kochendem Wasser, dem Salz und 1 EL Olivenöl zugesetzt sind, bissfest kochen. Abgießen, gut abtropfen lassen, in den Topf zurückgeben und die Butterflöckchen darauf verteilen. Den Topf zudecken, durchschütteln und die Nudeln warm halten.

2 Für die Sauce den Thunfisch mit 2 Gabeln zerpflücken. Zusammen mit den Sardellen, dem Olivenöl und der Petersilie in der Küchenmaschine zu einer glatten, dicken Paste verarbeiten, die Crème fraîche zugeben, durchmixen und würzen.

3 Die Spaghetti auf mittlerer Hitze unter Schütteln des Topfs erhitzen.

4 Die Sauce darüber gießen, mit 2 Gabeln durchmischen, auf vorgewärmte Teller verteilen, mit schwarzen Oliven garniert servieren. Dazu Weißbrot reichen.

2

3

4

Überbackene Hörnchen mit Krabben

Diese mit Béchamelsauce überbackene interessante Mischung aus Fenchel, Krabben und Champignons wird zuletzt wie eine Pizza in Keile geschnitten.

Für 4 Personen
350 g Hörnchennudeln (oder andere Nudeln nach Wahl)
Salz und Pfeffer
1 EL Olivenöl, zusätzlich Öl zum Bestreichen
75 g Butter, zusätzlich Butter zum Ausfetten der Form
2 kleine Fenchelknollen, in feine Scheiben geschnitten
175 g Champignons, blättrig geschnitten
175 g gekochte Krabben
Béchamelsauce (s. S. 17)
1 Prise Cayennepfeffer
50 g frisch geriebener Parmesan
2 große Tomaten, in Scheiben geschnitten
1 TL getrockneter Oregano

1 Die Nudeln in einem großen Topf in reichlich kochendem Wasser, dem Salz und 1 EL Olivenöl zugesetzt sind, bissfest kochen. Abgießen, gut abtropfen lassen, in den Topf zurückgeben und 25 g der Butter in Flöckchen darauf verteilen. Den Topf zudecken, durchschütteln und die Nudeln warm halten.

2 Die restliche Butter in einem Topf zerlassen und den Fenchel darin 3–4 Minuten andünsten. Die Champignons zugeben, weitere 2 Minuten dünsten, die Krabben zugeben, erwärmen, dann den Topf vom Herd nehmen und beiseite stellen.

3 Die Béchamelsauce zubereiten, mit Cayenne würzen, dann die Gemüse mit den Krabben und die Nudeln untermischen.

4 Eine runde, flache Auflaufform mit Butter ausfetten und die eben zubereitete Mischung hineinfüllen. Mit Parmesan bestreuen und die Tomatenscheiben im Kreis darauf verteilen. Anschließend die Tomaten mit Öl bestreichen und dekorativ mit Oregano bestreuen.

5 Im vorgeheizten Ofen bei 180 °C 25 Minuten goldbraun backen. Sofort auftragen.

Pasta alla siciliana

Ein sizilianisches Rezept, das mit einer ungewöhnlichen Mischung aufwartet, werden doch salzige Sardellenfilets mit süßen Sultaninen kombiniert. Diese Zusammenstellung hat ihre Wurzeln in Arabien.

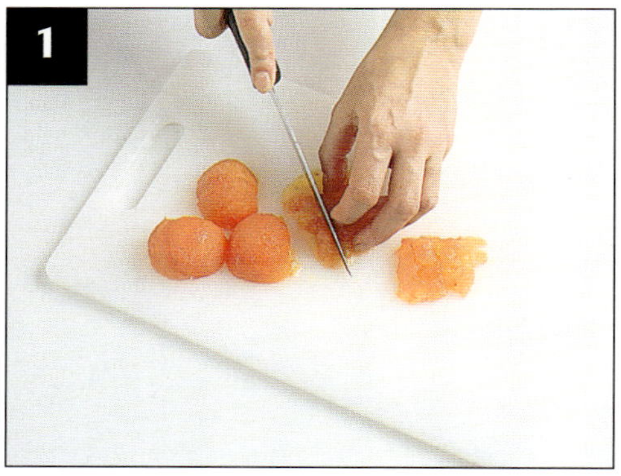

Für 4 Personen
450 g Tomaten, halbiert
25 g Pinienkerne
50 g Sultaninen
50 g Sardellenfilets, abgetropft, längs halbiert
2 EL Tomatenmark
Salz
675 g frische Penne oder 350 g Trockenware

1 Die Tomaten mit der Hautseite nach oben auf ein Backblech legen und 10 Minuten unter den vorgeheizten Grill schieben. Abkühlen lassen, dann die Haut abziehen und das Fruchtfleisch würfeln.

2 Die Pinienkerne ebenfalls unter den Grill schieben und 2–3 Minuten rösten, bis sie goldbraun sind.

3 Die Sultaninen 20 Minuten in warmem Wasser einweichen, gut abtropfen lassen.

4 Tomatenwürfel, Pinienkerne und Sultaninen zusammen in einen kleinen Topf geben und vorsichtig erhitzen.

5 Die Sardellenfilets und das Tomatenmark hinzufügen und ebenfalls heiß werden lassen.

6 Die Nudeln in einem großen Topf in gesalzenem, kochendem Wasser bissfest kochen, frische Nudeln in 2–3 Minuten, getrocknete Nudeln in 8–12 Minuten. Gut abtropfen lassen.

7 Die Nudeln in eine vorgewärmte Servierschüssel füllen, die Sauce darüber geben und mit 2 Gabeln gut mischen. Sofort servieren.

VARIATION

Statt der Sardellenfilets kann man 125 g in feine Streifen geschnittenen Frühstücksspeck kross ausbraten und an die Sauce geben.

Lasagne mit Räucherfisch

Die Lagen aus Käsesauce, geräuchertem Fisch und Vollkornlasagne können mehrere Stunden im Voraus zubereitet werden und über Nacht im Kühlschrank stehen gelassen werden. Am nächsten Tag wird im Backofen rasch ein Essen daraus.

Für 6 Personen
8 Blatt Vollkornlasagne
500 g geräuchertes Kabeljaufilet
600 ml Milch
1 EL Zitronensaft
8 schwarze Pfefferkörner
2 Lorbeerblätter
einige Stängel Petersilie
50 g reifer Cheddar oder mittelalter Gouda, gerieben
25 g frisch geriebener Parmesan
einige Garnelen zum Garnieren (nach Geschmack)
SAUCE
50 g Butter, zusätzlich Butter zum Ausfetten der Form
1 große Zwiebel, in Ringe geschnitten
1 grüne Paprikaschote, entkernt, klein geschnitten
1 kleine Zucchini, in Scheiben geschnitten
50 g Mehl
150 ml trockener Weißwein
150 ml süße Sahne oder Kaffeesahne
125 g geschälte, gekochte Krabben
50 g reifer Cheddar oder mittelalter Gouda, gerieben
Salz und Pfeffer

1 Die Lasagneblätter nach Packungsanweisung in gesalzenem Wasser bissfest vorkochen und auf ein Küchenhandtuch legen.

2 Den Räucherfisch mit Milch, Zitronensaft, Pfefferkörnern, Lorbeerblättern und Petersilienstängeln in einen Topf geben und 10 Minuten köcheln lassen.

3 Den Fisch aus der Milch nehmen, häuten, entgräten und das Fleisch zerpflücken, die Flüssigkeit durchsieben und auffangen.

4 Für die Sauce die Butter in einem Topf zerlassen, Zwiebel, Paprika und Zucchini darin 2–3 Minuten dünsten, das Mehl darüber stäuben und 1 Minute anziehen lassen, dann portionsweise die zurückbehaltene Flüssigkeit, Wein und Sahne einrühren und die Krabben zugeben. 2 Minuten köcheln lassen, vom Herd nehmen und den Käse einrühren, salzen und pfeffern.

5 Eine Lasagneform ausfetten, den Boden der Form mit der Sauce bedecken und 3 Lasagneblätter darüber legen, dann erneut Sauce darüber geben.

6 Den Räucherfisch darauf verteilen, erneut Sauce und Lasagneblätter darüber schichten und die letzte Saucenschicht mit den geriebenen Käsen bestreuen.

7 Im vorgeheizten Ofen bei 190 °C 25 Minuten überbacken, bis die Oberfläche goldbraun ist. Nach Geschmack mit Garnelen garnieren und in der Form zu Tisch bringen.

2

5

6

Makkaroni mit Tintenfisch

Ein schnell und leicht zuzubereitender Nudeleintopf, der dennoch durch die interessante Mischung delikater Aromen besticht.

Für 4–6 Personen
250 g getrocknete Makkaroni, in Stücke gebrochen, oder kurze Nudeln nach Wahl
1 EL Olivenöl
Salz und Pfeffer
knuspriges Weißbrot als Beilage
SAUCE
6 EL Olivenöl
2 Zwiebeln, in Ringe geschnitten
350 g küchenfertiger Tintenfisch, in Ringe geschnitten
250 ml Fischfond
150 ml Rotwein
350 g Tomaten, gehäutet, klein gewürfelt
2 EL Tomatenmark
1 TL getrockneter Oregano
2 Lorbeerblätter
2 EL gehackte Petersilie

1 Die Nudeln in leicht gesalzenem Wasser, dem 1 EL Öl zugegeben ist, 3 Minuten vorkochen. Abgießen, in den Topf zurückgeben und warm halten.

2 Für die Sauce das Öl erhitzen und die Zwiebelringe darin glasig dünsten. Tintenfisch und Fond zugeben, zum Kochen bringen und 5 Minuten köcheln lassen. Wein, Tomaten, Tomatenmark, Oregano und Lorbeerblätter zugeben, mit Salz und Pfeffer abschmecken und weitere 5 Minuten köcheln lassen.

3 Die vorgegarten Nudeln zugeben, gut durchrühren und 10 Minuten kochen lassen, bis Nudeln und Tintenfisch bissfest gegart sind – die Sauce ist dann eingedickt und von sirupartiger Konsistenz (eventuell kurz bei größerer Hitze nachkochen lassen). Die Sauce abschmecken und falls nötig nachwürzen.

4 Die Lorbeerblätter entfernen, den größten Teil der Petersilie einrühren. Das Nudelgericht in eine vorgewärmte Schüssel füllen, die restliche Petersilie darüber streuen, sofort servieren und dazu knuspriges Weißbrot reichen.

Grüne Tagliatelle mit Knoblauch

Ein gehaltvolles Pastagericht für Knoblauchfreunde, das obendrein rasch und ohne große Mühe zubereitet werden kann.

Für 4 Personen
2 EL Walnussöl
1 Bund Frühlingszwiebeln, in Ringe geschnitten
2 Knoblauchzehen, fein geschnitten
250 g Champignons, blättrig geschnitten
500 g frische grüne und weiße Tagliatelle
250 g Blattspinat (TK-Ware), aufgetaut, grob gehackt
125 g Frischkäse mit Knoblauch und Kräutern
4 EL süße Sahne
Salz und Pfeffer
50 g geschälte, ungesalzene Pistazien, grob gehackt
2 EL frische Basilikumblätter, zerzupft
Basilikumzweige zum Garnieren
italienisches Weißbrot als Beilage

1 Das Walnussöl leicht erhitzen, die Frühlingszwiebeln und den Knoblauch darin etwa 1 Minute leicht ansautieren, die Champignons zugeben, gut durchrühren und bedeckt 5 Minuten simmern lassen.

2 In der Zwischenzeit in einem großen Topf gesalzenes Wasser zum Kochen bringen und die Nudeln 3–5 Minuten darin bissfest kochen. Abgießen, gut abtropfen lassen und in den Topf zurückgeben.

3 Den Spinat zu den Champignons geben, 1–2 Minuten durchwärmen, dann den Frischkäse zufügen und schmelzen lassen. Die Sahne einrühren und alles gut erhitzen, aber nicht kochen.

4 Die Sauce mit Salz und Pfeffer abschmecken, über die Pasta im Topf gießen und mit 2 Gabeln gründlich durchmischen.

5 Die Nudeln in eine Servierschüssel umfüllen, Pistazien und Basilikum darüber streuen. Mit einem Basilikumzweig garnieren und sofort auftragen.

Überbackene Auberginen mit Pastafüllung

Ausgehöhlte Auberginen sind eine ideale Form für Füllungen aller Art. Hier sind es Tomaten und Nudeln, die mit Mozzarella überbacken werden.

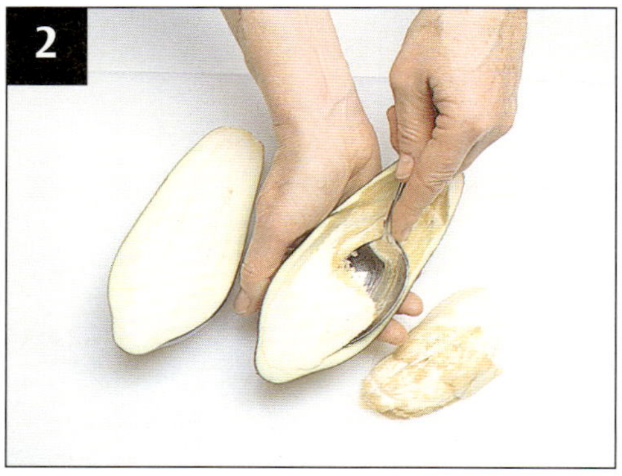

Für 4 Personen
250 g Penne oder andere kurze Nudeln
4 EL Olivenöl, zusätzlich Öl zum Auspinseln
2 Auberginen
1 große Zwiebel, gehackt
2 Knoblauchzehen, zerdrückt
400 g geschälte Tomaten in Stücken (aus der Dose)
2 TL getrockneter Oregano
Salz und Pfeffer
1 Kugel Mozzarella in 8 Scheiben
25 g frisch geriebener Parmesan
2 EL Paniermehl
gemischter Salat als Beilage

1 In einem großen Topf in reichlich kochendem Wasser, dem Salz und 1 EL Olivenöl zugesetzt sind, die Pasta bissfest kochen. Abgießen, abtropfen lassen, wieder in den Topf geben und zugedeckt warm halten.

2 Die Auberginen längs halbieren und mit einem scharfen Löffel aushöhlen, ohne dabei die Außenhaut zu verletzen. Die ausgehöhlten Auberginen innen mit Olivenöl ausstreichen. Das ausgekratzte Fruchtfleisch fein hacken und beiseite stellen.

3 Das restliche Öl in einer Pfanne erhitzen und die Zwiebel darin glasig dünsten. Den Knoblauch zugeben, ansautieren, nach etwa 1 Minute das Auberginenfleisch zugeben und unter Rühren 5 Minuten dünsten. Tomaten und Oregano zugeben, salzen und pfeffern und 10 Minuten köcheln lassen, bis die Mischung eindickt. Abschmecken und eventuell nachwürzen. Vom Herd nehmen und unter die Nudeln mischen.

4 Ein Backblech mit Öl ausfetten und die Auberginenhälften nebeneinander darauf legen. Die Auberginen mit der Nudelmischung füllen, je 2 Scheiben Mozzarella darauf legen und nochmals die Nudelmischung darüber geben. Parmesan und Paniermehl vermischen, über die Auberginenfüllung streuen und leicht andrücken.

5 Im vorgeheizten Ofen bei 200 °C 25 Minuten backen, bis die Oberfläche goldbraun ist. Sofort servieren und dazu einen gemischten Salat reichen.

Spaghetti mit Artischockenherzen

In Tomatensauce gekochte typisch mediterrane Gemüse ergeben eine ideale Ergänzung zu nussigen Vollkornspaghetti.

Für 4 Personen
2 EL Olivenöl
1 große rote Zwiebel, gehackt
2 Knoblauchzehen, zerdrückt
1 EL Zitronensaft
4 Babyauberginen, geviertelt
600 ml passierte Tomaten
Salz und Pfeffer
2 TL Zucker
2 EL Tomatenmark
400 g Artischockenherzen (aus der Dose), abgetropft und halbiert
125 g schwarze Oliven, entsteint
350 g Vollkornspaghetti
frisches Basilikum zum Garnieren
Olivenbrot als Beilage

1 1 EL des Öls in einer Pfanne erhitzen, Zwiebel, Knoblauch, Zitronensaft und Auberginen hineingeben und 4–5 Minuten bei mittlerer Hitze dünsten, bis sie leicht Farbe angenommen haben.

2 Die passierten Tomaten zugeben, salzen und pfeffern. Zucker und Tomatenmark zufügen, zum Kochen bringen und bedeckt 20 Minuten köcheln lassen.

3 Die Artischockenherzen und die Oliven zugeben und in der Sauce heiß werden lassen.

4 In der Zwischenzeit in einem großen Topf gesalzenes Wasser zum Kochen bringen und die Spaghetti darin in 7–8 Minuten bissfest garen. Abgießen und abtropfen lassen, das restliche Olivenöl darüber geben, durchmischen, salzen und pfeffern.

5 Die Nudeln in eine Servierschüssel füllen, die Sauce darüber geben und mit Basilikum garnieren. Olivenbrot als Beilage reichen.

VARIATION

Statt der Babyauberginen kann man in Stücke geschnittene Zucchini nehmen und vorgegrillte, gehäutete Paprika zugeben.

Nudelflan Tricolor

Hier werden Spaghetti auf sehr ungewöhnliche Weise zubereitet. Zu dem mit Käse aromatisierten Nudelflan passen eine frische Tomatensauce und ein knackiger Salat.

Für 4 Personen
15 g weiche Butter oder Margarine
50 g Paniermehl
175 g bunte Spaghetti
300 ml Béchamelsauce (s. S. 17)
1 Eigelb
125 g geriebener Greyerzer (Gruyère)
Salz und Pfeffer
glattblättrige Petersilie zur Garnierung
SAUCE
2 EL Olivenöl
1 Zwiebel, fein gehackt
1 Lorbeerblatt
150 ml trockener Weißwein
150 ml passierte Tomaten
1 EL Tomatenmark

1 4 Flan- oder Souffléförmchen von 180 ml Inhalt mit Butter oder Margarine ausfetten und mit Paniermehl auskleiden.

2 Die Spaghetti in 5 cm lange Stücke brechen und in leicht gesalzenem Wasser in 8–12 Minuten bissfest kochen. Abgießen, gut abtropfen lassen und in eine Schüssel geben.

3 Die Nudeln mit der Béchamelsauce, Eigelb, Käse, Salz und Pfeffer mischen und in die Förmchen füllen.

4 Das restliche Paniermehl darüber streuen. Die Förmchen auf ein Backblech stellen. Im vorgeheizten Backofen bei 220 °C 20 Minuten garen. Aus dem Ofen nehmen und 10 Minuten ruhen lassen.

5 Inzwischen für die Sauce das Öl in einer Pfanne erhitzen. Zwiebel und Lorbeer hineingeben und 2–3 Minuten darin andünsten.

6 Den Wein, die passierten Tomaten und das Tomatenmark zugeben, zum Kochen bringen und 20 Minuten köcheln lassen, bis die Sauce leicht eindickt. Salzen und pfeffern, das Lorbeerblatt entfernen. Mit einem breiten Messer am Rand der Förmchen entlangfahren, die Nudelflans auf Teller stürzen und mit der Tomatensauce servieren.

Pasta mit buntem Gemüse

Ein Gericht, das asiatische Einflüsse mit italienischer Kochkunst verbindet. Wenn man alle Gemüse und die Nudeln vorgart, ist es in wenigen Minuten fertig gestellt.

Für 4 Personen
400 g kurze Vollkornnudeln oder andere kurze Nudeln nach Wahl
Salz
1 EL Olivenöl
2 Karotten, in dünne Scheiben geschnitten
125 g Babymaiskolben
3 EL Erdnussöl
ein 2,5 cm großes Stück frische Ingwerwurzel, in dünne Scheiben geschnitten
1 große Zwiebel, dünn geschnitten
1 Knoblauchzehe, dünn geschnitten
3 Stängel Bleichsellerie, dünn geschnitten
1 kleine rote Paprikaschote, entkernt, Fruchtfleisch in feinste Streifen geschnitten
1 kleine grüne Paprikaschote, entkernt, Fruchtfleisch in feinste Streifen geschnitten
gedämpfte Zuckerschoten als Beilage
SAUCE
1 TL Speisestärke
2 EL Wasser
3 EL Sojasauce
3 EL trockener Sherry oder Reiswein
1 TL flüssiger Honig
1 Spritzer Tabasco (nach Belieben)

1 In einem großen Topf in reichlich kochendem Wasser, dem Salz und 1 EL Olivenöl zugesetzt sind, die Nudeln bissfest kochen. Abgießen, abtropfen lassen, wieder in den Topf geben und zugedeckt warm halten.

2 Karotten und Babymaiskolben in kochendem Salzwasser 2 Minuten blanchieren. Herausheben und in Eiswasser geben, um den Garprozess zu unterbrechen, abtropfen lassen.

3 Das Öl in einer großen Pfanne erhitzen, den Ingwer darin 1 Minute unter Rühren braten, mit dem Schaumlöffel herausheben und wegwerfen.

4 Zwiebel, Knoblauch, Sellerie und Paprika in dem mit Ingwer aromatisierten Öl 2 Minuten braten, Karotten und Maiskölbchen zugeben, weitere 2 Minuten braten, dann die Nudeln zugeben und untermischen.

5 Für die Sauce die Speisestärke in eine kleine Schüssel geben und mit dem Wasser verrühren, dann die anderen Zutaten zugeben und gut mischen.

6 Die Sauce über die Zutaten in der Pfanne gießen, unter Rühren 2 Minuten kochen, abschmecken und mit Tabasco nachwürzen. Sofort servieren und dazu nach Geschmack gedämpfte Zuckerschoten reichen.

Pasta mit grünen Gemüsen

Verschiedene grüne Gemüse in einer leichten Sahnesauce gehen mit Pasta eine delikate Verbindung ein.

Für 4 Personen
250 g Penne oder andere kurze Pasta
1 EL Olivenöl
2 EL gehackte Petersilie
2 EL frisch geriebener Parmesan
SAUCE
1 kleiner Brokkoli, in Röschen geteilt
2 kleine Zucchini, in Scheiben geschnitten
150 g grüne Spargelwürfel, geschält
125 g Zuckerschoten, Fäden abgezogen
125 g Erbsen (TK-Ware)
25 g Butter
3 EL Gemüsefond
5 EL süße Sahne
Salz und Pfeffer
1 Prise frisch geriebene Muskatnuss oder Muskatblüte (Macis)

1 In reichlich kochendem Wasser, dem Salz und 1 EL Olivenöl zugesetzt sind, die Nudeln bissfest kochen. Abgießen, abtropfen lassen, wieder in den Topf geben und zugedeckt warm halten.

2 Für die Sauce alle Gemüse außer den Erbsen in einem Dampfeinsatz über kochendem Salzwasser so eben bissfest dämpfen. Den Topf vom Herd nehmen, die Gemüse in Eiswasser geben, um den Garprozess zu stoppen, abgießen und beiseite stellen.

3 Die Erbsen 3 Minuten in kochendem Salzwasser blanchieren, abgießen und in Eiswasser geben, anschließend abgießen.

4 Butter und Gemüsefond in einen Topf geben, auf mittlere Hitze stellen, die Gemüse außer den Spargelköpfen zugeben und unter vorsichtigem Wenden erhitzen.

5 Die Sahne zugeben, heiß werden lassen, mit Salz, Pfeffer und Muskat würzen.

6 Die Nudeln in eine vorgewärmte Schüssel füllen und die gehackte Petersilie untermischen, die Gemüse samt Sauce darüber geben und gut mischen. Mit Parmesan bestreuen, die Spargelköpfe dekorativ darauf verteilen, sofort heiß servieren.

Pasta-Bohnen-Eintopf

Ein sättigendes Eintopfgericht für kalte Wintertage, das weiße Bohnen, Gemüse und Nudeln unter einer knusprigen Kruste vereint.

Für 6 Personen
250 g kleine weiße Bohnen, über Nacht eingeweicht und abgegossen
250 g Penne oder andere kurze Nudeln
6 EL Olivenöl
900 ml Gemüsebrühe
2 große Zwiebeln, in Ringe geschnitten
2 Knoblauchzehen, zerdrückt
2 Lorbeerblätter
1 TL getrockneter Oregano
1 TL getrockneter Thymian
5 EL Rotwein
2 EL Tomatenmark
2 Stängel Bleichsellerie, klein geschnitten
1 Fenchelknolle, klein geschnitten
125 g Champignons, blättrig geschnitten
250 g Tomaten, in Scheiben geschnitten
Salz und Pfeffer
1 TL brauner Zucker
4 EL Paniermehl
ALS BEILAGE
Salat
knuspriges Weißbrot

1 Die Bohnen in einen großen Topf geben, mit Wasser bedecken, zum Kochen bringen, 20 Minuten kochen lassen, dann abgießen.

2 Die Nudeln in gesalzenem Wasser, dem 1 EL Öl zugesetzt ist, 3 Minuten kochen, abgießen und beiseite stellen.

3 Die Bohnen in einen großen, ofenfesten Topf oder Bräter geben. Die Brühe, das restliche Öl, Zwiebeln, Knoblauch, Lorbeer, Oregano, Thymian, Rotwein und Tomatenmark zugeben und verrühren.

4 Zum Kochen bringen, den Deckel auflegen und den Topf für 2 Stunden in den auf 180 °C vorgeheizten Backofen geben.

5 Danach die Nudeln und alle Gemüse unter die Bohnen mischen, mit Salz und Pfeffer würzen.

6 Den Zucker unterrühren, das Paniermehl über den Topfinhalt streuen, bei aufgelegtem Deckel nochmals für 1 Stunde in den Backofen geben. Mit Salat und Weißbrot servieren.

Spaghettinitorte

Vorgegarte dünne Spaghetti werden in eine Springform gepresst, mit einer cremigen Pilzfüllung übergossen und wie eine Torte gebacken.

Für 4 Personen
250 g Spaghettini
Salz
1 EL Olivenöl
25 g Butter, zusätzlich Butter zum Ausfetten der Form
Tomaten-Basilikum-Salat als Beilage
SAUCE
50 g Butter
1 Zwiebel, gehackt
150 g Champignons, geputzt
1 grüne Paprikaschote, entkernt, in dünne Ringe geschnitten
150 ml Milch
3 Eier, leicht verschlagen
2 EL süße Sahne
1 TL getrockneter Oregano
schwarzer Pfeffer aus der Mühle
1 Prise frisch geriebene Muskatnuss
1 EL frisch geriebener Parmesan

1 Die Nudeln in einem großen Topf in kochendem Wasser, dem Salz und 1 EL Olivenöl zugesetzt sind, bissfest kochen. Abgießen, gut abtropfen lassen, in den Topf zurückgeben, Butter in Flöckchen darauf verteilen und gut durchschütteln.

2 Eine Springform von 20 cm Durchmesser gut mit Butter ausfetten. Die Nudeln fest hineindrücken und am Rand etwas hochziehen.

3 Für die Sauce die Butter in einem Topf zerlassen und die Zwiebel darin glasig dünsten. Mit einer Schaumkelle aus dem Topf heben und über den Nudeln verteilen.

4 Champignons und Paprikaringe 2 Minuten lang in der im Topf verbliebenen Butter angehen lassen, dann ebenfalls auf die Nudeln geben.

5 Milch, Eier und Sahne verquirlen, mit Oregano, Salz, Pfeffer und Muskat würzen. Die Mischung vorsichtig über die Gemüse gießen, die Oberfläche mit Käse bestreuen.

6 Die Nudeltorte im Backofen bei 180 °C etwa 40–45 Minuten backen, bis die Eimasse stockt. Anschließend auf eine Servierplatte gleiten lassen und auftragen.

3

4

5

Gedämpfter Pastapudding

Eine schmackhafte Mischung aus pochiertem Fisch und kurzen Nudeln wird in einer Puddingform im Wasserbad gegart und mit Tomatensauce abgerundet.

Für 4 Personen
125 g Hörnchennudeln oder andere kurze Pasta
1 EL Olivenöl
Salz
15 g Butter, zusätzlich Butter für die Form
einige Stängel Petersilie
6 schwarze Pfefferkörner
500 g Filet von weißfleischigem Fisch (Kabeljau, Seelachs ö. Ä.)
125 ml süße Sahne
2 Eier, getrennt
2 EL Dill oder Petersilie, gehackt
Pfeffer
1 Prise frisch geriebene Muskatnuss
50 g frisch geriebener Parmesan
Einfache Tomatensauce (s. S. 17) als Beilage
Dill- oder Petersilienzweige zum Garnieren

1 Die Nudeln in einem großen Topf in kochendem Wasser, dem Salz und 1 EL Olivenöl zugesetzt sind, bissfest kochen. Abgießen, gut abtropfen lassen und in den Topf zurückgeben. Butter in Flöckchen darauf verteilen, zudecken und warm halten.

2 Wasser mit Petersilienstängeln und Pfefferkörnern aufsetzen. Wenn es kocht, den Fisch hineingeben und sofort die Hitze reduzieren. Den Fisch 10 Minuten ziehen lassen, aus dem Sud heben, häuten, entgräten und in Stücke zerpflücken. Den Sud aufbewahren.

3 Die Nudeln in eine große Schüssel geben, Sahne, Eigelbe und Dill untermischen, dann vorsichtig den Fisch unterheben. Sollte die Masse zu fest sein, eventuell etwas von dem Sud hinzufügen. Die Eiweiße zu nicht zu steifem Schnee schlagen und vorsichtig unter die Mischung heben.

4 Eine Puddingform gut ausfetten und die Fischmasse bis 4 cm unter den Rand hineinfüllen. Die Form mit dem Deckel oder mit einer mit Butter ausgestrichenen Aluminiumfolie fest abdecken (keine Folie verwenden, wenn man den Pudding in der Mikrowelle gart).

5 Die Puddingform in einen Topf stellen, kochendes Wasser bis zur halben Höhe der Form angießen, Deckel auflegen und $1\frac{1}{2}$ Stunden im Wasserbad kochen (in der Mikrowelle bei Maximalleistung 7 Minuten); bei Bedarf mehr kochendes Wasser angießen.

6 Die Form aus dem Wasser nehmen, den Pudding mit einem Messer vom Rand lösen, auf eine Servierplatte stürzen und mit Dill oder Petersilie garniert servieren. Dazu die Tomatensauce reichen.

Fischgerichte

Durch seine langen Küsten sowie seine Inseln und Binnenseen ist Italien bestens mit Fisch und Meeresfrüchten versorgt. Die Auswahl reicht von frischen kleinen Sardellen und Sardinen über Thunfisch und Schwertfisch bis hin zu kleinen Venusmuscheln und großen Pilgermuscheln. Auch Garnelen und Tintenfische sind fast überall zu finden. Der Besuch eines italienischen Fischmarkts ist ein unvergessliches Erlebnis.

Viele der typischen Mittelmeerfische sind in unseren Breitengraden nicht ohne weiteres zu bekommen, schon gar nicht frisch. Doch gibt es inzwischen im Tiefkühlsortiment eine recht große Auswahl. Fangfrischem Fisch sollte man jedoch stets den Vorzug geben. Man erkennt ihn an glänzenden Schuppen, klaren Augen, festem Fleisch und rosafarbenen Kiemen. Wenn der Fischhändler den Fisch filetiert, sollte man sich die Abfälle – außer den Innereien – mitgeben lassen, um daraus einen Fond zuzubereiten.

Tintenfisch in Tomatensauce

Tintenfisch wird in Italien auf alle möglichen Arten zubereitet, hier schmort er in einer mit Kräutern gewürzten Tomatensauce.

Für 4 Personen
1 kg frischer, küchenfertiger Tintenfisch oder 675 g TK-Ware, aufgetaut
3 EL Olivenöl
1 große Zwiebel, in dünne Ringe geschnitten
2 Knoblauchzehen, zerdrückt
1 rote Paprikaschote, entkernt, in Streifen geschnitten
1–2 Zweige frischer Rosmarin
150 ml trockener Weißwein und 250 ml Wasser oder 350 ml Fischfond
400 g geschälte Tomaten in Stücken (aus der Dose)
2 EL Tomatenmark
1 TL Paprikapulver
Salz und Pfeffer
frische Petersilie oder Rosmarin zum Garnieren

1 Die Beutel der Tintenfische in 1 cm dicke Ringe schneiden, die Fangarme in 5 cm lange Stücke. Tiefkühlware sollte stets gut aufgetaut und abgespült sein.

2 Das Öl in einem ofenfesten Topf oder Bräter erhitzen, Zwiebelringe und Knoblauch darin angehen lassen, dann den Tintenfisch zugeben und 10 Minuten anbraten, bis er leicht Farbe annimmt.

3 Die Paprikastreifen und den Rosmarin zugeben, dann Wein und Wasser oder Fischfond angießen. Den Deckel auflegen und 45 Minuten köcheln lassen. Den Rosmarin entfernen, Tomaten und Tomatenmark zugeben, mit Paprika, Pfeffer und Salz würzen, erneut 45–60 Minuten köcheln lassen, dann im vorgeheizten Backofen bei 180 °C in 45–60 Minuten fertig stellen.

4 Gründlich durchrühren, abschmecken, bei Bedarf nachwürzen und sofort auftragen.

Gefüllter Tintenfisch

Kalmare – Tintenfische mit langem, schlankem Körper – sind ideal zum Füllen geeignet. Es gibt sie frisch und tiefgefroren.

Für 4 Personen
8 Kalmare, küchenfertig, aber am Stück
6 Sardellenfilets, gehackt
2 Knoblauchzehen, zerdrückt
2 EL Rosmarinnadeln, gehackt
2 getrocknete Tomaten, klein geschnitten
150 g Semmelbrösel
1 EL Olivenöl
1 Zwiebel, fein gehackt
200 ml trockener Weißwein
200 ml Fischfond
gekochter Reis als Beilage

1 Die Fangarme von den Beuteln trennen und klein schneiden. Die Beutel beiseite legen.

2 Sardellen, Knoblauch, Rosmarin und getrocknete Tomaten in einem Mörser zu einer Paste verarbeiten.

3 Die Semmelbrösel und die gehackten Tentakel unter die Paste mischen. Sollte die Füllmasse zu trocken und krümelig sein, 1 EL Wasser zugeben.

4 Die Masse mit einem Teelöffel in die Beutel der Kalmare füllen – nicht zu sehr stopfen, die Beutel platzen sonst beim Garen. Die Beutel mit Rouladennadeln zustecken oder mit Küchengarn und Stopfnadel zunähen.

5 Das Olivenöl in einer Pfanne erhitzen und die Zwiebel darin in 3–4 Minuten bei mittlerer Hitze unter Rühren glasig bis leicht braun dünsten.

6 Die Kalmare zugeben und 3–4 Minuten anbraten, bis sie rundum Farbe angenommen haben.

7 Wein und Fond angießen und zum Kochen bringen. Deckel auflegen, Hitze reduzieren und 15 Minuten köcheln lassen.

8 Deckel abnehmen, weitere 5 Minuten kochen, bis die Kalmare weich sind und die Flüssigkeit eingekocht ist. Zu den gefüllten Kalmaren kann man Reis servieren.

WISSENSWERTES

Wer nur stückig geschnittene Tintenfische bekommen kann, bereitet aus den Zutaten ein Tintenfischragout.

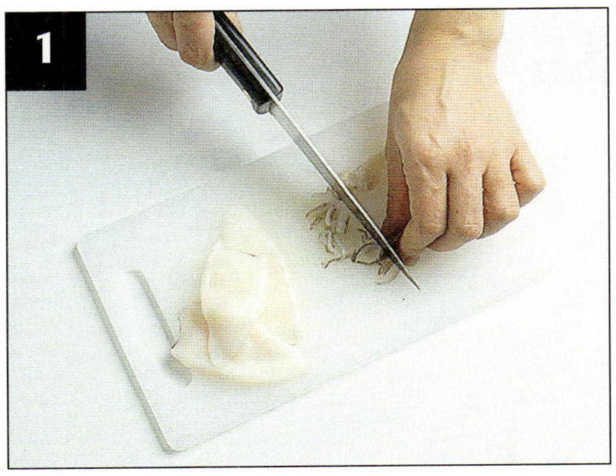

1

2

4

Geröstete Meeresfrüchte

Im Backofen geröstete Gemüse werden besonders saftig und lecker, vor allem, wenn zusätzlich Fisch oder Meeresfrüchte dazukommen. Die hier vorgestellte Mischung bildet ein köstliches Sommeressen.

Für 4 Personen
600 g neue Kartoffeln
3 rote Zwiebeln, geachtelt
2 Zucchini, in Stücke geschnitten
8 Knoblauchzehen, gepellt
2 Zitronen, geachtelt
4 Zweige Rosmarin
2 EL Olivenöl
350 g rohe Garnelen in der Schale
2 kleine Tintenfische, in Ringe geschnitten
4 Tomaten, geviertelt

1 Die Kartoffeln schrubben, größere halbieren und zusammen mit Zwiebeln, Zucchini, Knoblauch, Zitronen und Rosmarin in einen flachen Bräter legen.

2 Das Olivenöl über die Gemüse gießen und gut durchmischen.

3 Im vorgeheizten Ofen bei 200 °C etwa 40 Minuten schmoren lassen, bis die Kartoffeln gar sind. Dabei gelegentlich wenden.

4 Sobald die Kartoffeln gar sind, Garnelen, Tintenfisch und Tomaten untermischen und nochmals 10 Minuten rösten. Zur vollen Geschmacksentfaltung sollten alle Gemüse völlig durchgegart und gut angebräunt sein.

5 Auf vorgewärmte Teller geben und sofort servieren.

VARIATION

Da sich fast alle Gemüse zur beschriebenen Zubereitung eignen, kann man noch 450 g Kürbis oder eine stückig geschnittene Aubergine zugeben.

WISSENSWERTES

Wenn rohe Garnelen nicht zu haben sind, nimmt man vorgekochte, gibt sie aber erst 2–3 Minuten vor Ende der Garzeit zu.

1

1

2

Muscheltopf

Muscheln lassen sich recht leicht zubereiten, man muss lediglich darauf achten, dass sie gründlich gewaschen sind und kein Sand mehr an ihren Schalen haftet. Bei Tisch stellt man Fingerschalen bereit.

Für 4 Personen
1 kg Miesmuscheln
150 ml trockener Weißwein
1 EL Olivenöl
1 Zwiebel, fein gehackt
3 Knoblauchzehen, zerdrückt
1 rote Pfefferschote, entkernt, fein gehackt
125 ml passierte Tomaten
1 EL frischer Majoran, gehackt
knuspriges Weißbrot als Beilage

1 Die Muscheln gründlich schrubben, damit aller Sand entfernt wird.

2 Den Bart (die haarähnlichen Fasern zwischen den Muschelschalen) entfernen, die Muscheln nochmals in klarem Wasser abspülen. Muscheln, die sich nicht sofort schließen, wenn man mit einem harten Gegenstand an die Schale klopft, aussortieren und wegwerfen.

3 Die Muscheln in einen großen Topf geben, den Wein zugeben und bei geschlossenem Deckel 5 Minuten kochen, dabei den Topf bewegen, damit sich die Hitze gleichmäßig verteilt. Nicht geöffnete Muscheln entfernen.

4 Die Muscheln mit der Schaumkelle aus dem Sud in eine Schüssel geben und warm halten. Den Kochsud durch ein Haarsieb geben.

5 Das Öl in einer großen Pfanne erhitzen, Zwiebel, Knoblauch und Pfefferschote darin bei mittlerer Hitze 4–5 Minuten andünsten.

6 Den Kochsud angießen, 5 Minuten heftig kochen lassen und dabei reduzieren.

7 Die passierten Tomaten, den Majoran und die Muscheln zugeben und erhitzen.

8 Die Muscheln auf vorgewärmte tiefe Teller verteilen. Man isst sie mit der Hand, indem man ein ausgegessenes Schalenpaar als Esswerkzeug benutzt. Es sollten Fingerschalen mit warmem Wasser bereitstehen. Die restliche Sauce mit Brot auftunken.

Geschmorte Garnelen mit Knoblauch

Tiefseegarnelen sind ein Leckerbissen. In der hier vorgeschlagenen Variante können sie eine eindrucksvolle Vorspeise oder ein leichtes Hauptgericht darstellen.

Für 4 Personen
20–24 rohe Tiefseegarnelen in der Schale
125 g Butter
4 EL Olivenöl
4 Knoblauchzehen
6 EL Brandy
Salz und Pfeffer
2 EL gehackte Petersilie
1 Zitrone, geachtelt, zum Garnieren
knuspriges italienisches Weißbrot als Beilage

1 Knoblauch in sehr feine Scheiben schneiden.

2 Die Garnelen waschen und mit Küchenpapier trockentupfen.

3 Butter und Öl in einer großen Pfanne erhitzen, Knoblauch und Garnelen zugeben und bei großer Hitze unter ständigem Rühren und Wenden 3–4 Minuten garen, bis die Garnelen rosa sind.

4 Den Brandy darüber gießen, salzen, pfeffern und mit Petersilie bestreuen. Auf Teller verteilen und mit Zitrone garniert servieren. Dazu Weißbrot reichen.

WISSENSWERTES

Fein geschnittener Knoblauch trägt weniger auf als zerdrückter. Er verleiht dem Gericht lediglich einen zarten Knoblauchgeschmack.

Makrele mit Orangenfüllung

Makrelen gehören zu den fetten Fischen, doch wenn sie – wie hier – mit Orangen und geriebenen Mandeln gefüllt werden, erscheinen sie würzig und leicht.

Für 4 Personen
2 EL Olivenöl
4 Frühlingszwiebeln, in Ringe geschnitten
2 Orangen
50 g gemahlene Mandeln
1 EL Haferflocken
je 25 g schwarze und grüne Oliven, entsteint und gehackt
8 Makrelenfilets
Salz und Pfeffer
frischer Salat als Beilage

1 Das Öl in einer Pfanne erhitzen und die Frühlingszwiebeln auf mittlerer Hitze etwa 2 Minuten darin ansautieren.

2 Die Orangenschalen fein abreiben, dann mit einem scharfen Messer die verbliebene Schale samt der weißen Haut abschneiden.

3 Die Orangen mit einem scharfen Messer über einer Schüssel filetieren, d. h., das Fruchtfleisch zwischen den Häuten herausschneiden und dabei den austretenden Saft auffangen. Alle Filets halbieren.

4 Die Mandeln in einer beschichteten Pfanne unter Rühren 2–3 Minuten anrösten. Wenn sie bräunen, sofort vom Herd nehmen – sie dunkeln noch nach.

5 Frühlingszwiebeln, Orangenschalen und -filets, geröstete Mandeln, Haferflocken sowie Oliven in einer kleinen Schüssel mischen, salzen und pfeffern.

6 Die Masse etwa 0,5 cm dick auf die Innenseite der Makrelenfilets streichen. Die Filets vorsichtig aufrollen und mit Holzzahnstochern zustecken.

7 Die Makrelen im vorgeheizten Backofen bei 190 °C etwa 25 Minuten backen, bis der Fisch gar ist. Sofort auf einzelnen Tellern servieren. Dazu Salat reichen.

1

5

6

Gebackener Seebarsch

Seebarsch ist ein delikater weißfleischiger Fisch. Einen großen Fisch sollte man im Ofen backen, 2 kleine Fische kann man auch grillen.

Für 4 Personen
1,4 kg schwerer Seebarsch oder 2 Seebarsche zu je 750 g, küchenfertig
2–4 Zweige frischer Rosmarin
½ Zitrone, in dünne Scheiben geschnitten
2 EL Olivenöl
KNOBLAUCHSAUCE
2 TL grobes Meersalz
2 TL Kapern
2 Knoblauchzehen, zerdrückt
4 EL Wasser
2 frische Lorbeerblätter
1 TL Zitronensaft oder Essig
2 EL Olivenöl
Pfeffer
ZUM GARNIEREN
Lorbeerblätter
Zitronenachtel

1 Den Fisch schuppen, die Rückenflosse entfernen, gründlich waschen und trockentupfen. Quer über den Körper auf beiden Seiten mehrmals einschneiden, in die Bauchhöhle Rosmarinzweige und Zitronenscheiben legen.

2 Zum Grillen die Fische in eine mit Alufolie ausgekleidete Saftpfanne legen, mit 1–2 TL Öl bestreichen, unter den vorgeheizten Grill schieben und auf jeder Seite etwa 5 Minuten grillen.

3 Einen großen Fisch wie beschrieben vorbereiten und zum Braten in eine mit Alufolie ausgekleidete Saftpfanne legen. Mit einem Faden Öl beträufeln und im vorgeheizten Backofen bei 190 °C je nach Größe des Fischs etwa 30–50 Minuten backen. Das Fischfleisch darf an keiner Stelle noch glasig aussehen.

4 Für die Sauce das Salz mit Kapern und Knoblauch in einem Mörser zerdrücken, dabei das Wasser zugeben. Alternativ die Zutaten zusammen in die Küchenmaschine oder den Mixer geben und zu einer glatten Paste verarbeiten.

5 Die Lorbeerblätter und den restlichen Rosmarin mit dem Pistill anreiben, die Kapernmischung sowie Zitronensaft oder Essig zugeben und gründlich mischen. Mit Pfeffer abschmecken.

6 Den Fisch vorsichtig auf eine warme Servierplatte heben. Falls gewünscht die Haut entfernen und etwas von der Sauce über den Fisch geben. Mit frischen Lorbeerblättern und Zitronen garniert servieren.

Marinierter Fisch

Wenn man Fisch mariniert, und sei es auch nur kurz, bekommt das zarte Fleisch zusätzliches Aroma. So wird ein schlichter gegrillter Fisch zu einer Delikatesse.

Für 4 Personen
4 frische Makrelen
4 EL frischer Majoran, gehackt
2 EL kaltgepresstes Olivenöl
abgeriebene Schale und Saft von 1 Limone
2 Knoblauchzehen, zerdrückt
Salz und Pfeffer
Limonenachtel zum Garnieren
Salat als Beilage

1 Die Makrelen vom Schwanz zum Kopf hin mit der stumpfen Seite der Messerklinge schuppen und unter fließendem Wasser abwaschen.

2 Sollten die Fische nicht ausgenommen sein, die Bauchseite vom Kopf bis zum Schwanz mit einem spitzen, scharfen Messer aufschlitzen und die Eingeweide herausfallen lassen. Die Fische mit kaltem Wasser ausspülen und gut trockentupfen.

3 Die Fische auf beiden Seiten mit 4–5 diagonalen Schnitten einschneiden und nebeneinander in ein nicht metallisches Gefäß legen.

4 Für die Marinade Majoran, Olivenöl, Limonenschale und -saft sowie Knoblauch vermischen und mit Salz und Pfeffer würzen.

5 Die Mischung über den Fischen verteilen und im Kühlschrank 30 Minuten marinieren.

6 Die Makrelen unter dem vorgeheizten Grill auf jeder Seite 5–6 Minuten garen, bis die Haut bräunt, dabei jeweils einmal mit der Marinade bestreichen.

7 Die Fische auf vorgewärmte Teller geben, mit der restlichen Marinade beträufeln und mit Limone garniert servieren.

WISSENSWERTES

Damit sich der Saft leichter aus der Limone drücken lässt, rollt man sie unter leichtem Druck der Hand ein wenig auf der Arbeitsfläche hin und her.

Gegrillte gefüllte Seezunge

Seezunge, wahlweise auch anderer Plattfisch wie Scholle oder Flunder, kann gefüllt und dann gegrillt werden.

Für 4 Personen
1 EL Olivenöl
25 g Butter
1 kleine Zwiebel, fein gehackt
1 Knoblauchzehe, zerdrückt
3 getrocknete Tomaten, gehackt
2 EL Zitronenthymian
50 g Semmelbrösel
1 EL Zitronensaft
Salz und Pfeffer
4 kleine Seezungen, küchenfertig
Zitronenachtel zum Garnieren
grüner Salat als Beilage

1 Das Öl in einer Pfanne erhitzen, die Butter zugeben und so eben aufschäumen lassen.

2 Die fein gehackte Zwiebel und den Knoblauch zugeben und unter ständigem Rühren 5 Minuten andünsten, bis die Zwiebel glasig wird. Die Pfanne vom Herd nehmen.

3 Für die Füllung die Tomaten mit Zitronenthymian, Semmelbröseln und Zitronensaft mischen, mit Salz und Pfeffer würzen.

4 Die Mischung in die Pfanne geben und gut durchrühren.

5 Mit einem scharfen Messer oberhalb der Seezungenköpfe entlang der Gräte jeweils eine Tasche schneiden.

6 Mit einem Teelöffel vorsichtig ein wenig von der Füllung in die Tasche geben.

7 Die Fische unter dem vorgeheizten Grill auf jeder Seite 6 Minuten garen, bis die Haut bräunt.

8 Die Seezungen auf vorgewärmte Teller geben, mit Zitronenachteln garnieren und zusammen mit einem frischen grünen Salat servieren.

WISSENSWERTES

Zitronenthymian ist eine zart nach Zitrone schmeckende Thymianart. Man kann normalen Thymian verwenden und ihn mit abgeriebener Zitronenschale mischen, um den Zitronengeschmack zu erhalten.

Seezunge in Marsalasahne

Das Seezungenfilet schwimmt in einer cremigen Sauce aus Marsala und Sahne. Statt des selbst zubereiteten Fischsuds kann man Fischfond aus dem Glas verwenden.

Für 4 Personen
FISCHSUD
600 ml Wasser
Gräten, Kopf und Haut der Seezunge
1 Zwiebel, geschält und halbiert
1 Karotte, geschabt und halbiert
3 frische Lorbeerblätter
SAUCE
1 EL Olivenöl
15 g Butter
4 Schalotten, fein gehackt
125 g kleine Champignons, geputzt, halbiert
1 EL Pfefferkörner, leicht zerdrückt
8 Seezungenfilets
125 ml trockener Marsala
150 ml süße Sahne

1 Für den Fischsud die Zutaten in einen Topf geben, so eben mit Wasser bedecken und zum Kochen bringen.

2 Die Hitze reduzieren und den Sud 1 Stunde köcheln lassen, bis die Flüssigkeit auf etwa 150 ml reduziert ist. Durch ein Sieb geben, nur die Flüssigkeit verwenden.

3 Für die Sauce Öl und Butter in einer Pfanne erhitzen, die Schalotten zugeben und 2–3 Minuten unter Rühren glasig dünsten.

4 Die Champignons hinzufügen und unter Rühren 2–3 Minuten sautieren, bis sie leicht zu bräunen beginnen.

5 Die Pfefferkörner und ein Seezungenfilet in die Pfanne geben. Den Fisch auf jeder Seite 3–4 Minuten garen. Fisch und Champignons aus der Pfanne nehmen, beiseite stellen und warm halten. Die restlichen Seezungen ebenso garen.

6 Die Champignons wieder in die Pfanne geben, Fischsud und Marsala angießen und 3 Minuten köcheln lassen. Die Sauce auf starker Hitze 5 Minuten sprudelnd kochen lassen, damit sie einkocht und eindickt. Dann die Sahne angießen; die Sauce jetzt nicht mehr kochen.

7 Die Seezungen auf vorgewärmte Teller geben, die Sauce gleichmäßig darüber verteilen und mit gedämpften Gemüsen nach Wahl servieren.

Italienischer Kabeljau

Im Ofen gegarte Kabeljaufilets unter einer leckeren Kruste aus Vollkornbröseln, Walnüssen, Zitrone und Rosmarin ergeben ein mittelmeerisch duftendes leichtes Essen.

Für 4 Personen
25 g Butter
50 g Vollkorn-Semmelbrösel
25 g gehackte Walnüsse
abgeriebene Schale und Saft von 2 Zitronen
Nadeln von 2 Zweigen Rosmarin
2 EL gehackte Petersilie
4 Kabeljaufilets zu je 150 g
1 Knoblauchzehe, zerdrückt
3 EL Walnussöl
1 rote Pfefferschote, entkernt, gewürfelt
grüner Salat als Beilage

1 Die Butter in einer großen Pfanne zerlassen, die Pfanne vom Herd nehmen und die Brösel einstreuen. Walnüsse, Schale und Saft von 1 Zitrone, die Hälfte des Rosmarins und der Petersilie zugeben und gut mischen.

2 Die Mischung auf die Kabeljaufilets verteilen und festdrücken. Die Filets nebeneinander in eine flache Auflaufform setzen.

3 Im vorgeheizten Ofen bei 200 °C 25–30 Minuten backen.

4 Knoblauch, Schale und Saft der zweiten Zitrone, restliche Kräuter und Pfefferschote mit dem Walnussöl vermischen. Sobald die Filets fertig sind, die Mischung darüber löffeln.

5 Den Fisch auf Teller geben und zusammen mit einem Salat servieren.

VARIATION

Man kann die gehackten Walnüsse aus der Kruste weglassen und statt des Walnussöls 3 EL kaltgepresstes Olivenöl verwenden.

WISSENSWERTES

Die Schärfe der Pfefferschoten variiert: Je kleiner sie sind, desto schärfer sind sie meist. Deshalb nur mit Vorsicht verwenden!

Forelle in Rotwein

Für dieses Rezept aus dem Trentino sollte man möglichst fangfrische Forellen verwenden. Wenn nur tiefgefrorene Forellen zu bekommen sind, kann man auch diese nehmen.

Für 4 Personen
4 frische Forellen, je etwa 300 g
250 ml Weiß- oder Rotweinessig
300 ml trockener Rotwein
150 ml Wasser
1 Karotte, in Scheiben geschnitten
2–4 Lorbeerblätter
dünn abgeschälte Schale von 1 Zitrone
1 Zwiebel, in dünne Ringe geschnitten
4 Stängel Petersilie
4 Stängel Thymian
1 TL schwarze Pfefferkörner
6–8 Nelken
75 g Butter
1 EL gemischte frische Kräuter, gehackt
Salz und Pfeffer
ZUM GARNIEREN
Petersilienstängel
Zitronenscheiben

1 Die Forellen durch den Bauch ausnehmen, die Köpfe nicht abschneiden. Waschen, trockentupfen und nebeneinander in eine flache Schale legen.

2 Den Essig zum Kochen bringen und langsam über die Forellen gießen. Anschließend für 20 Minuten in den Kühlschrank stellen.

3 Rotwein, Wasser, Karotte, Lorbeerblätter, Zitronenschale, Zwiebelringe, Petersilie, Thymian, Pfefferkörner und Nelken mit einer guten Prise Meersalz zum Kochen bringen.

4 Die Fische aus dem Essig nehmen und in eine große Pfanne legen. Wenn die Weinmischung kocht, durch ein Sieb über die Fische geben, bis sie halb bedeckt sind. Deckel auflegen und die Fische bei schwacher Hitze 15 Minuten ziehen lassen.

5 Die Forellen aus der Pfanne nehmen, möglichst gut abtropfen lassen, auf eine Servierplatte geben und warm halten.

6 Die Kochflüssigkeit unter heftigem Kochen auf 4–6 EL reduzieren. Die Butter in einem kleinen Topf zerlassen und in die kochende Flüssigkeit geben, abschmecken und über die Fische löffeln. Mit gehackten Kräutern und Zitronenscheiben garniert servieren.

Meerbarbe alla siciliana

Meerbarben haben ein herrlich festes, rötlich schimmerndes Fleisch und eine rote Haut. Der Rotwein, der zum Kochen verwendet wird, verstärkt diesen Effekt.

Für 4 Personen
50 g Sultaninen
150 ml trockener Rotwein
2 EL Olivenöl
2 Zwiebeln, in Ringe geschnitten
1 Zucchini, in 5 cm lange Streifchen geschnitten
2 Orangen
2 TL Koriandersamen, leicht zerdrückt
4 Meerbarben, filetiert und entgrätet
50 g Sardellenfilets, abgetropft
2 EL frischer Oregano, gehackt
Salz und Pfeffer

1 Die Sultaninen in eine Schüssel geben, mit Rotwein übergießen und 10 Minuten quellen lassen.

2 Das Öl in einer Pfanne erhitzen und die Zwiebelringe darin 2 Minuten glasig dünsten.

3 Die Zucchini zugeben und unter gelegentlichem Wenden 3 Minuten sautieren.

4 Mit einem Juliennereißer lange Schalenstreifen von einer Orange ziehen. Beide Orangen mit einem scharfen Messer schälen, dann zwischen den Trennhäuten schneidend filetieren.

5 Filets und Schalen, den Koriander sowie die Sultaninen samt Wein in die Pfanne geben, die Meerbarbenfilets und die Sardellen darauf legen und zugedeckt 10–15 Minuten simmern lassen, bis der Fisch gar ist.

6 Die Fischfilets aus der Pfanne nehmen. Den Oregano hineingeben und vorsichtig untermischen. Die Gemüsemischung auf Teller verteilen, die Meerbarbenfilets darauf verteilen und servieren. Man kann das Gemüse und den Fisch auch kalt servieren und dafür im Kühlschrank 2 Stunden durchziehen lassen.

WISSENSWERTES

Meerbarben sind das ganz Jahr über im Angebot, entweder frisch oder tiefgefroren. Wer trotzdem keine bekommen kann, sollte alternativ Meeräschen oder Sackbrassen verwenden.

Hering mit Sardellenpesto

Lässt man aus einem schlichten Pesto den Käse weg, so kann man ihn erhitzen, ohne dass er Fäden zieht. Mit Sardellenfilets gibt der Pesto dann eine köstliche heiße Sauce ab.

Für 4 Personen
4 frische Heringe oder kleine Makrelen, küchenfertig
2 EL Olivenöl
225 g Tomaten, gehäutet, Fruchtfleisch klein gewürfelt
8 Sardellenfilets, gehackt
etwa 30 Basilikumblätter
50 g Pinienkerne
2 Knoblauchzehen, zerdrückt

1 Die Heringe oder Makrelen unter dem vorgeheizten Grill auf jeder Seite etwa 8–10 Minuten grillen, bis die Haut deutlich bräunt.

2 Währenddessen 1 EL des Olivenöls in einer großen Pfanne erhitzen.

3 Tomaten und Sardellenfilets zugeben und auf mittlerer Hitze unter Rühren 5 Minuten andünsten.

4 Basilikumblätter, Pinienkerne, Knoblauch und restliches Öl in einem Mörser mit dem Pistill zu einer Paste zerreiben. Alternativ die Zutaten in der Küchenmaschine oder im Mixer zu einer Paste verarbeiten.

5 Den Pesto zu der Tomaten-Sardellen-Mischung in die Pfanne geben und bei schwacher Hitze unter Rühren gut durchwärmen.

6 Ein wenig von der heißen Pestomischung auf 4 Teller geben, die Fische darauf legen, weiteren Pesto darüber verteilen und sofort heiß zu Tisch bringen. Dazu passt ofenfrisches, knuspriges Weißbrot.

WISSENSWERTES

Man kann die Fische auch im Freien auf dem gut vorgeheizten Holzkohlengrill zubereiten.

Kartoffelgratin mit Sardinen

Sardinen sind sowohl frisch als auch tiefgefroren im Handel, sodass man auch in unseren Breiten dieses ligurische Rezept problemlos nachkochen kann.

Für 4 Personen
1 kg Kartoffeln
1 kg Sardinen, aufgetaut, falls TK-Ware
1 EL Olivenöl, zusätzlich Öl zum Ausfetten der Form
1 Zwiebel, gehackt
2–3 Knoblauchzehen, zerdrückt
2 EL gehackte Petersilie
1–2 EL gehackte Kräuter wie Oregano, Thymian, Rosmarin und Majoran
350 g Tomaten, gehäutet und in Scheiben geschnitten, oder 400 g geschälte Tomaten (aus der Dose)
150 ml trockener Weißwein
Salz und Pfeffer

1 Die ungeschälten Kartoffeln in leicht gesalzenem Wasser 10 Minuten kochen, abgießen, pellen und in 0,5 cm dicke Scheiben schneiden.

2 Die Sardinen falls nötig ausnehmen, Köpfe und Schwänze entfernen. Ausgebreitet mit der Hautseite nach oben auf ein Küchenbrett legen, fest gegen die Rückengräte drücken, umdrehen und Rückgrat samt Gräten vorsichtig abheben. Die Fische abwaschen und mit Küchenpapier trockentupfen.

3 Das Olivenöl in einer Pfanne erhitzen. Die gehackte Zwiebel und den Knoblauch darin glasig dünsten.

4 Eine gut mit Öl ausgefettete Auflaufform mit den Kartoffelscheiben auslegen, Zwiebel, Petersilie und einen Teil der gemischten Kräuter darüber geben.

5 Die Sardinen mit der Hautseite nach unten darauf verteilen, vollständig mit Tomatenscheiben zudecken, restliche Kräuter sowie Salz und Pfeffer darüber geben und den Wein angießen.

6 Unbedeckt im vorgeheizten Ofen bei 190 °C etwa 40 Minuten backen. Falls der Auflauf zu trocken erscheint, nochmals etwas Wein angießen. Direkt aus dem Ofen in der Form heiß servieren.

2

4

5

Gebackene frische Sardinen

Frische Sardinen werden mit aromatischen Kräutern und Gemüsen in einer Auflaufform geschichtet und mit Eiern überbacken. So ähnelt das Gericht einem Omelett.

Für 4 Personen
2 EL Olivenöl
2 große Zwiebeln, in Ringe geschnitten
3 Knoblauchzehen, zerdrückt
2 Zucchini, in längliche Stücke geschnitten
3 EL frische Thymianblättchen
8 Sardinenfilets oder 1 kg ganze Sardinen, filetiert
75 g frisch geriebener Parmesan
4 Eier, leicht verschlagen
150 ml Milch
Salz und Pfeffer

1 In einer Pfanne 1 EL Öl erhitzen, Zwiebelringe und Knoblauch darin 2–3 Minuten andünsten.

2 Zucchini zugeben, 5 Minuten schmoren und Farbe annehmen lassen.

3 2 EL des Thymians zugeben und gut durchmischen.

4 Die Hälfte der Zucchinimischung in eine Auflaufform füllen. Die Sardinenfilets sowie die Hälfte des Parmesans gleichmäßig darauf verteilen.

5 Die restlichen Zucchini aus der Pfanne darauf geben und den verbliebenen Thymian darüber streuen.

6 Die Eier mit der Milch verquirlen, salzen und pfeffern. Die Eiermischung über die Gemüse und Sardinen in der Auflaufform gießen und mit dem restlichen Parmesan bestreuen.

7 Im vorgeheizten Ofen bei 180 °C 20–25 Minuten backen, bis das Ei stockt und sich eine goldene Kruste bildet.

8 Den Auflauf direkt aus dem Ofen in der Form servieren.

VARIATION

Wenn die angebotenen Sardinen zum Filetieren zu klein sind, kann man Sprotten oder Stinte nehmen.

Pfannkuchen mit Räucherfisch

Dies ist sowohl eine deliziöse Vorspeise als auch ein leichtes Mittag- oder Abendessen. Man kann die zarten Pfannkuchen mit jeder beliebigen Art von Räucherfisch füllen.

Für 12 Pfannkuchen
PFANNKUCHEN
125 g Mehl
1/2 TL Salz
1 Ei, leicht verschlagen
300 ml Milch
1 EL Olivenöl zum Braten
SAUCE
450 g geräucherter Schellfisch (Haddock)
300 ml Milch
40 g Butter oder Margarine
40 g Mehl
300 ml Fischfond
75 g frisch geriebener Parmesan
Salz und Pfeffer
125 g Erbsen (TK-Ware), aufgetaut
125 g gekochte Krabben
50 g geriebener Greyerzer (Gruyère)

1 Das Mehl in eine Schüssel sieben, eine Mulde in die Mitte drücken. Salz und Ei hineingeben, unter Rühren die Milch hinzufügen, bis ein glatter Teig entsteht, beiseite stellen.

2 Den Fisch in eine Pfanne legen, Milch zugießen und zum Kochen bringen. 10 Minuten köcheln lassen, bis der Fisch zu zerfallen beginnt. Aus der Pfanne nehmen und zerpflücken.

3 Die Butter in einem Topf zerlassen, Mehl zugeben und 2–3 Minuten anschwitzen, die Milch aus der Pfanne und den Fond zugeben, wieder auf den Herd stellen, unter Rühren aufwallen lassen, Parmesan einrühren, salzen und pfeffern.

4 Eine Pfanne mit Öl ausstreichen und aus jeweils 2 EL Teig kleine Pfannkuchen backen (pro Seite 2–3 Minuten), bis sie goldbraun sind. Fertige Pfannkuchen auf einem Teller unter Alufolie oder im Backofen warm halten. Damit sie nicht aneinander kleben, Pergamentpapier dazwischen legen.

5 Den zerpflückten Fisch, Erbsen und Krabben in die weiße Sauce geben. Die Pfannkuchen damit füllen, nebeneinander in eine flache Form legen, restliche Sauce darüber gießen, mit Greyerzer bestreuen und im vorgeheizten Ofen bei 190 °C 20 Minuten goldbraun backen.

Seeteufelspieß mit Kapernsauce

Das Fleisch des Seeteufels ist so fest, dass es fast an Hummer erinnert. Da es nicht zerbricht, kann man es ausgezeichnet für gegrillte Spießgerichte verwenden.

Für 4 Personen
675 g Seeteufel
fein abgeriebene Schale und Saft von 1 Zitrone
2 EL Olivenöl
1 Bund frische Lorbeerblätter
1 Zitrone, geachtelt
grüner Salat als Beilage
SAUCE
6 EL Olivenöl
1 Knoblauchzehe, zerdrückt
fein abgeriebene Schale und Saft von 1 Zitrone
1 EL gehackte Petersilie
2 EL Kapern, abgetropft und gehackt
3 Sardellenfilets, fein gehackt
Pfeffer

1 Den Seeteufel putzen, waschen und mit Küchenpapier trockentupfen. Links und rechts von der Hauptgräte 2 dicke Filets abschneiden.

2 Die Filets in 2,5 cm große Würfel schneiden und in einer Schüssel mit Zitronenschale und -saft sowie Olivenöl überziehen.

3 Die Fischwürfel wieder aus der Marinade nehmen, abtropfen lassen und abwechselnd mit Lorbeerblättern und Zitronenachteln auf 4 Spieße stecken.

4 Den Grill vorheizen. Die Enden der Spieße, sofern sie aus Holz sind, mit Alufolie vor dem Verbrennen schützen. Den Fisch mit etwas der zurückbehaltenen Marinade beträufeln und 3 Minuten unter den Grill legen. Die Spieße wenden, erneut beträufeln, nochmals 3–4 Minuten grillen. Alternativ kann man die Spieße auf dem Holzkohlengrill zubereiten, pro Seite etwa 6–8 Minuten.

5 In der Zwischenzeit in einer kleinen Schüssel alle Zutaten für die Sauce vermischen und beiseite stellen.

6 Die Spieße auf vorgewärmte Teller legen. Mit der Sauce und einem grünen Salat zu Tisch bringen.

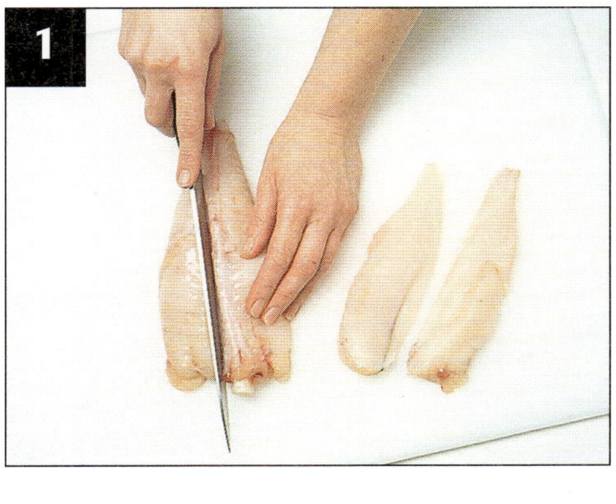

Stockfisch mit Bleichsellerie

Stockfisch – durch Einsalzen und Trocknen haltbar gemachter Kabeljau – muss mindestens 12 Stunden gewässert werden. Er hat einen kräftigen Geschmack, der sich gut mit Bleichsellerie verbindet.

Für 4 Personen
250 g Stockfisch, über Nacht eingeweicht
1 EL Öl
4 Schalotten, fein gehackt
2 Knoblauchzehen, zerdrückt
3 Stängel Bleichsellerie, klein geschnitten
400 g geschälte Tomaten in Stücken (aus der Dose)
150 ml Fischfond
50 g Pinienkerne
2 EL frischer Estragon, gehackt
2 EL Kapern
knuspriges Brot oder Kartoffelpüree als Beilage

1 Den gewässerten Stockfisch unter fließendem Wasser gut abwaschen und trockentupfen. Haut und Gräten sorgfältig entfernen. Mit Küchentuch abtupfen und in Stücke schneiden.

2 Das Öl in einer großen Pfanne erhitzen, Schalotten und Knoblauch zugeben und 2–3 Minuten dünsten. Den Sellerie hinzufügen, weitere 2 Minuten dünsten, dann die Tomaten und den Fischfond zugeben.

3 Die Mischung zum Kochen bringen, die Hitze reduzieren und etwa 5 Minuten köcheln lassen.

4 Den Fisch zugeben. Weitere 10 Minuten köcheln lassen, bis der Fisch weich ist.

5 Inzwischen die Pinienkerne auf einem Blech unter dem Grill oder in einer beschichteten Pfanne in 2–3 Minuten goldbraun anrösten.

6 Estragon, Kapern und Pinienkerne zum Fisch geben, durchrühren und heiß werden lassen.

7 Das fertige Gericht auf vorgewärmte Teller geben und dazu knuspriges Weißbrot oder Kartoffelpüree reichen.

WISSENSWERTES

Ehe man ein Gericht mit Stockfisch salzt, sollte man es abschmecken, denn Stockfisch ist sehr salzig. Man kann ihn 2–3 Tage wässern.

Stockfischplätzchen

Stockfisch, in Italien »stoccafisso« oder »baccalà« genannt, ist dort sehr beliebt. Hier dient er als Zutat für kleine Pfannkuchen, die außerdem rote Zwiebeln, Fenchel und Pfefferschoten enthalten.

Für 4 Personen
125 g Mehl
1 Ei, leicht verschlagen
150 ml Milch
250 g Stockfisch, über Nacht eingeweicht
1 kleine rote Zwiebel, fein gehackt
1 kleine Fenchelknolle, fein gehackt
1 rote Pfefferschote, entkernt, fein gehackt
2 EL Öl
ALS BEILAGE
frischer, knackiger Salat; Relish nach Geschmack; gedünstete frische Gemüse

1 Mehl in eine Schüssel sieben, eine Mulde hineindrücken und das Ei hineingeben.

2 Mit einem Holzlöffel Mehl und Ei vermischen, dabei die Milch zugeben und alles zu einem glatten Teig verrühren. 10 Minuten ruhen lassen.

3 Den gewässerten Stockfisch unter fließendem Wasser gut abwaschen und trockentupfen.

4 Haut und Gräten sorgfältig entfernen, das Fischfleisch mit einer Gabel zerdrücken.

5 Den Fisch mit Zwiebel, Fenchel und Pfefferschote in eine Schüssel geben und mit dem vorbereiteten Teig vermischen.

6 Öl in einer Pfanne erhitzen. Jeweils 1 EL Teigmischung in das Öl geben und kleine Pfannkuchen backen. Pro Seite benötigen sie 3–4 Minuten. Fertige Pfannkuchen unter Alufolie oder im Ofen warm halten, bis alle fertig sind.

7 Mit einem Salat, gedünsteten Gemüsen oder Chili-Relish aus dem Glas sofort heiß servieren.

WISSENSWERTES

Sollten die Pfannkuchen besonders locker aufgegangen sein, mischt man ½ TL Backpulver unter das Mehl.

Fleisch- und Geflügelgerichte

Da Fleisch und Geflügel in Italien teuer sind, werden sie mit entsprechender Sorgfalt zubereitet. Bevorzugt werden Fleisch und Geflügel im eigenen Saft geschmort, nur selten reicht man eine separat zubereitete Sauce dazu. Schweinefleisch wird am häufigsten verarbeitet, doch erfreut sich auch Kalbfleisch großer Beliebtheit. Besonders zu Ostern isst man in Italien gern junges Lamm als Braten, geschmort mit Knoblauch, frischem Rosmarin und anderen Kräutern. Fleisch wird im Allgemeinen bereits entbeint verkauft, dennoch wird nichts vergeudet: Was nicht auf den Tisch kommt, wird für Fonds und Suppen verwendet.

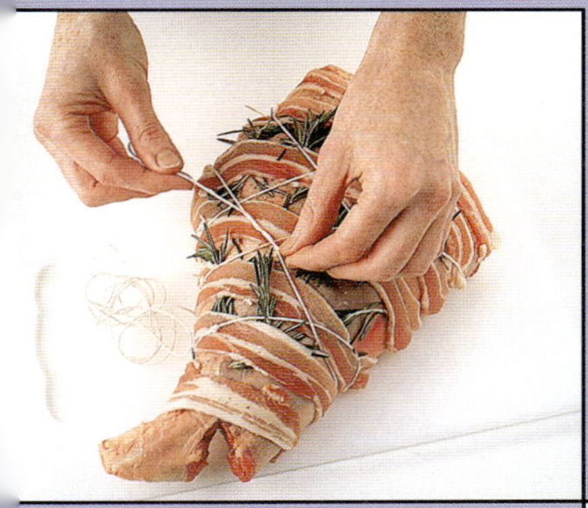

Wie das Fleisch wird auch Geflügel, insbesondere Huhn, als Delikatesse betrachtet. Auch hier gibt es diverse klassische Rezepte wie etwa das Hähnchen Marengo, eine piemontesische Spezialität, oder das scharf gewürzte toskanische Teufelshähnchen, das Pollo alla diavola.

Rinderbraten in Barolo

Der im Piemont aus der Nebbiolo-Traube gewonnene Barolo gehört zu einem der besten Weine Italiens. Sein herbsamtiger Geschmack ist das Geheimnis dieses Gerichts.

Für 6 Personen
4 EL Öl
1 kg Rinderbraten (Bug oder Schulter)
2 Knoblauchzehen, zerdrückt
4 Schalotten, gehackt
1 TL frische Rosmarinnadeln, gehackt
1 TL frischer Oregano, gehackt
2 Stängel Bleichsellerie, klein geschnitten
1 Karotte, klein geschnitten
2 Nelken (nach Geschmack)
1 Flasche Barolo
frisch geriebene Muskatnuss
Salz und Pfeffer
Brokkoliröschen, Karotten, neue Kartoffeln als Beilage

1 Das Öl in einem Schmortopf erhitzen und den Rinderbraten darin von allen Seiten anbraten, aus dem Topf nehmen und beiseite stellen.

2 Knoblauch, Schalotten, Rosmarin, Oregano, Sellerie, Karotte und Nelken unter Rühren 5 Minuten im Schmortopf ansautieren.

3 Das Fleisch auf die Gemüse im Topf legen, den Wein zugießen und zum Kochen bringen. Die Hitze reduzieren und bei aufgelegtem Deckel 2–3 Stunden köcheln lassen. Alternativ im Backofen bei 160 °C ebenso lange schmoren lassen. Das Fleisch aus dem Topf nehmen und 5–10 Minuten ruhen lassen.

4 Währenddessen die Sauce samt der Gemüse in ein Sieb geben und mit dem Kochlöffel gut ausdrücken. Was im Sieb hängen bleibt, wegwerfen.

Die Sauce mit Muskat, Salz und Pfeffer abschmecken. Das Fleisch in Scheiben schneiden und auf eine Servierplatte geben. Die Fleischscheiben mit etwas Sauce benetzen, sofort mit gedämpften Gemüsen und Kartoffeln (oder mit Polenta) und der restlichen Sauce servieren.

WISSENSWERTES

Der Barolo muss mindestens 3 Jahre, der Riserva 5 Jahre lagern, davon 2 im Holzfass. Der Braten wird im Piemont auch mit anderen Rotweinen der Region zubereitet.

Schmortopf mit Rindfleisch

Dieser lange im Ofen geschmorte Fleischeintopf wird mit Orangen, Rotwein und Steinpilzen aromatisiert.

Für 4 Personen
1 EL Öl
15 g Butter
225 g Perlzwiebeln, gepellt und halbiert
600 g Rindfleisch für Gulasch, in 4 cm große Stücke geschnitten
300 ml Rinderbrühe
150 ml Rotwein
4 EL frischer Oregano, gehackt
1 EL Zucker
1 Orange
25 g getrocknete Steinpilze oder andere getrocknete Pilze
225 g Tomaten
Reis oder Kartoffeln als Beilage

1 Öl und Butter in einem Schmortopf erhitzen. Die Zwiebeln hineingeben und 5 Minuten andünsten, bis sie goldbraun sind. Aus dem Topf nehmen, beiseite stellen und warm halten.

2 Das Fleisch in den Schmortopf geben und rundum kräftig Farbe annehmen lassen.

3 Die Zwiebeln zum Fleisch zurückgeben. Brühe, Rotwein, Oregano und Zucker zugeben, gründlich durchrühren und auf mittlerer Hitze zum Kochen bringen.

4 Die Orangenschale abschälen, die weiße Haut entfernen und die Schale in feine Streifen schneiden. Das Fruchtfleisch in Scheiben schneiden und mit den Streifen zum Fleisch geben. Den Topf bei 180 °C für 1½ Stunden in den Backofen stellen.

5 Die getrockneten Pilze 30 Minuten so eben mit warmem Wasser bedeckt einweichen.

6 Die Tomaten häuten, das Fruchtfleisch ohne die Kerne vierteln, zusammen mit den Pilzen und dem Einweichwasser zum Fleisch geben und weitere 20 Minuten schmoren lassen. Das Schmorfleisch mit gekochtem Reis oder Kartoffeln servieren.

VARIATION

Statt der frischen Tomaten kann man 8 getrocknete Tomaten nehmen, die man in feine Streifen schneidet.

2

3

4

Rouladen alla italiana

Hauchdünn geklopftes Rindfleisch für Rouladen wird mit einer Paste aus Knoblauch, Schinken, Petersilie und Orangenschale gefüllt.

Für 4 Personen
4 Rindsrouladen, dünn geklopft und quer halbiert
4 EL gehackte Petersilie
4 Knoblauchzehen, zerdrückt
abgeriebene Schale von 1/2 Orange
125 g geräucherter Schinken, fein gehackt
2 EL Olivenöl
300 ml trockener Rotwein
1 Lorbeerblatt
1 TL Zucker
ZUM GARNIEREN
50 g schwarze Oliven, entsteint
Salz und Pfeffer
Orangenecken
frische, glatte Petersilie

1 Das Fleisch mit einem Fleischklopfer so dünn wie möglich klopfen. Alternativ mit einem Nudelholz dünn ausrollen und die Kanten beschneiden.

2 Petersilie, Knoblauch, Orangenschale, Schinken, Salz und Pfeffer mischen. Die Mischung gleichmäßig auf den Fleischscheiben verteilen.

3 Die Rouladen fest zusammenrollen und mit Holzzahnstochern feststecken. Das Öl in einer Pfanne erhitzen, die Rouladen darin auf allen Seiten 10 Minuten kross anbraten.

4 Die Rouladen aus der Pfanne nehmen und warm stellen. Den Wein in die Pfanne gießen, die Röststoffe loskochen. Lorbeer zugeben, mit Zucker, Salz und Pfeffer würzen, zum Kochen bringen und 5 Minuten heftig kochen lassen.

5 Die Rouladen wieder einlegen, Oliven zugeben und 2 Minuten lang gut durchwärmen. Das Lorbeerblatt herausnehmen und die Holzzahnstocher entfernen.

6 Die Rouladen auf Teller geben. In Scheiben geschnitten, mit Petersilie und Orangen garniert servieren.

1

3

4

Pizzaiola-Steak

Für dieses typisch neapolitanische Gericht verwendet man die schmackhaften Tomaten der Region. Alternativ kann man geschälte Tomaten aus der Dose nehmen.

Für 4 Personen
675 g frische Tomaten oder 800 g geschälte Tomaten (aus der Dose)
4 EL Olivenöl
1 Zwiebel, fein gehackt
2–3 Knoblauchzehen, zerdrückt
1 EL Tomatenmark
$1^1/_2$ TL frischer Majoran oder Oregano, gehackt, oder $^3/_4$ TL getrockneter Majoran oder Oregano
Salz und Pfeffer
4 Rumpsteaks
2 EL gehackte Petersilie
1 TL Zucker
gedünsteter Blattspinat
gebratene Kartoffeln als Beilage

1 Frische Tomaten häuten und ohne Kerne fein hacken. Dosentomaten in der Küchenmaschine pürieren und dann durch ein Sieb streichen, um die Kerne zu entfernen.

2 2 EL des Öls in einer Pfanne erhitzen, Zwiebel und Knoblauch darin 5 Minuten ansautieren.

3 Tomaten, Tomatenmark und Majoran (oder Oregano) zugeben, salzen und pfeffern. Bei Verwendung frischer Tomaten außerdem 4 EL Wasser zugeben. Unter gelegentlichem Rühren 8–10 Minuten auf schwacher Hitze köcheln lassen.

4 In der Zwischenzeit die Steaks vorbereiten (Fettrand einschneiden), das restliche Öl in einer Pfanne stark erhitzen und die Steaks darin auf beiden Seiten rasch anbraten. Je nach gewünschter Art zu Ende garen (2 Minuten: blutig oder rare; 3–4 Minuten: rosa; 5 Minuten: durchgebraten) oder auch grillen.

5 Wenn die Sauce ein wenig eingekocht ist, die gehackte Petersilie und den Zucker zugeben und abschmecken.

6 Die Steaks auf eine Servierplatte oder bereits auf Teller legen, das überschüssige Fett aus der Pfanne abgießen, die Tomatensauce in die Pfanne geben und die Röststoffe damit lösen. Die Tomatensauce über die Steaks löffeln und sofort heiß servieren. Man kann dazu gedünsteten Blattspinat und gebratene Kartoffeln reichen.

Gefüllte Schweineschnitzel

Dick geschnittene kleine Schweineschnitzel oder Lendenstücke werden aufgeschnitten und mit einer Mischung aus rohem Schinken, Mandeln und Kräutern gefüllt.

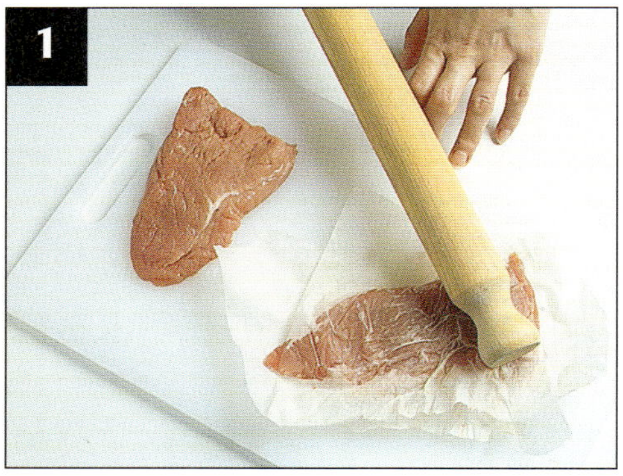

Für 4 Personen
450 g Schweinelende oder dick geschnittene kleine Schnitzel
50 g gehackte Mandeln
2 EL Olivenöl
125 g roher Schinken, klein gewürfelt
2 Knoblauchzehen, zerdrückt
1 EL frischer Oregano, gehackt
fein abgeriebene Schale von 2 Zitronen
4 Schalotten, fein gehackt
200 ml Kalbs- oder Geflügelfond
1 TL Zucker

1 Die Lende in 4 gleich große Stücke schneiden, zwischen 2 Blatt Pergamentpapier legen und mit einem Fleischklopfer flach klopfen. Kleine Schnitzel nicht zu sehr klopfen.

2 In jedes Fleischstück eine waagerechte Tasche schneiden.

3 Die Mandeln in einer beschichteten Pfanne ohne alle Zugaben von Fett unter ständigem Rühren in 2–3 Minuten goldbraun rösten.

4 Die Mandeln mit 1 EL Olivenöl, dem gewürfelten Schinken, Knoblauch, Oregano und abgeriebener Schale von 1 Zitrone mischen, die Mischung in die Fleischtaschen füllen.

5 Das restliche Öl in einer großen Pfanne erhitzen. Die Schalotten zugeben und 2 Minuten dünsten.

6 Das Fleisch zugeben und bei mittlerer Hitze auf jeder Seite etwa 2 Minuten braten, bis es beidseitig gut gebräunt ist.

7 Den Fond angießen und zum Kochen bringen. Hitze reduzieren, Deckel auf die Pfanne legen, das Fleisch 45 Minuten schmoren lassen. Das Fleisch aus der Pfanne nehmen, auf eine Servierplatte legen und warm halten.

8 Die verbliebene Zitronenschale und den Zucker zur Sauce in der Pfanne geben und 3–4 Minuten heftig kochen lassen, bis die Sauce eine sirupartige Konsistenz hat. Die Sauce über das Fleisch geben, sofort servieren.

Gefüllte Lende im Prosciuttomantel

Eine ausgefallene Art, um eine magere Schweinelende zuzubereiten. Sie wird mit Basilikum, Pesto rosso und Parmesan gefüllt und mit Parmaschinken umwickelt.

Für 4 Personen
500 g Schweinelende
Salz und Pfeffer
1 Bund Basilikum
2 EL frisch geriebener Parmesan
2 EL Pesto rosso (Paste von getrockneten Tomaten, s. S. 45)
6 Scheiben Parmaschinken
1 EL Olivenöl
Salbei zum Garnieren
Radicchiosalat als Beilage
OLIVENPASTE
125 g schwarze Oliven, entsteint
4 EL Olivenöl
2 Knoblauchzehen, gepellt

1 Die Lende parieren, das allzu dünne Ende abschneiden und anderweitig verwerten. Die Lende der Länge nach auf-, aber nicht durchschneiden.

2 Das Fleisch salzen und pfeffern, entlang des Schnittes dicht mit Basilikumblättern auslegen. Parmesan und Pesto rosso mischen und auf den Basilkumblättern verteilen.

3 Die Lende wieder in Form drücken und vollständig mit Parmaschinken umwickeln. Mit der gefüllten Seite nach unten auf einen Bratrost legen, mit Olivenöl bestreichen und im vorgeheizten Backofen bei 190 °C 30–40 Minuten braten, bis das Fleisch durch und gar ist. Aus dem Ofen nehmen und 10 Minuten ruhen lassen.

4 Für die Olivenpaste die genannten Zutaten in die Küchenmaschine geben und zu einer glatten Paste verarbeiten oder Oliven und Knoblauch mit dem Messer hacken und mit Öl verrühren.

5 Die gegarte Lende in Scheiben schneiden, die Scheiben dekorativ auf Teller verteilen, dazu die Olivenpaste und einen frischen Radicchiosalat reichen.

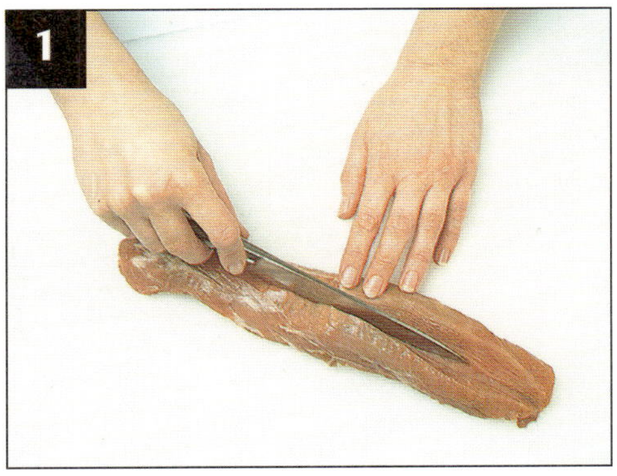

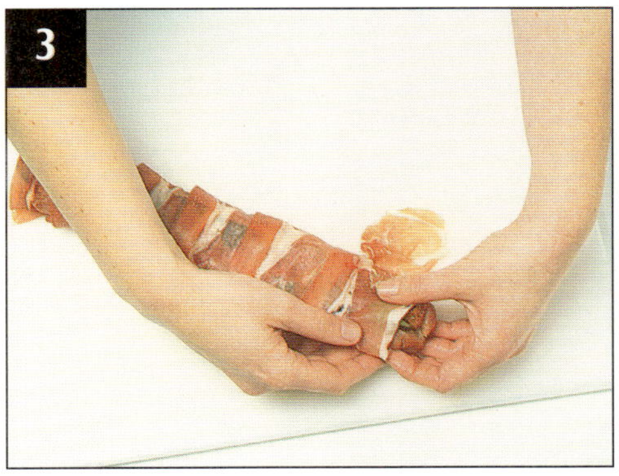

Wacholderkotelett mit Fenchel

Wacholder und Fenchel geben den gegrillten Schweinekoteletts einen ungewöhnlichen, aber sehr delikaten Geschmack.

Für 4 Personen
1 kleine Fenchelknolle
1 EL Wacholderbeeren
etwa 2 EL Olivenöl
abgeriebene Schale und Saft von 1 Orange
4 Schweinekoteletts, je etwa 150 g
knuspriges Weißbrot und frischer Salat als Beilage

1 Mit einem scharfen Messer holzige und verfärbte Stellen von der Fenchelknolle entfernen. Die Knolle ohne das Grün in kleine Würfel schneiden.

2 Die Wacholderbeeren in einem Mörser leicht zerdrücken, dann mit dem Fenchel, Olivenöl und abgeriebener Orangenschale vermischen.

3 Die Koteletts auf einer Seite mit einem scharfen Messer mehrmals einschneiden.

4 Die Koteletts nebeneinander in einen flachen Bräter legen und mit der Fenchel-Wacholder-Mischung bedecken.

5 Den Orangensaft über die Koteletts gießen. Das Fleisch mit Frischhaltefolie abdecken, in den Kühlschrank stellen und mindestens 2 Stunden marinieren lassen.

6 Den Grill vorheizen und die Koteletts im Bräter 10–15 Minuten darunter stellen, dabei gelegentlich wenden (das Fleisch sollte durchgegart sein). Zur Überprüfung mit einem scharfen, spitzen Messer in das Fleisch stechen. Tritt klarer Fleischsaft aus, ist das Fleisch durchgegart.

7 Die fertigen Koteletts auf Teller geben und sofort mit Salat und knusprigem Weißbrot servieren. Man kann die im Bräter verbliebenen Röststoffe mit etwas Fond aus dem Glas loskochen und über die Koteletts geben.

WISSENSWERTES

Die Wacholderbeeren sorgen zwar für einen guten Geschmack, doch ist es unangenehm, beim Essen auf sie zu beißen. Man sollte sie deshalb nicht zu stark zerdrücken, damit man sie leicht erkennen und beiseite legen kann.

1

2

5

Salbeikoteletts

Salbei als Würzkraut für Fleisch ist in Italien sehr beliebt.
Hier gibt es dem relativ fetten Schweinefleisch einen würzigen Geschmack.

Für 4 Personen
2 EL Mehl
1 EL gehackte frische Salbeiblätter oder 1 TL getrockneter Salbei
Salz und Pfeffer
4 magere Schweinekoteletts, vom Knochen gelöst
2 EL Olivenöl
15 g Butter
2 rote Zwiebeln, in dünne Ringe geschnitten
1 EL Zitronensaft
1 TL Zucker
4 Eiertomaten, geviertelt
Friséesalat als Beilage

1 Mehl, Salbei, Salz und Pfeffer auf einem Teller gut mischen. Die Koteletts mit beiden Seiten fest hineindrücken.

2 Öl und Butter in einer Pfanne erhitzen, die Koteletts nebeneinander hineinlegen und auf beiden Seiten je 6–7 Minuten braten, bis sie goldbraun und durch sind.

3 Die Koteletts aus der Pfanne nehmen und auf einem vorgewärmten Teller warm halten.

4 Die Pfanne wieder auf den Herd setzen, Zwiebelringe, Zitronensaft, Zucker und Tomatenviertel zugeben und 5 Minuten dünsten.

5 Die Koteletts und ein wenig von dem Tomatengemüse auf einzelne Teller geben. Sofort servieren und dazu einen Salat reichen.

In Milch gegartes Schweinefleisch

Fleisch in Milch zu garen ist eine in der Lombardei beliebte Zubereitungsweise. Man verwendet für dieses Gericht auch gern zartes Kalbfleisch.

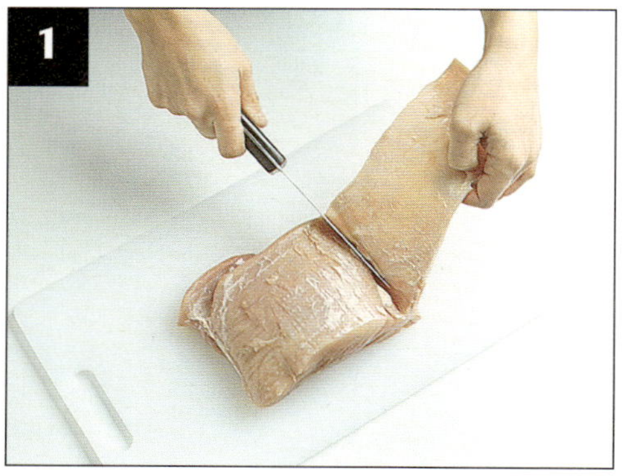

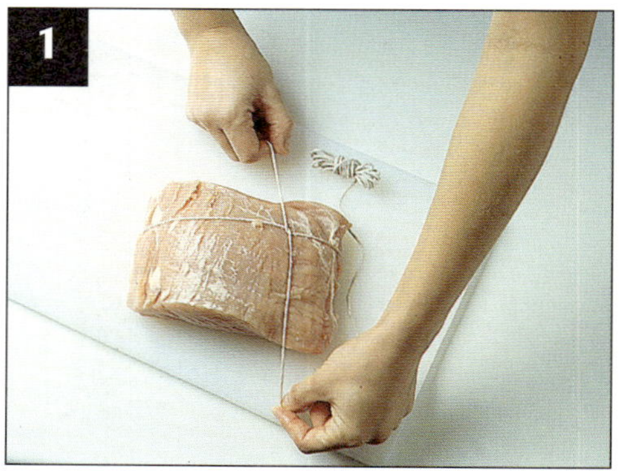

Für 4 Personen
800 g Schweinebraten aus der Unterschale
1 EL Olivenöl
25 g Butter
1 Zwiebel, gehackt
2 Knoblauchzehen, zerdrückt
75 g Bauchspeck (Pancetta), klein gewürfelt
1,2 l Milch
1 EL grüne Pfefferkörner
2 frische Lorbeerblätter
2 EL frischer Majoran, gehackt
2 EL frischer Thymian, gehackt

1 Mit einem scharfen Messer alles Fett vom Bratenstück entfernen. Sofern das Fleisch von sich aus keine leicht rundliche Form hat, mit Küchengarn binden.

2 Öl und Butter in einem großen Schmortopf erhitzen. Zwiebel, Knoblauch und Speck hineingeben und 2–3 Minuten andünsten. Das Fleisch hineingeben und rundum von allen Seiten gut Farbe annehmen lassen.

4 Die Milch angießen, dann den grünen Pfeffer, Lorbeer, Majoran und Thymian zugeben. Zum Kochen bringen, die Hitze reduzieren und zugedeckt 1½ Stunden schmoren lassen, bis das Fleisch weich und gar ist. Vor allem während der letzten 30 Minuten die Kochflüssigkeit im Auge behalten: Die Milch verkocht sehr schnell und könnte anbrennen. Ist die Milch verkocht, das Fleisch aber noch nicht gar, kleine Mengen Milch zugeben.

5 Das Fleisch aus dem Topf nehmen, mit einem scharfen Messer in dünne Scheiben schneiden.

6 Die Schmorbratenscheiben mit der Sauce und gedünstetem Gemüse sofort zu Tisch bringen.

WISSENSWERTES

Statt zum Schluss weitere Milch anzugießen, kann man auch süße Sahne nehmen. Dies macht die Sauce noch cremiger.

Schweineschnitzel alla napoletana

Diese italienische Version des gegrillten Schweineschnitzels macht in der Zubereitung nur wenig Mühe.

Für 4 Personen
2 EL Olivenöl
1 große Zwiebel, grob gehackt
1 Knoblauchzehe, zerdrückt
400 g geschälte Tomaten in Stücken (aus der Dose)
1 EL Tomatenmark
4 Schweineschnitzel, je etwa 130–150 g
75 g schwarze Oliven, entsteint
2 EL frisches Basilikum, gehackt
frisch geriebener Parmesan zum Bestreuen
grüne Gemüse wie Brokkoli oder Bohnen als Beilage

1 Das Öl in einer großen Pfanne erhitzen. Zwiebel und Knoblauch 3–4 Minuten darin ansautieren, bis sie leicht zu bräunen beginnen.

2 Tomaten und Tomatenmark zugeben und etwa 5 Minuten köcheln lassen, bis die Sauce eingekocht ist und leicht eindickt.

3 Die Schnitzel unter den vorgeheizten Grill schieben und auf jeder Seite etwa 5 Minuten grillen, bis das Fleisch goldbraun ist. Die Schnitzel beiseite stellen und warm halten.

4 Oliven und Basilikum zur der Sauce in der Pfanne geben, vorsichtig mischen und erwärmen.

5 Die Schnitzel auf 4 vorgewärmte Teller legen, von der Sauce darüber geben. Mit Parmesan bestreuen und sofort servieren.

WISSENSWERTES

Der echte Parmesan (Parmigiano Reggiano) kommt aus der Gegend um Bologna. Der Grana Padano wird in der Po-Ebene hergestellt.

WISSENSWERTES

Manche Dosentomaten sind mit Zwiebeln, Chillies und Kräutern gewürzt. Man sollte jedoch reine Tomaten nehmen und sie selbst würzen.

Lammragout alla romana

Stückig geschnittenes zartes Lammfleisch, das mit Knoblauch in der Pfanne angebraten und dann in Rotwein geschmort wird, ist ein typisches Gericht der römischen Küche.

Für 4 Personen
1 EL Öl
15 g Butter
500 g Lammfleisch ohne Knochen (Schulter oder Keule), in 3 cm große Würfel geschnitten
4 Knoblauchzehen, gepellt
Blätter von 3 Zweigen Thymian
6 Sardellenfilets
150 ml Rotwein
150 ml Lammfond oder Gemüsebrühe
1 TL Zucker
50 g schwarze Oliven, entsteint und halbiert
2 EL gehackte Petersilie zum Garnieren
Kartoffelpüree als Beilage

1 Öl und Butter zusammen in einer Pfanne erhitzen. Die Lammwürfel darin 4–5 Minuten rundum kräftig anbraten.

2 In einem Mörser Knoblauch, Thymian und Sardellen zu einer glatten Paste verarbeiten.

3 Den Wein und den Fond oder die Brühe an das Fleisch geben, die Knoblauchpaste und den Zucker zugeben und gut durchrühren.

4 Das Ganze zum Kochen bringen. Hitze reduzieren, Deckel auflegen und das Fleisch 30–40 Minuten köcheln lassen, bis es weich ist. Während der letzten 10 Minuten den Deckel abnehmen, damit die Sauce einkocht.

5 Die Oliven an die Sauce geben und untermischen.

6 Das Lammragout in eine warme Servierschüssel füllen, mit gehackter Petersilie überstreuen und zu einem Kartoffelpüree oder zu Polenta servieren.

WISSENSWERTES

Die traditionelle römische Küche ist derb: Man liebt kräftige Kräuter und stark würzende Aromen.

1

2

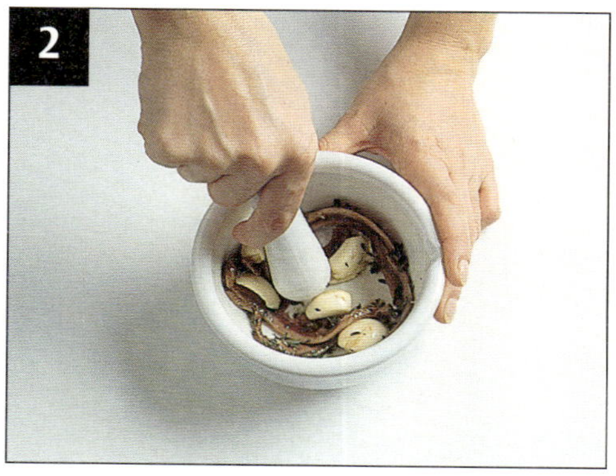

3

Lamm mit Oliven

Ein sehr einfach und schnell zubereitetes Gericht, dem frische Pfefferschoten einen besonderen Pfiff verleihen.

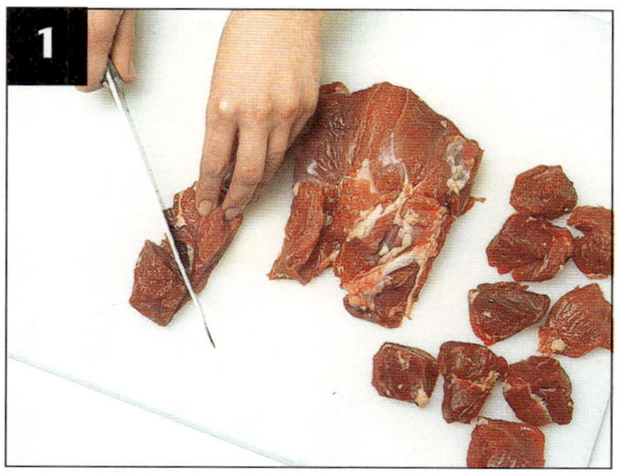

Für 4 Personen
1,2 kg ausgebeinte Lammkeule
6 EL Olivenöl
2 Knoblauchzehen, zerdrückt
1 Zwiebel, grob gehackt
1 kleine rote Pfefferschote, entkernt und fein gehackt
175 ml trockener Weißwein
175 g schwarze Oliven, entsteint
Salz
gehackte Petersilie zum Garnieren

1 Das Fleisch mit einem Messer in 3 cm große Würfel schneiden.

2 Das Öl in einem Schmortopf erhitzen, Knoblauch, Zwiebel und Pfefferschote unter Rühren etwa 5 Minuten darin andünsten.

3 Fleisch und Wein zugeben und 5 Minuten heftig kochen.

4 Die Oliven zugeben, nochmals aufkochen, dann den Deckel auflegen und den Schmortopf für etwa 1 Stunde und 20 Minuten in den auf 180 °C vorgeheizten Backofen stellen, bis das Fleisch sehr weich ist. Mit Salz abschmecken und mit Petersilie garniert servieren.

WISSENSWERTES

Schwarze Oliven lassen sich mit einem scharfen Messer (meist) sehr gut entsteinen, doch gibt es auch spezielle Geräte zum Entsteinen grüner und schwarzer Oliven.

Lammnüsschen in Zitronensauce

Man kann die Lammkoteletts am Stück lassen, doch ist es eleganter, sie auszubeinen und zu kleinen Noisettes zu binden.

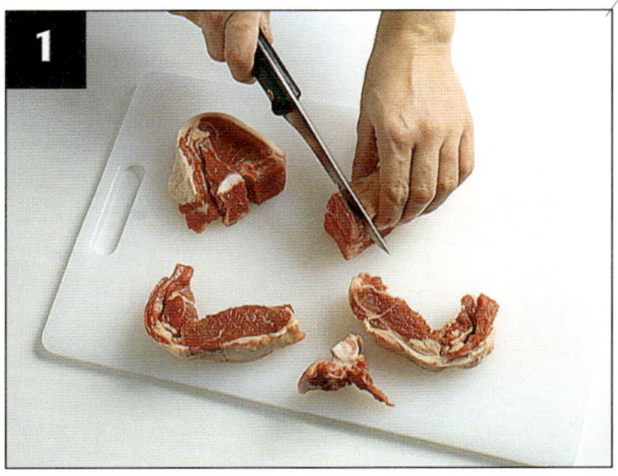

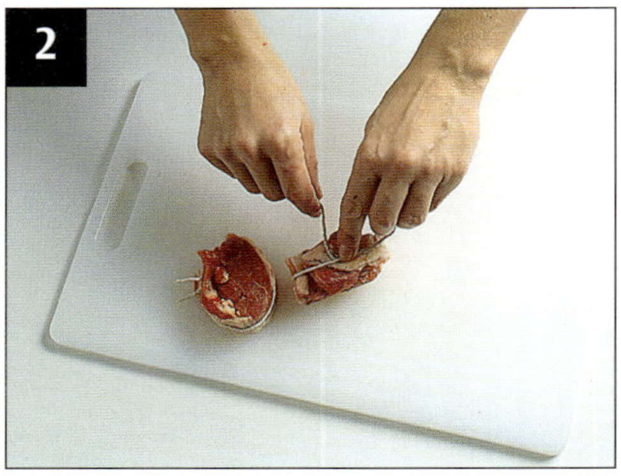

Für 4 Personen
4 Lammkoteletts
1 EL Öl
15 g Butter
150 ml trockener Weißwein
150 ml Lammfond oder Gemüsebrühe
2 Lorbeerblätter
hauchdünn abgeschälte Schale von 1 Zitrone
Salz und Pfeffer

1 Die Lammkoteletts mit einem scharfen Messer vom Knochen lösen, ohne das Fleisch zu zerschneiden.

2 Das Fleisch mit Küchengarn zu runden Nüsschen binden.

3 Öl und Butter zusammen in einer Pfanne erhitzen, bis die Mischung leicht schäumt, das Lammfleisch einlegen und auf beiden Seiten je etwa 2–3 Minuten kräftig anbraten.

4 Die Pfanne vom Herd nehmen und alles überschüssige Fett vorsichtig abgießen.

5 Die Pfanne wieder auf den Herd stellen, Weißwein und Fond oder Brühe angießen, Lorbeerblätter und die hauchfein geschnittene Zitronenschale zugeben und 20–25 Minuten köcheln lassen, bis das Fleisch weich ist.

6 Die Lammnüsschen und die Sauce mit etwas Salz und Pfeffer würzen und abschmecken.

7 Das Küchengarn entfernen. Die Lammnüsschen auf vorgewärmte Teller geben, mit der Sauce übergießen und sofort servieren.

WISSENSWERTES

Einer der exzellenten italienischen Roséweine, etwa ein Biferno oder Cerasuolo d'Abruzzo, würde zu diesem Lammgericht gut passen.

Geschmorte Lammkeule

Ein typisches Gericht aus den Abruzzen. Die Lammkeule wird bei relativ geringer Hitze lange im Backofen geschmort, dadurch nimmt sie alle Aromen auf und wird wunderbar zart.

Für 4 Personen
1 Lammkeule, etwa 1,75 kg
Salz und Pfeffer
3–4 Zweige frischer Rosmarin
125 g Frühstücksspeck
4 EL Olivenöl
2–3 Knoblauchzehen, zerdrückt
2 Zwiebeln, in Ringe geschnitten
2 Karotten, in Scheiben geschnitten
2 Stängel Bleichsellerie, klein geschnitten
1 EL Tomatenmark
300 ml trockener Weißwein
300 ml Fleischbrühe
350 g Tomaten, gehäutet, entkernt und geviertelt
1 EL gehackte Petersilie
1 EL frischer Oregano oder Majoran, gehackt
Rosmarin zum Garnieren

1 Alles überschüssige Fett von der Keule abschneiden, sie dann kräftig mit Salz und Pfeffer einreiben. Mit Rosmarinzweigen belegen, mit Frühstücksspeck umwickeln und das Ganze mit Küchengarn gut fixieren.

2 Das Öl in einem Bräter erhitzen und die Keule darin rundum anbraten, bis sie auf allen Seiten gut angeröstet ist. Die Keule aus dem Bräter nehmen.

3 Knoblauch und Zwiebeln in dem im Bräter verbliebenen Fett 3–4 Minuten andünsten, bis sie leicht Farbe anzunehmen beginnen. Karotten und Sellerie zugeben und ebenfalls ein paar Minuten andünsten.

4 Die Lammkeule auf die Gemüse im Bräter legen. Das Tomatenmark mit Wein und Fond mischen und über die Keule gießen. Das Ganze zum Kochen bringen und 3–4 Minuten simmern lassen, dann die Tomaten und die Kräuter zugeben, salzen und pfeffern und weitere 3–4 Minuten köcheln lassen.

5 Den Deckel auf den Bräter legen. Den Bräter für gut 3 Stunden bei etwa 160 °C in den Backofen stellen, bis die Keule weich und gar ist.

6 Die Keule aus dem Bräter nehmen und warm stellen. Die Gemüsesauce durch ein Sieb geben. Sauce kurz stehen lassen, dann entfetten. Den Faden von der Keule entfernen, das Fleisch in Scheiben schneiden und mit Rosmarin garnieren. Das Fleisch mit den Gemüsen und der Sauce servieren.

1

4

6

Leber in Rotweinsauce

Leber ist in Italien sehr beliebt und wird auf vielerlei Weise zubereitet. Zarte Kalbsleber ist für dieses Rezept am besten geeignet, doch gelingt es auch mit Schweineleber.

Für 4 Personen
4 Scheiben Kalbsleber, insgesamt etwa 500 g
Salz und Pfeffer
2 EL Mehl
1 EL Olivenöl
25 g Butter
125 g magerer roher Schinken, in Streifen
1 Knoblauchzehe, zerdrückt
1 Zwiebel, gehackt
1 Stängel Bleichsellerie, klein geschnitten
150 ml Rotwein
150 ml Rinderfond
1 Prise gemahlener Piment
1 TL Worcestersauce
1 TL frischer Salbei, gehackt, oder 1/2 TL getrockneter Salbei
3–4 Tomaten, gehäutet, entkernt und geviertelt
frische Salbeiblätter zum Garnieren
gebratene junge Kartoffeln als Beilage

1 Die Leber salzen und pfeffern und im Mehl wenden, überschüssiges Mehl abschütteln.

2 Öl und Butter zusammen in einer Pfanne erhitzen, die Leber hineingeben, auf beiden Seiten anbraten, dann garen, bis klarer Saft austritt. Sofort aus der Pfanne nehmen, bedecken und warm halten.

3 Schinken, Knoblauch, Zwiebel und Sellerie in die Pfanne geben und dünsten, bis die Gemüse weich sind.

4 Wein, Fond, Piment, Worcestersauce und Salbei zugeben, mit Salz und Pfeffer abschmecken und 3–4 Minuten köcheln lassen, dann die Tomatenviertel zugeben und weitere 2–3 Minuten köcheln lassen, ohne dass die Tomaten zerfallen.

5 Auf 4 Teller jeweils ein wenig von der Sauce geben, je 1 Scheibe Leber darauf legen, weitere Sauce darüber verteilen.

5 Mit frischen Salbeiblättchen garnieren und sofort auftragen. Dazu passen roh geröstete Kartoffelscheiben.

1

2

4

Kalbsschnitzel in Kapernsauce

Sardellenfilets werden gern benutzt, um den Geschmack eines Gerichts zu heben. Für diese Zubereitung können sowohl Kalbs- als auch Putenschnitzel genommen werden.

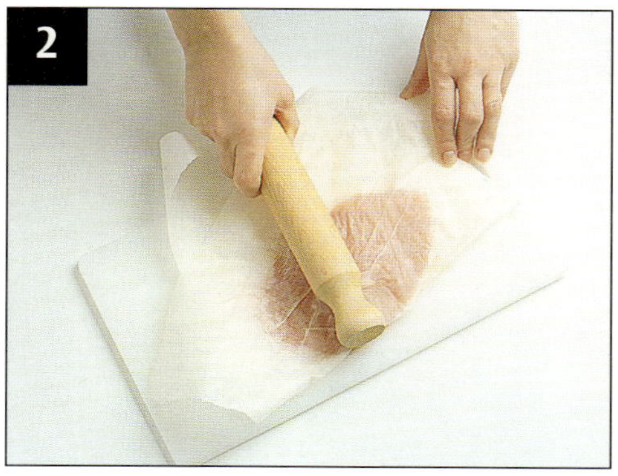

Für 4 Personen
1 EL Olivenöl
6 Sardellenfilets
1 EL Kapern, abgetropft
1 EL frische Rosmarinnadeln, gehackt
fein abgeriebene Schale und Saft von 1 Orange
75 g roher Schinken, gewürfelt
Salz und Pfeffer
3 Tomaten, gehäutet, klein geschnitten
4 Kalbs- oder Putenschnitzel
aufgebackene Polenta oder knuspriges Brot als Beilage

1 Öl in einer großen Pfanne erhitzen, Sardellen, Kapern, Rosmarin, Schale und Saft der Orange sowie den Schinken hineingeben und unter Wenden 5–6 Minuten andünsten.

2 Die Schnitzel zwischen 2 Lagen Pergamentpapier legen und mit dem Fleischklopfer oder dem Ende eines Nudelholzes flach klopfen.

3 Das Fleisch in die Pfanne geben, den Deckel auflegen und etwa 5 Minuten köcheln lassen, eventuell auch etwas länger. Mit Salz und Pfeffer abschmecken.

4 Die Schnitzel auf 4 Teller legen, Sauce darüber löffeln, mit Polenta oder Brot servieren.

WISSENSWERTES

Die aus Maisgrieß hergestellte Polenta ist eine Spezialität der norditalienischen Küche. Oft wird kalte Polenta als Beilage gereicht.

VARIATION

Zur Abwechslung kann man das Gericht mit Hähnchenbrustfilet oder auch mit Schmetterlingssteak vom Schwein zubereiten.

Gegrilltes Teufelshähnchen

Das Pollo alla diavola ist eine Spezialität aus der Toskana, für das ein wenig rohe Gewalt nötig ist, denn das Hähnchen muss flach geklopft werden.

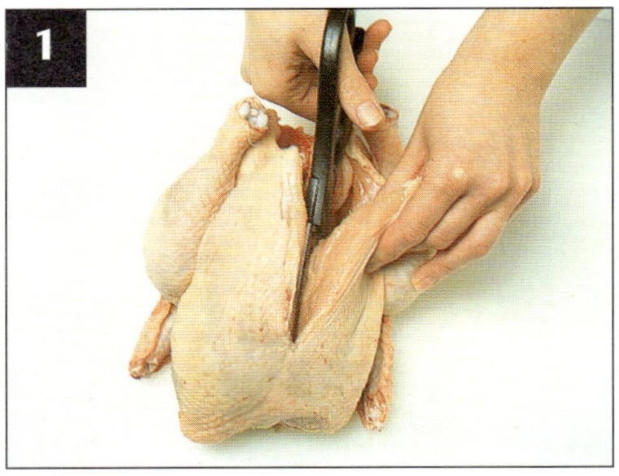

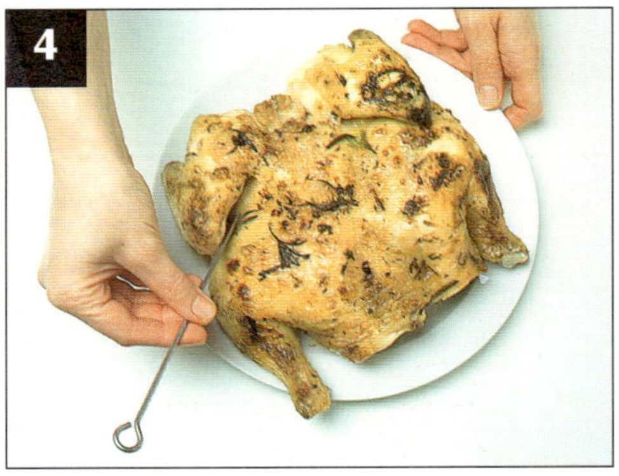

Für 4 Personen
1 frisches Brathähnchen (etwa 1,2 kg)
abgeriebene Schale von 1 Zitrone
4 EL Zitronensaft
2 Zweige frischer Rosmarin
1 rote Pfefferschote, entkernt, fein gehackt
150 ml Olivenöl
Salz

1 Das Hähnchen auf der Brustseite mit der Geflügelschere aufschneiden und auseinander drücken. Überschüssiges Fett entfernen, die Flügelspitzen abschneiden, die Keulengelenke brechen.

2 Das Hähnchen umdrehen, mit Folie bedecken und mit dem Nudelholz flach klopfen.

3 Zitronenschale und -saft mit Rosmarin, Pfefferschoten, Olivenöl und Salz vermischen. Das Hähnchen in eine Schale legen und mit der Mischung übergießen. Gut abgedeckt 2 Stunden im Kühlschrank marinieren lassen.

4 Das Hähnchen auf dem gut vorgeheizten Holzkohlengrill 30 Minuten garen, dabei mehrmals wenden, bis die Haut goldbraun und knusprig ist. Alternativ im Backofen im Heißluft-Kombi-Grill bei 200 °C fertig stellen. Zu dem Hähnchen passen grüner Salat und frisches Weißbrot.

Hähnchen Marengo

Um den Sieg bei der Schlacht von Marengo im Piemont gebührend zu feiern, soll Napoleons Feldkoch 1800 dieses Gericht aus allen Zutaten kreiert haben, die er noch zur Verfügung hatte.

Für 4 Personen
1 Poularde, in 8 Teile zerschnitten
1 EL Olivenöl
300 ml passierte Tomaten
200 ml Weißwein
2 TL gemischte getrocknete Kräuter
2 Knoblauchzehen, zerdrückt
40 g flüssige Butter
125 g Perlzwiebeln, gepellt, aber unzerteilt
8 Scheiben Baguette
125 g kleine Champignons oder gemischte Pilze
Salz und Pfeffer
frisches Basilikum zum Garnieren

1 Die Poulardenteile mit einem scharfen Messer ausbeinen.

2 Das Öl in einer Pfanne erhitzen und die Poulardenteile darin anbraten, bis sie alle gebräunt sind; die Bruststücke erst etwas später einlegen.

3 Die passierten Tomaten mit Wein und Kräutern mischen, über die Poularde geben und zum Kochen bringen. Hitze reduzieren und bedeckt 30 Minuten köcheln lassen, bis das Fleisch gar ist und klarer Saft austritt, wenn man es ansticht.

4 Den Knoblauch in die flüssige Butter geben, die Baguettescheiben toasten und großzügig mit der Knoblauchbutter ausstreichen.

5 Das restliche Öl in einer zweiten Pfanne erhitzen, die Perlzwiebeln darin 5 Minuten ansautieren, bis sie leicht Farbe annehmen.

6 Die Pilze zugeben und weitere 5 Minuten dünsten, salzen und pfeffern.

7 Die Poularde auf Teller verteilen und mit dem Weißbrot, den Pilzen und Perlzwiebeln, garniert mit Basilikum, sofort servieren.

WISSENSWERTES

Das Originalrezept soll eine noch buntere Mischung dargestellt haben, denn danach gehörten noch in Knoblauchöl gegarte Riesengarnelen und ein ganz lockeres Rührei dazu.

1
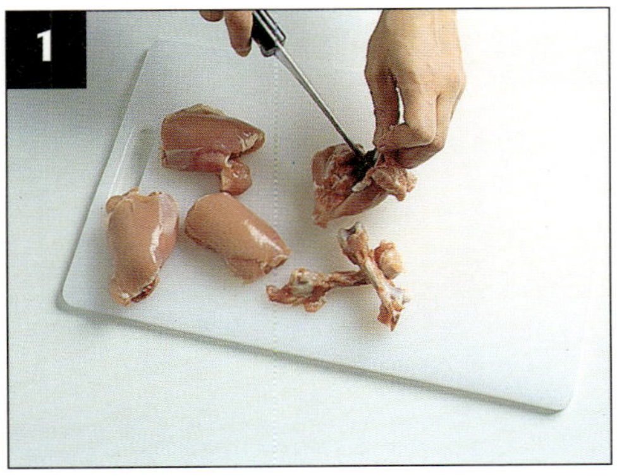

3

4
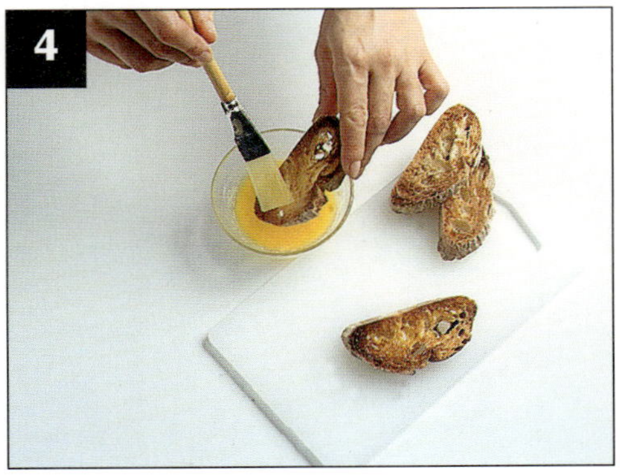

Hähnchen mit Paprikagemüse

Ein leichtes, leckeres Gericht, das zartes Hühnerfleisch mit bunten Paprikaschoten und grünen Oliven kombiniert.

Für 4 Personen
4 EL Olivenöl
2 kleine Hähnchen, jeweils geviertelt
2 Knoblauchzehen, mit 1 TL Salz zerdrückt
1 große rote Zwiebel, in Ringe geschnitten
4 Parikaschoten, grün, gelb, rot und orange, entkernt und in Streifen geschnitten
125 g grüne Oliven, entsteint
1/2 Rezeptmenge Tomatensauce (s. S. 37)
300 ml heiße Hühnerbrühe
2 Stängel frischer Majoran
Salz und Pfeffer
frisches Weißbrot als Beilage

1 2 EL des Öls in einem Schmortopf erhitzen. Die Hähnchenteile hineingeben und rundum gut anbraten. Aus dem Topf nehmen und beiseite stellen.

2 Das restliche Öl in den Topf geben, Knoblauch und Zwiebel darin 3–5 Minuten andünsten, dann die Paprikastreifen zugeben. Angehen lassen, Oliven und Tomatensauce hinzufügen.

3 Die Hähnchenteile wieder in den Topf geben, Brühe und Majoran zugeben. Bedeckt 45 Minuten köcheln lassen, bis das Hähnchenfleisch gar ist und beim Anstechen mit einem scharfen Messer klarer Saft austritt. Mit Salz und Pfeffer abschmecken und sofort servieren. Viel knuspriges Weißbrot dazureichen.

Gefüllte Hähnchenbrust

Jedes der mit Parmaschinken umwickelten Hähnchenbrustfilets birgt als kleine Überraschung eine Füllung aus Frischkäse mit Kräutern und Knoblauch.

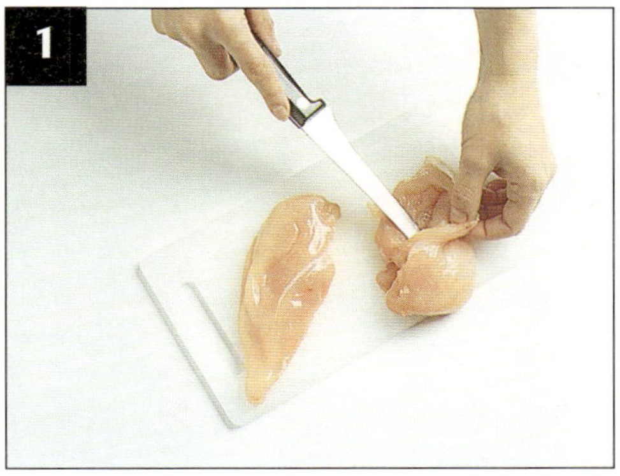

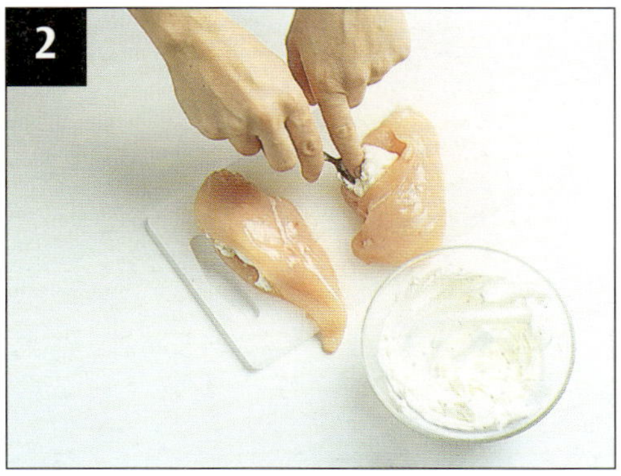

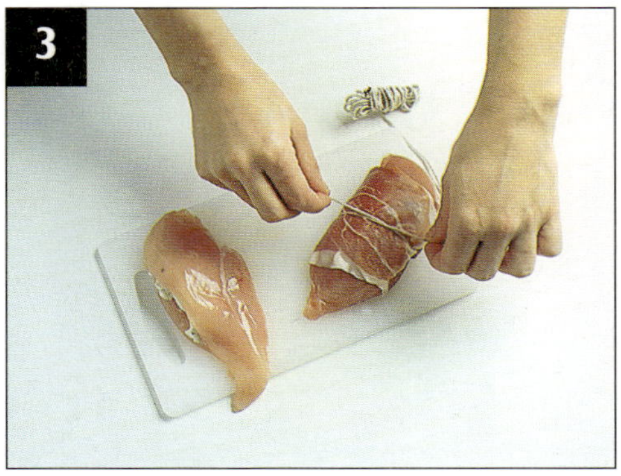

Für 4 Personen
4 Hähnchenbrustfilets ohne Knochen, gehäutet
125 g vollfetter Frischkäse mit Kräutern und Knoblauch
8 Scheiben Parmaschinken
150 ml Rotwein
150 ml Hühnerbrühe
1 EL brauner Zucker

1 Jedes Filet mit einem scharfen Messer waagerecht einschneiden, sodass eine Tasche entsteht.

2 Den Frischkäse mit einem Holzlöffel durchrühren, damit er weich wird, dann die Taschen der Filets gleichmäßig damit füllen.

3 Je 2 Scheiben Parmaschinken um jedes Brustfilet wickeln. Die Filets mit Küchengarn zusammenbinden.

4 Rotwein und Hühnerbrühe in eine Pfanne gießen und zum Kochen bringen. Wenn sie kochen, den braunen Zucker einstreuen und rühren, bis er sich völlig aufgelöst hat.

5 Die Hähnchenbrustfilets in die simmernde Sauce geben und 12–15 Minuten darin köcheln lassen, bis klarer Saft austritt, wenn man das Hähnchenfleisch mit einem scharfen Messer ansticht.

6 Die Filets aus der Pfanne nehmen, abdecken und warm halten.

7 Die Sauce kräftig kochen lassen und um die Hälfte reduzieren. Die Fäden von den Filets entfernen, jedes Filet in Scheiben schneiden, auf einem Teller arrangieren, mit der Sauce beträufeln und sofort servieren.

VARIATION

Statt Frischkäse kann man Ziegenkäse nehmen, dem man fein gehackte getrocknete Tomaten untermischt.

Huhn mit grünen Oliven

Aus der Region Apulien, aus der auch dieses Rezept stammt, kommen hervorragende Oliven, die in unseren Breitengraden gern zur Aromatisierung von Geflügel und Wild verwendet werden.

Für 4 Personen
4 Hähnchenbrustfilets
Salz und Pfeffer
2 EL Olivenöl
25 g Butter
1 große Zwiebel, fein gehackt
2 Knoblauchzehen, zerdrückt
2 Paprikaschoten, gelb, rot oder grün, entkernt und in breite Streifen geschnitten
225 g Champignons, blättrig geschnitten oder halbiert
175 g Tomaten, gehäutet und ohne Kerne geviertelt
150 ml trockener Weißwein
150 g entsteinte grüne Oliven
6 EL süße Sahne
feine Bandnudeln als Beilage
glatte Petersilie, gehackt, zum Garnieren

1 Die Hähnchenfilets salzen und pfeffern. Öl und Butter zusammen in einer Pfanne erhitzen, das Fleisch darin beidseitig anbraten, aus der Pfanne nehmen und beiseite stellen.

2 Zwiebel und Knoblauch in die Pfanne geben und dünsten, bis die Zwiebelstücke weich werden. Die Paprikastreifen und die Champignons zugeben und kurz dünsten.

3 Die Gemüse in einen ofenfesten Schmortopf umfüllen, Tomaten, Salz und Pfeffer zugeben und die Hähnchenfilets auf das Gemüsebett legen.

4 Den Wein in die Pfanne geben, zum Kochen bringen und die verbliebenen Röststoffe lösen, dann über das Fleisch gießen. Deckel auflegen und den Schmortopf 50 Minuten in den auf 180 °C vorgeheizten Backofen geben.

5 Die Oliven zugeben und die Sahne angießen. Wieder bedecken und weitere 10–15 Minuten garen, bis das Fleisch weich ist.

6 Nebenher vorbereitete Bandnudeln auf eine heiße Servierplatte geben. Die Hähnchenfilets auf die Nudeln legen, die Sahnesauce abschmecken und eventuell nachwürzen, dann über das Fleisch auf den Nudeln geben. Mit gehackter Petersilie bestreuen und sofort auftragen. Statt der Pasta kann man auch kleine neue Kartoffeln zu dem Hähnchenfleisch reichen.

Hühnerkeulen in Balsamessig

Eine mit Aceto balsamico und Rotwein aromatisierte Sauce verleiht diesem Geflügelgericht seinen exquisiten pikanten Geschmack.

Für 4 Personen

- 4 Poulardenschenkel, Knochen ausgelöst, aber mit Haut
- 2 Knoblauchzehen, zerdrückt
- 200 ml trockener Rotwein
- 3 EL Balsamessig
- Salz und Pfeffer
- 1 EL Öl
- 15 g Butter
- 4 Schalotten, gepellt und halbiert
- 5 Zweige frischer Thymian
- Polenta, Reis oder Weißbrot als Beilage

1 Die Haut der Poulardenschenkel mit einem scharfen Messer mehrmals einschneiden. Das Fleisch mit dem Knoblauch einreiben und in eine flache Plastikschale (kein Metall!) legen.

2 Den Wein mit 2 EL Balsamessig mischen und über das Fleisch gießen, salzen und pfeffern, mit Frischhaltefolie bedecken und 12 Stunden im Kühlschrank marinieren.

3 Das Fleisch aus der Marinade heben und gut abtropfen lassen. Marinade aufheben.

4 Öl und Butter zusammen in einer Pfanne erhitzen und die Schalotten darin in 2–3 Minuten glasig dünsten. Das Poulardenfleisch hineingeben und rundum kräftig anbraten. Die Hitze reduzieren und die Hälfte der Marinade zugießen. Einen Deckel auf die Pfanne legen und das Fleisch 15–20 Minuten schmoren lassen. Eventuell mehr von der Marinade zugeben.

6 Sobald das Fleisch gar ist, den restlichen Balsamessig und den Thymian zugeben, anschließend noch 4 Minuten schmoren lassen. Das Fleisch mit der Sauce auf vorgewärmte Teller geben, dazu Polenta oder Reis reichen.

WISSENSWERTES

Damit das ausgebeinte Fleisch seine rundliche Form behält, steckt man es mit jeweils 2 Holzzahnstochern zusammen.

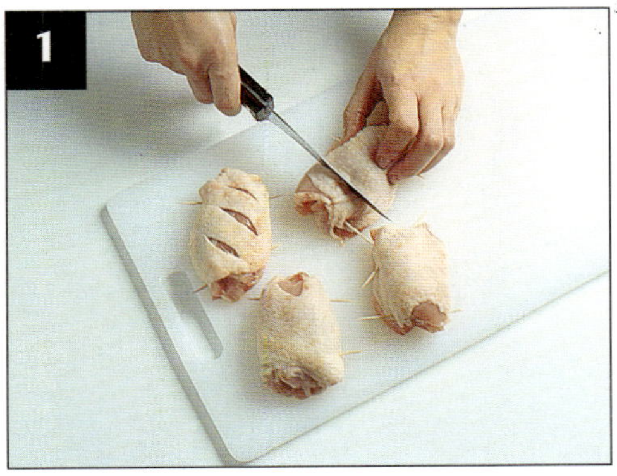

Überbackenes Hühnerragout

Auf den Schalen von Jakobs- oder Pilgermuscheln überbacken, sieht dieses kleine Gericht besonders attraktiv aus. Alternativ kann man feuerfeste Förmchen oder auch eine größere Gratinform nehmen.

Für 4 Personen
175 g kurze Nudeln nach Wahl (Lumacone, Hörnchen o. Ä.)
3 EL Pflanzenöl, zusätzlich Öl zum Bestreichen
1 Zwiebel, fein gehackt
3 Scheiben magerer roher Schinken, in Streifen geschnitten
125 g Champignons, blättrig geschnitten
175 g gekochtes Hühnerfleisch, gewürfelt
175 ml Crème fraîche
Salz und Pfeffer
4 EL Semmelbrösel
25 g frisch geriebener Parmesan oder Pecorino
4 Stängel glatte Petersilie zum Garnieren

1 Die Nudeln in einem großen Topf in reichlich kochendem Wasser, dem Salz und 1 EL des Öls zugesetzt sind, bissfest kochen. Abgießen, gut abtropfen lassen, in den Topf zurückgeben und warm halten.

2 Das restliche Öl in einer Pfanne erhitzen und die Zwiebel auf mittlerer Hitze darin glasig dünsten. Den Schinken und die Champignons zugeben und unter gelegentlichem Rühren 3–4 Minuten schmoren lassen.

3 Die Nudeln, das Hühnerfleisch und die Crème fraîche zugeben, mit Salz und Pfeffer abschmecken.

4 4 Pilgermuschelschalen (oder eine Gratinform) mit Öl ausstreichen, die Hühnermischung darauf verteilen und glatt streichen.

5 Die Semmelbrösel mit dem Käse vermischen, über die Hühnermischung streuen und mit dem Löffelrücken ein wenig andrücken. Unter dem vorgeheizten Grill 4–5 Minuten überbacken, bis die Oberfläche goldbraun ist. Mit je einem Stängel glatter Petersilie garnieren und sofort servieren.

Gebratenes Huhn mit Artischocken

Artischocken werden in der italienischen Küche sehr geschätzt und viel verarbeitet. Während man sie dort fast ausschließlich frisch verwendet, sind in unseren Breitengraden Artischocken aus der Dose vorgesehen.

Für 4 Personen
4 Hähnchenbrustfilets
Salz und Pfeffer
2 EL Olivenöl
25 g Butter
2 rote Zwiebeln, geachtelt
2 EL Zitronensaft
150 ml trockener Weißwein
150 ml Hühnerbrühe
2 EL Mehl
400 g Artischockenherzen (aus der Dose), abgetropft und halbiert
gehackte Petersilie zum Garnieren

1 Die Hähnchenbrustfilets salzen und pfeffern. Öl und 15 g der Butter zusammen in einer Pfanne erhitzen und die Filets darin in 4–5 Minuten auf beiden Seiten goldbraun anbraten. Aus der Pfanne heben, beiseite stellen und warm halten.

2 Zwiebeln und Zitronensaft in die Pfanne geben, unter Rühren 3–4 Minuten sautieren, bis die Zwiebeln weich zu werden beginnen.

3 Die Hähnchenbrustfilets wieder in die Pfanne geben, Wein und Brühe angießen und zum Kochen bringen. Bedeckt 30 Minuten köcheln lassen.

4 Die Hähnchenbrustfilets erneut aus der Pfanne nehmen und warm halten, die Sauce 5 Minuten heftig kochen.

5 Die restliche Butter mit dem Mehl zu einer Paste vermischen und portionsweise an die Sauce geben, nach jeder Zugabe rühren und die Sauce aufwallen lassen, damit die Mehlbutter sich mit der Sauce verbindet. Die Artischocken an die Sauce geben und heiß werden lassen. Die Sauce über die Hähnchenbrustfilets geben und mit gehackter Petersilie garniert servieren.

Bohneneintopf mit Salsiccia

Für dieses Gericht aus der Region Umbrien sollte man Schweinswürste mit Knoblauch verwenden, die der italienischen Salsiccia möglichst nahe kommen.

Für 4 Personen
1 grüne Paprikaschote
8 Salsicce (siehe »Wissenswertes«)
1 EL Olivenöl
1 Zwiebel
2 Knoblauchzehen, zerdrückt
225 g frische Tomaten, gehäutet und gehackt, oder 400 g geschälte Tomaten in Stücken (aus der Dose)
2 EL Pesto rosso (s. S. 45)
400 g Cannellinibohnen (aus der Dose)
Kartoffelpüree oder Reis als Beilage

1 Die Paprikaschote entkernen und in feine Streifen schneiden.

2 Die Salsicce rundum mit einer Gabel anstechen, dann unter dem vorgeheizten Grill 10–12 Minuten garen, bis sie gut gebräunt sind. Aus dem Grill nehmen und warm halten.

3 Das Öl in einer großen Pfanne erhitzen, Zwiebel, Knoblauch und Paprika unter Rühren 5 Minuten darin andünsten, ohne dass die Gemüse bräunen.

4 Die Tomaten zugeben und unter Rühren 5 Minuten köcheln lassen, bis ein Teil der Flüssigkeit eingekocht ist und die Sauce leicht eindickt.

5 Pesto rosso einrühren, dann die Cannellinibohnen zugeben und erhitzen. Die Salsicce halbieren und ebenfalls zugeben. Alles 4–5 Minuten gut duchwärmen. Sollte die Mischung zu trocken werden, 4–5 EL Wasser oder Brühe zugeben.

6 Den Eintopf auf 4 Teller verteilen, dabei auf jeden Teller 2 halbe Würste legen. Dazu nach Belieben Kartoffelpüree oder gekochten Reis servieren. Alternativ frisches, knuspriges Weißbrot als Beilage reichen.

WISSENSWERTES

Salsiccia – (Plural: Salsicce) – ist eine rohe, mit Knoblauch und Gewürzen pikant abgeschmeckte Schweinswurst, die man gelegentlich in italienischen Feinkostgeschäften kaufen kann. Die besten Würste dieser Art kommen aus Norcia in Umbrien.

Saltimbocca

Wörtlich übersetzt bedeutet der Name dieses Gerichts »springt in den Mund«. Kleine Kalbsschnitzel werden mit Salbei und Parmaschinken angerichtet.

Für 4 Personen
4 dünne Kalbsschnitzel
Salz und Pfeffer
8 schöne Salbeiblätter
8 Scheiben hauchdünn geschnittener Parmaschinken
Mehl
2 EL Olivenöl
25 g Butter
4 EL trockener Weißwein
4 EL Hühnerbrühe
4 EL Marsala
Salbeiblätter zum Garnieren

1 Man kann die Kalbsschnitzel belassen, wie sie sind, dem Originalrezept näher kommt es aber, wenn man sie halbiert. Die Kalbsschnitzel mit Abstand nebeneinander auf ein Stück Frischhaltefolie legen und sie mit Folie abdecken.

2 Mit einem Fleischklopfer oder dem Nudelholz das Fleisch sehr dünn klopfen.

3 Die Schnitzel leicht salzen und pfeffern und auf jedes große Schnitzelstück 2 Salbeiblätter legen. Alternativ auf jedes kleine Schnitzel jeweils ein Salbeiblatt legen. Jedes mit Salbei belegte Kalbsschnitzel vollständig mit Parmaschinken bedecken.

4 Den Parmaschinken mit Holzzahnstochern auf dem Kalbfleisch feststecken. Alternativ die Scheiben zusammenklappen und feststecken. Mit etwas Mehl leicht überstäuben.

5 Das Öl zusammen mit der Butter in einer Pfanne erhitzen. Die Kalbsschnitzel auf mittlerer Hitze 4–6 Minuten darin braten, bis sie leicht gebräunt und gar sind. Die Schnitzel aus der Pfanne heben, auf vorgewärmte Teller geben und warm halten.

6 Wein, Brühe und Marsala in die Pfanne geben und zum Kochen bringen, dabei die Röststoffe vom Pfannenboden lösen. Die Sauce heftig kochen lassen und um die Hälfte reduzieren. Abschmecken, über die Kalbsschnitzel geben, mit Salbei garnieren.

Vitello tonnato

Im Piemont und der Lombardei, wo das Kalbfleisch mit Thunfischsauce seinen Ursprung hat, isst man es als Vorspeise. In unseren Breiten könnte es eine Hauptmahlzeit für heiße Sommertage sein.

Für 4 Personen
700 g Kalbsnuss
2 Lorbeerblätter
10 schwarze Pfefferkörner
2–3 Nelken
½ TL Salz
2 Karotten, grob geschnitten
1 Zwiebel, halbiert
2 Stängel Bleichsellerie, grob geschnitten
etwa 750 ml Kalbsbrühe oder Wasser
150 ml trockener Weißwein (nach Geschmack)
75 g abgetropfter Thunfisch (aus der Dose)
4 abgetropfte Sardellenfilets
150 ml Olivenöl
2 EL abgetropfte Kapern
2 Eigelb
1 EL Zitronensaft
Salz und Pfeffer
ZUM GARNIEREN
Kapern
Sardellenfilets
Zitronenachtel

1 Das Kalbfleisch mit Lorbeerblättern, Pfefferkörnern, Nelken, Salz, Karotten, Zwiebel und Sellerie in einen Topf geben, so viel Wasser oder Brühe und eventuell Wein zugeben, dass das Fleisch so eben bedeckt ist. Zum Kochen bringen, etwa 1 Stunde köcheln lassen, bis das Fleisch gar ist, dann im Sud abkühlen lassen. Sofern Zeit ist, das Fleisch für mehrere Stunden in den Kühlschrank stellen.

2 Für die Sauce Thunfisch, Sardellenfilets, 1 EL Öl, Kapern und Eigelbe zusammen in den Mixer geben und zu einer glatten Paste verarbeiten oder durch ein Sieb streichen. Sauce in eine Schüssel umfüllen.

3 Den Zitronensaft in die Paste rühren, dann das restliche Öl tropfenweise zugeben, bis die Sauce glatt ist und die Konsistenz einer Mayonnaise hat. Mit Salz und Pfeffer abschmecken.

4 Das Kalbfleisch in dünne Scheiben schneiden und überlappend auf einer Platte anrichten. Die Thunfischsauce darüber löffeln. Die Platte mit Frischhaltefolie bedecken und für mindestens 3 Stunden, aber besser über Nacht in den Kühlschrank stellen.

5 Vor dem Servieren die Folie vorsichtig entfernen, das Gericht mit Kapern, Sardellenfilets und Zitronenschnitzen dekorieren und dazu frisches Weißbrot reichen.

1

3

4

Putenschnitzel mit Orangenmascarpone

Eine cremige, mit Zitrusfrüchten aromatisierte Sauce verleiht den Putenschnitzeln einen delikaten Geschmack. Er ist umso ausgeprägter, je länger man das Fleisch mariniert.

Für 4 Personen
2 Orangen
2 EL Marsala oder halbsüßer Sherry
4 Putenschnitzel
25 g Butter
150 ml Geflügelfond
4 EL Mascarpone
Salz und Pfeffer
grüne Bohnen und junge Pellkartoffeln als Beilage

1 Die Schale einer Orange mit einem Juliennereißer abschälen, den Saft auspressen. Schale und Saft mit Marsala mischen. Die andere Orange in Scheiben schneiden, jede Scheibe vierteln.

2 Die Putenschnitzel mehrmals schräg einschneiden, dann mit der Orangen-Marsala-Mischung gut bestreichen. Zugedeckt im Kühlschrank mindestens 30 Minuten marinieren.

3 Die Butter in einer Pfanne zerlassen, die Putenschnitzel darin 4–5 Minuten braten, bis sie auf beiden Seiten gebräunt sind. Die Marinade, die Orangenstücke und den Fond in die Pfanne geben und 20–25 Minuten köcheln lassen. Mit einem scharfen Messer in das Fleisch stechen – tritt klarer Saft aus, ist es gar.

4 Die Putenschnitzel auf Teller geben, den Mascarpone in die Sauce einrühren, erhitzen, aber nicht kochen. Sauce mit Salz und Pfeffer abschmecken und über die Schnitzel geben. Mit grünen Bohnen und jungen Kartoffeln servieren.

Reis, Polenta und Gnocchi

Reis ist für den Norden Italiens das, was die Pasta für den Süden ist. Entsprechend vielfältig wird er zubereitet. Fast nie wird Reis als reine Beilage zu Fleisch, Fisch oder Geflügel gereicht, sondern als Vorgericht in Form eines Risottos. Risottoreis ist rundkörnig und nimmt viel Flüssigkeit auf, ohne dabei matschig zu werden.

Auch Polenta, ein Brei aus Maismehl oder Maisgrieß, ist ein typisches Gericht des Nordens. Die Bandbreite reicht von cremigen Breis, denen schmelzender Käse untergerührt wird, bis zu schnittfester Polenta, die in der Pfanne oder unter dem Grill aufgebacken und mit Ragouts serviert wird. Einst war die Zubereitung der Polenta sehr anstrengend, musste sie doch eine Stunde lang kochen und dabei ständig gerührt werden. Heute gibt es Instantpolenta.

Gnocchi schließlich sind kleine Nocken, die man ebenfalls gern mit einer schlichten Sauce als Vorspeise serviert.

Polenta

Polenta – ein schlichter Maisbrei – kann wie Kartoffelpüree serviert werden. Man kann sie mit allerlei Gewürzen mischen und auch aufbacken. Es gibt sogar eine süße Variante als Nachtisch mit Mandeln und Zuckerkruste.

2

3

4

Für 4 Personen
1,5 l Wasser
$1^{1}/_{2}$ TL Salz
300 g Polenta (Maismehl oder Maisgrieß)
Pflanzenöl zum Ausfetten der Form und zum Braten
2 Eier, leicht verschlagen
125 g Paniermehl
2 Portionen Einfache Tomatensauce (s. S. 17)
PILZSAUCE
3 EL Olivenöl
225 g Champignons, blättrig geschnitten
2 Knoblauchzehen, zerdrückt
150 ml trockener Weißwein
4 EL süße Sahne
2 EL gemischte frische Kräuter, gehackt
Salz und Pfeffer

1 Das Wasser mit dem Salz in einem großen Topf zum Kochen bringen. Langsam die Polenta einrieseln lassen, dabei ständig rühren, damit sich keine Klumpen bilden.

2 Die Polenta 30–35 Minuten auf geringer Hitze ausquellen lassen, dabei gelegentlich rühren, bis sie sehr fest wird und sich von der Topfwand zu lösen beginnt. Da die Polenta anfangs sehr spritzt, sollte man einen Deckel auflegen.

3 Wer die Polenta nicht direkt verzehren möchte, sollte eine flache Form mit Öl ausstreichen, die Polenta hineinfüllen und mit einem angefeuchteten Teigschaber glatt streichen. Einige Stunden stehen lassen.

4 Die Polenta aus der Form stürzen, in 30–36 Würfel schneiden, in Öl in der Pfanne aufbacken. Da sie leicht anhängt, kann man sie panieren: Dazu die Polentawürfel erst durch das verschlagene Ei ziehen, dann in Paniermehl wälzen. Danach in Portionen im heißen Öl rundum goldbraun ausbraten und auf Küchenpapier abtropfen lassen.

5 Für die Pilzsauce das Öl in einer Pfanne erhitzen, Pilze und Knoblauch darin 3–4 Minuten dünsten, den Wein zugeben und 5 Minuten köcheln lassen. Sahne und Kräuter zugeben, weitere 2 Minuten köcheln lassen, salzen und pfeffern.

6 Die ausgebackene Polenta mit Tomaten- oder Pilzsauce servieren.

Scharfe Polentachips

Bevor die Polenta fest wird, kann man sie mit allerlei Gewürzen und Kräutern aromatisieren. Die kalte Polenta kann man in beliebige Formen schneiden und aufbacken.

Für 4 Personen
350 g Instantpolenta
2 TL Chilipulver oder 1 TL Cayennepfeffer
Salz und Pfeffer
1 EL Olivenöl
150 ml saure Sahne
1 EL gehackte Petersilie

1 1,5 l Wasser mit 2 TL Salz in einem großen Topf zum Kochen bringen. Langsam die Polenta einrieseln lassen, dabei ständig rühren, damit sich keine Klumpen bilden.

2 Die Polenta 5 Minuten auf schwacher Hitze ausquellen lassen, dabei rühren, sonst hängt sie am Topfboden und brennt an. Die Polenta sollte jetzt so fest sein, dass der Kochlöffel aufrecht darin steht.

3 Chilipulver oder Cayennepfeffer zugeben und gut einrühren, mit Salz und Pfeffer abschmecken.

4 Die Polenta 4 cm dick auf eine mit Öl ausgefettete glatte Fläche (Plastikbrett, Marmorplatte oder Backblech) streichen und auskühlen lassen.

5 Die kalte Polenta in dünne Streifen schneiden.

6 Das Öl in einer Pfanne erhitzen und die Polentastreifen 3–4 Minuten auf beiden Seiten goldbraun und knusprig braten. Alternativ kann man sie mit flüssiger Butter bestreichen und auf einem Backblech im Backofen unter dem vorgeheizten Grill 6–7 Minuten goldbraun backen. Auf Küchenpapier abtropfen lassen.

7 Die saure Sahne in einer kleinen Schüssel mit Petersilie verrühren.

8 Die Polentachips mit der Petersiliensahne als Dip servieren.

WISSENSWERTES

Man unterscheidet zwischen gelbem Maismehl, aus dem eine sehr weiche Polenta zubereitet wird, Maisgrieß (Polenta) für die übliche Zubereitung und grobem Maisgrieß (Kukuruz) für eine besonders körnige Polenta.

Polentaspieße

Mit Thymian aromatisierte Polenta wird in Würfel geschnitten und mit Parmaschinken umwickelt auf Spießen gegrillt – ein leckerer Snack.

Für 4 Personen
750 ml Wasser
175 g Instantpolenta
2 EL frische Thymianblättchen
Salz und Pfeffer
8 Scheiben Parmaschinken (Prosciutto), etwa 75 g
1 EL Olivenöl
grüner Salat als Beilage

1 Das Wasser mit 1 TL Salz in einem großen Topf zum Kochen bringen. Langsam unter Rühren die Polenta einrieseln lassen.

2 Die Polenta unter ständigem Rühren auf schwacher Hitze 5 Minuten ausquellen lassen. Das Rühren ist wichtig: Die Polenta hängt sonst am Topfboden und brennt an. Die Polenta sollte so fest werden, dass der Kochlöffel aufrecht darin steht. Thymian zugeben und mit Pfeffer würzen.

3 Die Polenta 2,5 cm dick auf eine mit Öl ausgefettete glatte Fläche (Plastikbrett, Marmorplatte oder Backblech) streichen und durchkühlen lassen.

4 Die kalte Polenta mit einem scharfen Messer in 2,5 cm große Würfel schneiden.

5 Den Parmaschinken längs in Streifen schneiden und die Polentawürfel einzeln mit Schinkenstreifen umwickeln.

6 Die umwickelten Polentawürfel auf Schaschlikspieße stecken.

7 Über jeden Spieß einen dünnen Faden Öl laufen lassen. Die Spieße dann etwa 7–8 Minuten unter den vorgeheizten Grill – oder auf den Holzkohlengrill – legen, dabei mehrmals wenden. Zu den Polentaspießen einen frisch angemachten grünen Salat reichen.

VARIATION

Man kann die Polenta auch mit Oregano, Majoran oder Rosmarin, mit fein gehackten Oliven und/oder getrockneten Tomaten bzw. einer entsprechenden Mischung würzen.

Polenta mit Kaninchenragout

Kaninchen gehört in Italien zu den beliebten Fleischsorten. Man bereitet es am Stück zu oder als stückiges Ragout mit viel Sauce für die dazugereichte Polenta.

Für 4 Personen
300 g Polenta (wahlweise Maismehl oder Maisgrieß)
1 TL Salz
1,2 l Wasser
4 EL Olivenöl
1 küchenfertiges Kaninchen, in 8–10 Teile zerlegt
3 Knoblauchzehen, gepellt
3 Schalotten, halbiert
150 ml Rotwein
1 Karotte, in Scheiben geschnitten
1 Stängel Bleichsellerie, klein geschnitten
2 Lorbeerblätter
1 Zweig Rosmarin
3 Tomaten, gehäutet und gewürfelt
75 g schwarze Oliven, entsteint
Salz und Pfeffer

1 Die Polenta wie auf S. 172 beschrieben zubereiten. Die fertige Polenta in eine mit Butter ausgefettete Springform oder eine Tarteform mit herausnehmbarem Boden streichen und im auf 190 °C vorgeheizten Backofen etwa 40 Minuten backen.

2 Das Öl in einem Schmortopf erhitzen und die Kaninchenteile darin rundum gut anbraten, dann Knoblauch und Schalotten zugeben und kurz andünsten. Den Wein angießen und zum Kochen bringen.

3 Karotte, Sellerie, Lorbeerblätter, Rosmarin, Tomaten, Oliven und 300 ml Wasser zugeben. Den Deckel auflegen und das Fleisch 45 Minuten schmoren lassen, bis es weich ist. Die Sauce abschmecken.

4 Die Polenta aus dem Ofen nehmen, wie einen Kuchen in Stücke schneiden und auf Teller verteilen. Dazu das Kaninchenragout reichen.

VARIATION

Statt mit Kaninchen kann man das Ragout mit einer Poularde zubereiten.

Polenta mit Räucherfisch

Polenta dient auch als Grundlage von Aufläufen. Hier wird die Polenta mit Räucherfisch und Spinat vermischt und im Ofen knusprig überbacken.

Für 4 Personen
1,5 l Wasser
350 g Instantpolenta
200 g Blattspinat (TK-Ware), aufgetaut, fein gehackt
50 g Butter
50 g frisch geriebener Pecorino
Salz und Pfeffer
200 ml Milch
450 g geräucherter Kabeljau ohne Haut und Gräten
4 Eier, verschlagen

1 Das Wasser mit 2 TL Salz in einem großen Topf zum Kochen bringen. Die Polenta langsam unter Rühren einrieseln lassen. Unter ständigem Rühren, damit sie nicht anbrennt, auf schwacher Hitze 5 Minuten ausquellen lassen, bis sie so fest ist, dass der Kochlöffel aufrecht darin steht.

2 Spinat, Butter und die Hälfte des Pecorinos in die Polenta rühren, mit Salz und Pfeffer abschmecken.

3 Die Polenta so auf 4 Auflaufförmchen verteilen, dass der Boden und die Seiten damit ausgekleidet sind.

4 Die Milch in einer großen Pfanne zum Kochen bringen, den Fisch hineingeben und 8–10 Minuten ziehen lassen, bis er weich ist. Mit einem Schaumlöffel herausheben.

5 Die Milch aus der Pfanne durch ein feines Sieb geben und mit den Eiern verrühren. Beiseite stellen.

6 Den Fisch mit einer Gabel zerpflücken, auf die 4 Förmchen verteilen.

7 Die Eier-Milch-Mischung über den Fisch gießen.

8 Den restlichen Käse darüber streuen. Die Förmchen für 25–30 Minuten in den auf 190 °C vorgeheizten Backofen geben. Goldbraun überbacken und in den Förmchen servieren.

Risi e bisi

Für dieses Reisgericht aus Venetien sollte man möglichst frisch gepalte junge Erbsen verwenden. Man benötigt 1 kg Schoten. Ersatzweise nimmt man tiefgefrorene feine Markerbsen.

Für 4 Personen
1 EL Olivenöl
50 g Butter
50 g Bauchspeck (Pancetta), klein gewürfelt
1 kleine Zwiebel, gehackt
1,5 l heiße Hühnerbrühe
200 g Risottoreis
Pfeffer
3 EL gehackte Petersilie
225 g sehr feine Markerbsen oder 1 kg frische Schoten
50 g frisch geriebener Parmesan

1 Das Öl mit der Hälfte der Butter in einer Pfanne erhitzen. Bauchspeck und Zwiebel darin unter Rühren 5 Minuten anschwitzen, die heiße Brühe angießen und die frischen Erbsen zugeben.

2 Den Reis einrühren und mit Pfeffer würzen. Unter gelegentlichem Rühren 20–30 Minuten köcheln lassen, bis der Reis gar ist.

3 Die Petersilie und – falls man sie verwendet – die aufgetauten tiefgekühlten Erbsen zugeben. Weitere 5 Minuten kochen lassen, bis die Erbsen heiß sind.

4 Die restliche Butter und den Parmesan einrühren. Auf vorgewärmte Teller verteilen, etwas schwarzen Pfeffer aus der Mühle darüber geben und sofort servieren.

Mit Risotto gefüllte Paprikaschoten

Die süßen roten oder gelben Paprikaschoten sind gern genutzte Behälter für allerlei Füllungen – hier ist es ein cremiger Risotto, belegt mit Mozzarella.

Für 4 Personen
4 rote oder gelbe Paprikaschoten
1 EL Olivenöl
1 große Zwiebel, fein gehackt
350 g Risottoreis (Arborio)
etwa 15 Fäden Safran
150 ml Weißwein
900 ml heiße Gemüse- oder Hühnerbrühe
50 g Butter
50 g frisch geriebener Pecorino
50 g grobe italienische Salami, in dicke Scheiben geschnitten und dann gewürfelt
200 g Mozzarella, klein gewürfelt

1 Die Schoten durch den Stiel hindurch halbieren, die Kerne vorsichtig entfernen. Die Schoten mit der Hautseite nach unten auf dem vorgeheizten Grill 12–15 Minuten vorgaren.

2 In einem Topf das Öl erhitzen. Die Zwiebel darin 3–4 Minuten glasig dünsten. Den Reis zugeben und unter Rühren ebenfalls glasig werden lassen, dann die Safranfäden hinzugeben und durchrühren.

3 Vorsichtig den Wein und portionsweise Brühe angießen, zwischendurch rühren, damit der Reis nicht ansetzt. Immer erst weitere Brühe zugeben, wenn keine Flüssigkeit mehr im Topf ist. Der Reis sollte nach etwa 15 Minuten gar und weich, aber noch bissfest und möglichst trocken sein.

4 Die Butter, den Pecorino und die Salami unter den Reis rühren.

5 Die Paprikahälften mit dem Risotto füllen und Mozzarella darüber verteilen. 4–5 Minuten unter den vorgeheizten Grill schieben, bis der Käse zu schmelzen beginnt. Sofort auftragen.

VARIATION

Auf die gleiche Art kann man ausgehöhlte Zucchini oder Auberginen zubereiten. Man kann auch Tomaten füllen, sollte sie aber nicht rösten.

Risotto alla milanese

Ein guter Risotto erinnert an Reisbrei und hat doch Biss, denn der typische rundkörnige Risottoreis zerkocht nicht. Man sollte deshalb einen guten italienischen Reis wählen.

Für 4 Personen
1/2 TL Safranfäden
75 g Butter
1 große Zwiebel, fein gehackt
1 Knoblauchzehe, zerdrückt
350 g Risottoreis (z. B. Arborio, Carnaroli oder Vialone)
150 ml Weißwein
1,2 l kochende Gemüse-, Rinder- oder Hühnerbrühe
75 g frisch geriebener Parmesan
Salz und Pfeffer

1 Den Safran in einer kleinen Schüssel mit 3–4 EL kochendem Wasser überbrühen und quellen lassen, während der Reis kocht.

2 In einem Topf 50 g der Butter zerlassen, Zwiebel und Knoblauch darin 3–4 Minuten glasig dünsten. Den Reis zugeben, unter Rühren ganz mit dem Fett überziehen und ebenfalls glasig werden lassen.

3 Vorsichtig den Wein zugeben und unter gelegentlichem Rühren köcheln lassen, bis er aufgesogen ist.

4 Portionsweise von der kochenden Brühe zugeben, zwischendurch rühren, damit der Reis nicht ansetzt. Immer erst weitere Brühe zugeben, wenn keine Flüssigkeit mehr im Topf ist.

5 Wenn der Reis nach etwa 15 Minuten gar und weich, aber noch bissfest ist, den Safran samt der Flüssigkeit zugeben. Den Parmesan und die restliche Butter unterrühren, kräftig mit Salz und Pfeffer abschmecken. Unter Rühren noch 1–2 Minuten auf dem Herd lassen, bis alles durchgemischt und heiß ist. Zugedeckt noch 5 Minuten ruhen lassen, abermals durchrühren und sofort heiß servieren.

WISSENSWERTES

Der Risotto alla milanese wird in wenig Butter und im Mark eines Rinderknochens angeschwitzt.

Risotto mit Meeresfrüchten

Für dieses aus Genua stammende Gericht wird zuerst der Reis separat gekocht. Dann bereitet man die Meeresfrüchte in einer Sauce zu, erst zuletzt wird alles vermischt.

Für 4 Personen
1,2 l heißer Fisch- oder Geflügelfond
350 g Risottoreis (z. B. Arborio, Carnaroli oder Vialone)
50 g Butter
1 Zwiebel
2 Knoblauchzehen, zerdrückt
250 g gemischte Meeresfrüchte, darunter Tintenfisch, Garnelen, Muscheln (aufgetaut, falls TK-Ware)
2 TL frischer Oregano, gehackt
50 g frisch geriebener Parmesan oder Pecorino

1 In einem großen Topf den Fond zum Kochen bringen. Den Reis unter gelegentlichem Rühren etwa 15 Minuten darin köcheln lassen, bis er gar, aber noch bissfest ist. Sollte er nicht alle Flüssigkeit aufgesogen haben, abgießen und die Brühe auffangen.

2 Die Butter in einer Pfanne zerlassen, Zwiebel und Knoblauch darin glasig dünsten.

3 Die Meeresfrüchte zugeben. Sofern es sich um Frischware handelt, 5 Minuten sautieren, aufgetaute Tiefkühlware 2–3 Minuten sautieren.

4 Den gehackten Oregano an die Meeresfrüchte geben.

5 Den gar gekochten Reis in die Pfanne geben, gut mischen und 2–3 Minuten durchziehen lassen. Mehr Brühe angießen, falls die Mischung anzuhaften droht.

6 Den geriebenen Parmesan oder Pecorino unterrühren und gut vermischen.

7 Den Risotto auf vorgewärmte Teller geben und sofort servieren.

WISSENSWERTES

Frisches Fenchelkraut wird gern verwendet, um den Risotto mit Meeresfrüchten zu garnieren und ihm ein zusätzliches Aroma beizumischen.

Risotto mit Wildpilzen

Beim Risotto ai funghi spart man nicht an den Zutaten. Man verwendet Morcheln, Stein- und Austernpilze und sogar Trüffel. Wenn man Pilze nicht frisch bekommen kann, nimmt man getrocknete würzige Pilze (vorher einweichen).

Für 4 Personen
2 EL Olivenöl
1 große Zwiebel, fein gehackt
1 Knoblauchzehe, zerdrückt
200 g gemischte frische Pilze oder 15 g getrocknete Morcheln, 15 g getrocknete Steinpilze und 150 g Champignons, küchenfertig zubereitet oder eingeweicht
250 g Risottoreis (z. B. Arborio)
6 Fäden Safran
150 ml Weißwein
750 ml heiße Gemüsebrühe oder Pilzfond
125 g frisch geriebener Parmesan
2 EL frischer Thymian, gehackt
Salz und Pfeffer

1 Das Öl in einer großen Pfanne erhitzen, Zwiebel und Knoblauch darin 3–4 Minuten dünsten, bis die Zwiebel glasig wird.

2 Die Pilze zugeben und weitere 3 Minuten sautieren, bis alle Flüssigkeit verdampft ist.

3 Reis und Safran in die Pfanne geben. Rühren, bis der Reis vom Öl überzogen ist.

4 Wein zugeben, unter Rühren köcheln lassen, bis er aufgesogen ist. Portionsweise von der Brühe zugeben, zwischendurch rühren, damit der Reis nicht ansetzt.

5 Wenn die Flüssigkeit nach etwa 15 Minuten verbraucht ist, sollte der Reis gar, aber noch immer bissfest sein. Ist er noch hart, mehr Brühe oder Wasser zugeben.

6 Einen Teil des Parmesans und Thymian einrühren, salzen und pfeffern. Den Risotto auf vorgewärmte Teller verteilen. Jede Portion mit weiterem Parmesan bestreuen und sofort heiß servieren.

1

2

4

Gnocchi alla romana

Man könnte dieses traditionelle Rezept auch Polentagnocchi nach römischer Art nennen, denn die Grundlage ist auch hier ein fester Brei, allerdings aus Hartweizengrieß. Mit einem Salat stellt dieses Gericht ein sättigendes Vor- oder kleines Hauptgericht dar.

Für 4 Personen
750 ml Milch
1/4 TL frisch geriebene Muskatnuss
75 g Butter, zusätzlich Butter für die Form
225 g Hartweizengrieß
Salz und Pfeffer
125 g frisch geriebener Parmesan
2 Eier, verschlagen
50 g geriebener Greyerzer (Gruyère)
Basilikum zum Garnieren

1 Die Milch zum Kochen bringen, vom Herd nehmen und Muskat, 25 g Butter, Salz und Pfeffer zugeben und dann unter ständigem Rühren den Grieß einrieseln lassen. Den Topf wieder auf schwache Hitze setzen und rühren, bis ein sehr fester Brei entstanden ist.

2 Den Topf wieder vom Herd nehmen, 50 g des Parmesans sowie die Eier an den Brei geben. Rühren, bis er völlig glatt ist.

3 Die Grießmischung mit einer angefeuchteten Palette 1 cm dick auf eine mit Öl ausgefettete glatte Fläche (Plastikbrett, Marmorplatte oder Backblech) streichen. Völlig durchkühlen lassen und für 1 Stunde in den Kühlschrank stellen.

4 Mit einem Ausstecher (4 cm Durchmesser) vorsichtig Kreise aus der Grießmasse ausschneiden.

5 Eine flache, runde Auflaufform (oder 4 kleine Förmchen) gründlich ausfetten und die Kreise leicht überlappend darin arrangieren. Die restliche Butter zerlassen, über die Gnocchi träufeln, dann mit Greyerzer und Parmesan bestreuen.

6 Im vorgeheizten Ofen bei 200 °C 25–30 Minuten überbacken und sofort, solange die Gnocchi noch brutzeln, auftragen. Mit Basilikum garnieren.

Kartoffelgnocchi mit Tomatensauce

Gnocchi auf der Basis eines Kartoffelteigs sind eine typisch piemontesische Zubereitung, deren Qualität von den Kartoffeln abhängt. Die Mehlmenge ist ein Durchschnittswert: Nicht mehr Mehl nehmen als unbedingt nötig.

Für 4 Personen
350 g mehlig kochende Kartoffeln bester Qualität (z. B. Bintje, Irmgard, Ilona)
75 g gesiebtes Mehl mit 1 Msp. Backpulver
Mehl zum Bestäuben
2 TL getrockneter Oregano
Salz und Pfeffer
2 EL Öl
1 große Zwiebel, gehackt
2 Knoblauchzehen, zerdrückt
400 g geschälte Tomaten in Stücken (aus der Dose)
6 EL Gemüsebrühe (oder 1 TL Instantpulver, in 6 EL kochendem Wasser gelöst)
2 EL frische Basilikumblätter, gehackt, zusätzlich ganze Blätter zum Garnieren
frisch geriebener Parmesan

1 Die Kartoffeln in reichlich Wasser gar kochen (etwa 15 Minuten), abgießen, abdämpfen und leicht abkühlen lassen.

2 Die Kartoffeln pellen und noch heiß zerstampfen. Mit Mehl, Oregano Salz und Pfeffer mit den Händen zu einem Teig verkneten.

3 Das Öl in einer Pfanne erhitzen, Zwiebel und Knoblauch darin 3–4 Minuten andünsten, die Tomaten und die Brühe zugeben und unbedeckt 10 Minuten kochen lassen. Mit Salz und Pfeffer würzen.

4 Den Kartoffelteig mit bemehlten Händen zu langen Rollen von 2 cm Durchmesser formen. Die Rollen in 2 cm lange Stücke schneiden. Jedes Stück fest gegen die Zinken einer Gabel drücken, sodass auf der Oberfläche der Gnocchi ein Rillenmuster entsteht. In einem großen Topf Wasser mit etwas Salz zum Kochen bringen. Die Gnocchi portionsweise hineingeben; wenn sie nach 3–4 Minuten an die Oberfläche steigen, sind sie gar. Mit einer Schaumkelle herausheben und abtropfen lassen.

5 Das Basilikum zur Tomatensauce geben. Gnocchi auf Teller füllen, von der Sauce darüber geben, mit Parmesan bestreuen und servieren.

VARIATION

Man kann die Gnocchi auch mit Pesto alla genovese (s. S. 94) anrichten.

Kartoffelgnocchi mit Knoblauch-Kräuter-Sauce

Da diese Kartoffelnocken durch 1 Ei angereichert werden, brauchen sie mehr Mehl, um die Feuchtigkeit zu binden. Auch hier gilt: Nur so viel Mehl nehmen wie unbedingt nötig.

Für 4–6 Personen
1 kg mehlig kochende Kartoffeln bester Qualität (z. B. Bintje)
Salz
50 g Butter
1 Ei, leicht verschlagen
300 g Mehl (Typ 405)
Mehl zum Bestäuben
SAUCE
125 ml Olivenöl
2 Knoblauchzehen, zerdrückt
Salz und Pfeffer
1 EL frischer Oregano, gehackt
1 EL frisches Basilikum, gehackt
ZUM ANRICHTEN
frisch geriebener Parmesan
frischer gemischter Salat
knuspriges, frisches Weißbrot

1 Die Kartoffeln in reichlich Wasser gar kochen (etwa 15 Minuten), abgießen, abdämpfen, pellen und in Stücke schneiden.

2 Die Kartoffeln durch ein Sieb streichen, mit 1 TL Salz, Butter, Ei und 150 g Mehl gründlich vermischen und zu einem Teig verarbeiten.

3 Auf einer bemehlten Arbeitsfläche langsam mehr Mehl in den Teig einarbeiten, bis ein glatter, weicher, kaum noch klebender Teig entsteht.

4 Den Teig mit bemehlten Händen zu langen Rollen von 2 cm Durchmesser formen, die Rollen in 2 cm lange Stücke schneiden. Jedes Stück gegen die Zinken einer Gabel drücken, sodass auf der Oberfläche ein Rillenmuster entsteht.

5 In einem großen Topf Wasser mit etwas Salz zum Kochen bringen, die Gnocchi portionsweise hineingeben und 3–4 Minuten garen, bis sie an die Oberfläche steigen.

6 Mit einer Schaumkelle herausheben, abtropfen lassen, in eine mit Butter ausgefettete Servierschüssel geben und warm halten.

7 Für die Sauce das Öl in einer Pfanne erhitzen, Knoblauch, Salz und Pfeffer zugeben, bei schwacher Hitze unter Rühren 3–4 Minuten dünsten, bis der Knoblauch goldbraun ist. Die Pfanne vom Herd nehmen, die Kräuter einrühren und die heiße Sauce über die Gnocchi geben. Mit Parmesan bestreuen und mit Salat und Weißbrot servieren.

Spinatgnocchi mit Ricotta

Spinat, Ricotta und Pinienkerne gehen eine delikate Mischung ein, allerdings muss man rasch arbeiten und darf den Spinatteig nicht zu lange bearbeiten: Er verliert sonst seine lockere Konsistenz.

Für 4 Personen
1 kg frischer Spinat
350 g Ricotta
125 g frisch geriebener Pecorino
3 Eier, leicht verschlagen
1/4 TL frisch geriebene Muskatnuss
Salz und Pfeffer
Mehl zum Bestäuben
25 g Pinienkerne
50 g Rosinen (nach Geschmack)

1 Den Spinat verlesen und gründlich waschen. Tropfnass in einer beschichteten Pfanne in 4–5 Minuten so eben zusammenfallen lassen, in ein Sieb geben und alle Flüssigkeit auspressen. So fein wie möglich hacken oder in der Küchenmaschine zerkleinern.

2 Das Spinatpüree rasch mit dem Ricotta, der Hälfte des Pecorinos, Eiern, Muskat, Salz und Pfeffer mischen und gerade so viel Mehl darüber stäuben und einarbeiten, dass sich die Mischung formen lässt.

3 Den Teig mit 2 Löffeln zu Nocken formen und diese leicht in Mehl wälzen.

4 Wasser in einem Topf zum Kochen bringen und einen Spritzer Öl zugeben. Die Nocken hineingeben und 3–4 Minuten garen lassen, bis sie an die Oberfläche steigen. Mit einer Schaumkelle herausnehmen und in eine mit Butter ausgefettete Gratinform geben.

5 Die Butter in einer Pfanne zerlassen, Pinienkerne und Rosinen darin angehen lassen (aufpassen, dass die Butter nicht verbrennt). Die Mischung über die Nocken geben, das Ganze mit dem restlichen Pecorino bestreuen und servieren.

VARIATION

Statt des Ricottas kann man ausgedrückten Speisequark beliebiger Fettstufe verwenden. Statt Pecorino kann man auch Parmesan nehmen.

Polenta mit Knoblauch und Pilzen

Für diese schmackhafte Polentavariante kann man jede beliebige Pilzart wählen. Steinpilze oder Morcheln geben ihr jedoch einen besonders kräftigen Geschmack.

Für 4–6 Personen
75 g Butter
3 Knoblauchzehen, zerdrückt
75 g Pilze, geputzt, mit einem feuchten Tuch abgewischt, klein geschnitten
abgezupfte Blätter von 2 Zweigen frischem Thymian
1 TL Salz
125 g Instantpolenta
600 ml Wasser
Pfeffer

1 50 g Butter bei mittlerer Hitze in einer Pfanne zerlassen.

2 Knoblauch und Pilze zugeben und 4–5 Minuten so eben weich dünsten.

3 Den Thymian zugeben, durchrühren und beiseite stellen.

4 Das Wasser in einem großen Topf zum Kochen bringen.

5 Langsam unter Rühren die Polenta in das kochende Wasser einrieseln lassen. 4–5 Minuten lang unter ständigem Rühren köcheln lassen, bis die Polenta fest wird und sich von der Topfwand zu lösen beginnt.

6 Die restliche Butter in die Polenta rühren und mit Salz und Pfeffer kräftig abschmecken.

7 Die Pilze unter die Polenta rühren und alles gut durchmischen. Die Polenta sollte nicht zu fest, sondern noch leicht cremig sein.

8 Die Pilzpolenta auf einzelne Teller verteilen und sofort heiß servieren.

VARIATION

Man kann der Polenta zusammen mit den Pilzen klein gewürfelte Salami oder rohen Schinken untermischen.

2

5

7

Risotto mit Gorgonzola

Der Gorgonzola, ein weicher Edelpilzkäse mit blaugrünen Schimmeladern, gehört zu den berühmtesten Käsen Italiens. Ist er jung recht mild, so kann er mit zunehmendem Alter sehr scharf werden.

Für 4–6 Personen
1 EL Olivenöl
1 rote Zwiebel, geachtelt
2 Knoblauchzehen, zerdrückt
1 rote Paprikaschote, gewürfelt
350 g Risottoreis (z. B. Arborio, Carnaroli oder Vialone)
600 ml Hühner- oder Gemüsebrühe
150 ml Weißwein
150 ml Wasser
150 g Gorgonzola, gewürfelt
15 Basilikumblätter, zerzupft

1 Das Öl in einer großen Pfanne erhitzen, Zwiebelachtel und Knoblauch darin 3–4 Minuten andünsten, den Paprika zugeben und weitere 2–3 Minuten sautieren.

2 Den Reis zugeben und rühren, bis er ganz vom Öl überzogen ist.

3 Brühe, Wein und Wasser mischen und etwa 1 Tasse davon in die Pfanne geben. Erst wenn diese Flüssigkeit vom Reis völlig aufgesogen ist, weitere Flüssigkeit zugeben. Auf diese Weise fortfahren, bis der Reis in etwa 20 Minuten gar, aber noch bissfest ist.

4 Die Pfanne vom Herd nehmen und den Gorgonzola in den Risotto einrühren. Auf Teller verteilen, Basilikum darüber streuen und sofort heiß servieren.

Pizzas und Brote

Die Pizza ist zumindest dem Namen nach das weltweit bekannteste italienische Gericht. Obwohl es sie in einer Vielfalt von Variationen gibt, besteht ihr Boden immer aus einem Hefeteig. Lediglich außerhalb der eigentlichen Pizzadomäne Neapel bereitet man Pizzateig auch auf der Basis von Kartoffeln zu; wer wenig Zeit hat, verwendet einen Knetteig mit Milch. Fast alle Pizzas haben darüber hinaus eine Grundlage aus Tomatensauce, auf der die anderen Zutaten – seien es Gemüse, Meeresfrüchte, Schinken, Salami oder Käse – nach Lust und Laune drapiert werden. Unter den Käsen ist der Mozzarella der beliebteste.

Brot gehört in Italien zu jeder warmen Mahlzeit auf den Tisch, dient es doch bei saucenreichen Fisch- und Fleischgerichten als Beilage, mit der man die Sauce aufnimmt. Mit Oliven, getrockneten Tomaten oder Paprika angereicherte Brote isst man auch gern zu gemischten Vorspeisen.

Tomatensauce für Pizza

Mit geschälten Tomaten aus der Dose lässt sich schnell und einfach eine Grundsauce für selbst gemachte Pizza zubereiten; zu ihr passt fast jeder andere Belag.

Für 180 ml
1 kleine Zwiebel, gehackt
1 Knoblauchzehe, gehackt
1 EL Olivenöl
200 g geschälte Tomaten in Stücken (aus der Dose)
2 TL Tomatenmark
1/2 TL Zucker
1/2 TL getrockneter Oregano
1 Lorbeerblatt
Salz und Pfeffer

1 Zwiebel und Knoblauch in einem Topf im Öl 5 Minuten sautieren und glasig dünsten, aber nicht bräunen.

2 Tomaten aus der Dose, Tomatenmark, Zucker, Oregano und Lorbeer zugeben, salzen und pfeffern.

3 Die Sauce zum Kochen bringen und bei schwacher Hitze unter Rühren 20 Minuten simmern lassen, bis die Flüssigkeit weitgehend verkocht ist.

4 Das Lorbeerblatt herausnehmen und Sauce abschmecken. Vor Gebrauch abkühlen lassen. In einem Glas mit Schraubverschluss hält sich die Sauce 1 Woche im Kühlschrank.

VARIATION

Möchte man den Kräutergeschmack stärker betonen, gibt man 1–2 EL fein gehackte frische Kräuter zu. Es passen Oregano, Petersilie, Basilikum, Thymian und Majoran, doch sollte man nicht mehr als 3 verschiedene Kräuter mischen.

Paprika-Tomaten-Sauce

Für diese Sauce aus frischen Tomaten sollte man aromatische Busch- oder Strauchtomaten verwenden. Der Paprika verleiht der schnell zubereiteten Sauce zusätzlichen Pfiff.

Für 180 ml
1 kleine Zwiebel, gehackt
1 rote Paprikaschote, entkernt und klein gewürfelt
1 Knoblauchzehe, gehackt
2 EL Olivenöl
225 g aromatische Tomaten
1 EL Tomatenmark
1 TL Zucker
2 EL frisches Basilikum, gehackt
1/2 TL getrockneter Oregano
1 Lorbeerblatt
Salz und Pfeffer

1 Zwiebel, Paprika und Knoblauch in einem Topf in Öl 5 Minuten sautieren, aber nicht bräunen.

2 Die Tomaten oben kreuzweise einschneiden und 45 Sekunden in kochendes Wasser geben. Mit der Schaumkelle herausheben und kalt abschrecken. Die Haut lässt sich dann leicht abziehen.

3 Das Tomatenfleisch klein schneiden und zu der Zwiebel geben. Tomatenmark, Zucker, Kräuter, Salz und Pfeffer hinzufügen und gut durchrühren. Die Sauce bei schwacher Hitze unter gelegentlichem Rühren 30 Minuten simmern und einkochen lassen.

4 Das Lorbeerblatt herausnehmen, abschmecken und eventuell nachwürzen. Vor Gebrauch abkühlen lassen.

5 In einem Glas mit Schraubverschluss hält sich die Sauce im Kühlschrank etwa 1 Woche.

Pizzateig mit Hefe

Der traditionelle Pizzateig ist ein Hefeteig, der etwas Zeitaufwand erfordert, weil die Hefe gehen muss. Mit Trockenhefe verkürzt man den Vorgang ein wenig.

Für einen 25-cm-Boden
15 g frische Hefe oder 1 TL Trockenhefe
6 EL lauwarmes Wasser
1/2 TL Zucker
1 EL Olivenöl
175 g Weizenmehl
1 TL Salz

1 Frische Hefe in einer kleinen Schüssel zerkleinern, Wasser und Zucker zugeben.

2 An einem warmen Ort 10–15 Minuten schaumig aufgehen lassen. Das Olivenöl einrühren.

3 Mehl und Salz zusammen in eine Schüssel sieben, eine Mulde hineindrücken und die Hefemischung hineingießen. Wer Trockenhefe verwendet, muss sie mit dem Mehl vermischen und Wasser und Öl zugeben, den Zucker weglassen.

4 Von der Mitte zum Rand das Mehl einrühren, bis ein fester Teig entsteht. Auf einer bemehlten Arbeitsfläche mit den Händen 5 Minuten kräftig durchkneten, bis der Teig glatt und elastisch ist.

5 Den Teig in eine Schüssel legen und an einem warmen, zugfreien Ort etwa 1 Stunde gehen lassen, bis er sein Volumen verdoppelt hat.

6 Den Teig auf eine bemehlte Arbeitsfläche geben und mit den Fingerknöcheln abschlagen: Es entweicht das Hefegas, das die Pizza uneben machen würde. Nochmals 4–5 Minuten kneten, dann ist der Teig gebrauchsfertig.

WISSENSWERTES

Wer Trockenhefe verwendet, kann den Teig 3–4 Minuten von der Küchenmaschine bearbeiten lassen, dann 2–3 Minuten von Hand kneten.

3

4

6

Schneller Milchteig

Wenn die Zeit knapp ist, kann man die Pizza auch mit einem rasch fertig gestellten Milchteig zubereiten, wie man ihn auch für salzige Pies verwenden würde.

Für einen 25-cm-Boden
175 g Mehl, gemischt mit ½ TL Backpulver
½ TL Salz
25 g Butter, in Flöckchen
125 ml Milch

1 Mehl und Salz zusammen in eine Schüssel sieben.

2 Die Butterflöckchen darauf verteilen und zwischen den Fingern zu Streuseln zerreiben.

3 Eine Mulde in die Mitte der Mehlmischung drücken, 100 ml der Milch hineingeben und zu einem weichen, elastischen Teig verkneten. Die restliche Milch nur bei Bedarf zugeben.

4 Den Teig auf einer bemehlten Arbeitsfläche mit den Händen 3- bis 4-mal gut durchkneten.

5 Den Teig entweder ausrollen oder mit den Händen auf einem mit Butter ausgefetteten Backblech zu einem Kreis von 25 cm drücken. Den Rand ein wenig hochziehen, um einen Wulst zu bilden. Sofort belegen und backen.

VARIATION

Man kann den Geschmack des Teigs verändern, indem man ein wenig geriebenen Käse oder ½ TL getrocknete Kräuter nach Wahl in die Mehlmischung gibt.

Kartoffelteig

Der Kartoffelteig als Grundlage einer Pizza hat durchaus italienische Tradition. Vor allem in Apulien bereitet man gern Pizza di patate. Viel Zeit gespart ist damit nicht, denn die Kartoffeln sollten frisch gekocht und heiß verarbeitet werden.

Für einen 25-cm-Boden
225 g mehlig kochende Kartoffeln
50 g Butter, in Flöckchen
125 g Mehl, gemischt mit 1/4 TL Backpulver
1/2 TL Salz

1 Die Kartoffeln kochen, abdämpfen, pellen und noch heiß durch die Kartoffelpresse drücken. Die Butterflöckchen einrühren, bis sie geschmolzen sind. Mehl und Salz darüber stäuben und alles zu einem glatten Teig verkneten.

2 Wer kalte Kartoffeln benutzt, sollte diese ohne Butter zerdrücken. Mehl und Salz in eine Schüssel geben und mit den Butterflöckchen zwischen den Fingern zu Streuseln zerreiben. Die Streusel mit den Kartoffeln zu einem glatten Teig verkneten.

3 Den Teig entweder ausrollen oder mit den Händen auf einem mit Butter ausgefetteten Blech zu einem Kreis ausdrücken. Den Rand rundum zu einem kleinen Wulst ausformen, ehe man den Belag darauf gibt. Da der Teig leicht reißt und schlecht von der Arbeitsplatte zu heben ist, sollte man ihn direkt auf dem Blech ausrollen oder ausdrücken.

4 Man kann den Teig mit Frischhaltefolie bedeckt bis zu 2 Stunden im Kühlschrank aufbewahren, ehe man ihn belegt und backt.

Pizza Margherita

Die zu Ehren Königin Margheritas kreierte Pizza ist eine der bekanntesten unter den traditionellen Pizzavarianten. Damit das zarte Basilikum, das unbedingt dazugehört, nicht verbrennt, wird es erst bei Tisch frisch darüber gegeben.

Für 4 Personen
TEIG
15 g frische Hefe
250 ml handwarmes Wasser
1 TL Zucker
350 g Hartweizenmehl
1 TL Salz
1 EL Olivenöl
BELAG
400 g geschälte Tomaten in Stücken (aus der Dose)
2 Knoblauchzehen, zerdrückt
2 TL getrocknetes Basilikum
1 EL Olivenöl
Salz und Pfeffer
125 g Mozzarella, gewürfelt
2 EL frisch geriebener Parmesan
frische Basilikumblätter, in Streifen geschnitten

1 Die Hefe in einer Schüssel zerkleinern, 4 EL des Wassers und Zucker zugeben. An einem warmen Ort 15 Minuten gehen lassen.

2 Mehl und Salz zusammen in eine Schüssel sieben, eine Mulde hineindrücken, Öl, Hefemischung und restliches Wasser hineingießen. Mit einem Holzlöffel zu einem festen Teig verrühren.

3 Den Teig auf einer bemehlten Fläche mit den Händen 4–5 Minuten kräftig durchkneten, bis er glatt und elastisch ist.

4 Den Teig wieder in die Schüssel legen. Mit einem Geschirrtuch bedeckt an einem warmen, zugfreien Ort gehen lassen, bis er sein Volumen verdoppelt hat.

5 Den Teig auf bemehlter Fläche 2 Minuten durchkneten, länglich ausziehen und auf ein mit Öl ausgefettetes Blech legen. Mit den Händen oder einem Ausroller in die gewünschte Form bringen. Der Teig sollte nicht dicker als 0,6 cm sein, weil er beim Backen noch aufgeht.

6 Für den Belag Tomaten, Knoblauch, getrocknetes Basilikum und Olivenöl 20 Minuten köcheln lassen, bis die Flüssigkeit zur Hälfte eingekocht ist. Mit Salz und Pfeffer abschmecken und das Tomatenmark einrühren. Vom Herd nehmen und abkühlen lassen. Tomatensauce auf dem Teigboden verteilen und Käse darüber streuen. Im vorgeheizten Ofen bei 200 °C 20–25 Minuten backen. Heiß servieren und mit Basilikum bestreuen.

1

2

3

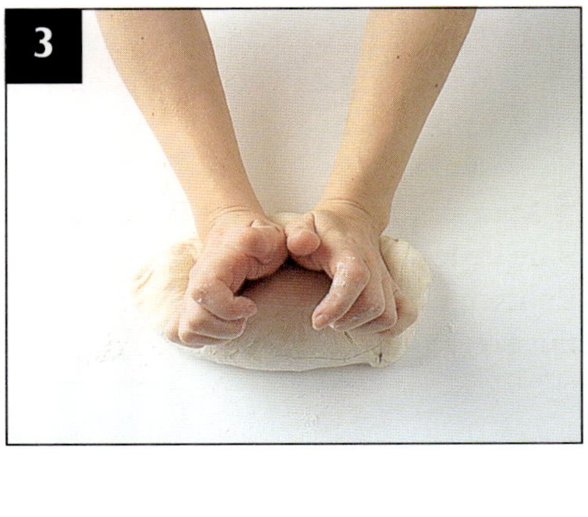

Kalabrische Pizza

Eine mit Paprika, Ricotta, hart gekochten Eiern und Mozzarella reich belegte Pizza. Der Clou allerdings sind die in Kräuteröl eingelegten getrockneten Tomaten, die dem Ganzen ein herrliches Aroma verleihen.

Für 4–6 Personen
425 g Mehl
½ TL Salz
1 Päckchen (7 g) Trockenbackhefe
2 EL Olivenöl
275 ml handwarmes Wasser, eventuell etwas mehr
BELAG
2 EL Olivenöl
2 Knoblauchzehen, zerdrückt
1 rote Paprikaschote, entkernt, in Streifen geschnitten
1 gelbe Paprikaschote, entkernt, in Streifen geschnitten
125 g Ricotta
175 g getrocknete Tomaten in Kräuteröl, abgetropft
3 hart gekochte Eier, in Scheiben geschnitten
1 EL gemischte frische Kräuter, gehackt
125 g Salami, in dünne Scheiben geschnitten
150–175 g Mozzarella, klein geschnitten
Milch zum Glasieren
Salz und Pfeffer

1 Mehl und Salz in eine Schüssel sieben, die Trockenhefe darüber geben. Öl und so viel Wasser zugeben, dass ein glatter, knetbarer Teig entsteht. 10–15 Minuten von Hand oder 5 Minuten in der Küchenmaschine kneten.

2 Den Teig zur Kugel formen, in einer mit Öl ausgefetteten Schüssel an einem warmen Ort bedeckt 1–1½ Stunden gehen lassen, bis der Teig sein Volumen verdoppelt hat.

3 Für den Belag Öl in einer Pfanne erhitzen, Knoblauch und Paprika darin andünsten.

4 Den Teig durchkneten und zu 2 Platten von 30 × 25 cm ausrollen. Eine der Platten auf ein mit Öl ausgefettetes Blech legen.

5 Den Ricotta auf die eine Teigplatte geben. Die getrockneten Tomaten, Eierscheiben, Kräuter, Salami, Paprikastreifen und Mozzarella gleichmäßig darauf verteilen.

6 Die zweite Teigplatte darüber legen und rundum gut festdrücken. Alternativ aus der zweiten Teigplatte ebenfalls eine offene Pizza bereiten (dann die Mengen für den Belag verdoppeln oder einen anderen Belag wählen).

7 Die Pizza 1 Stunde gehen lassen. Den Teigdeckel mit einer Gabel mehrmals einstechen, mit Milch bestreichen. Pizza bei 180 °C etwa 50 Minuten backen. Die offene Pizza benötigt sowohl zum Gehen als auch zum Backen nur 35–40 Minuten.

1

4

5

Minipizza mit Schinken-Käse-Sauce

Dies ist eine von ihrer Form her ungewöhnliche Pizza, für die man tiefgekühlten Blätterteig verwendet. Derlei Minipizzas ergeben eine wunderbare Vorspeise oder eine kleine Zwischenmahlzeit.

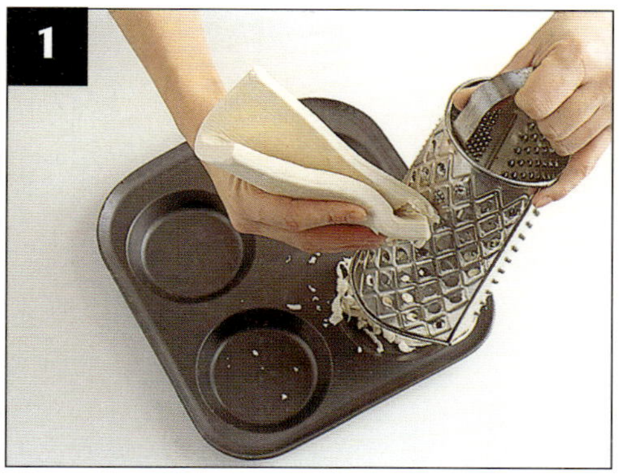

Für 4 Personen
250 g Blätterteig (TK-Ware)
40 g Butter
1 rote Zwiebel, gehackt
1 Knoblauchzehe, gehackt
40 g Hartweizenmehl
300 ml Milch
Salz und Pfeffer
2 hart gekochte Eier, geviertelt
125 g Salami oder roher Schinken, in Streifen geschnitten
50 g frisch geriebener Parmesan, zusätzlich Parmesan zum Bestreuen
frischer Thymian zum Garnieren

1 Den noch fast gefrorenen Blätterteig direkt in die Schalen eines Muffinblechs oder in Torteletttförmchen grob raffeln. Die Teigflocken mit einer bemehlten Gabel leicht zusammendrücken (der Teig darf keine Löcher mehr aufweisen).

2 Den Teig mit Alufolie bedecken und bei 220 °C 7 Minuten lang blind backen. Die Folie entfernen, Hitze auf 200 °C reduzieren und weitere 15 Minuten backen, bis der Teig goldbraun ist.

3 Die Butter in einem Topf zerlassen, gehackte Zwiebel und Knoblauch 5 Minuten darin andünsten.

4 Das Mehl einstreuen und anschwitzen. Portionsweise die Milch zugeben. Immer wieder aufwallen lassen, bis eine dicke Sauce entsteht. Salzen und pfeffern, vom Herd nehmen und den Parmesan einrühren.

5 Die Sauce in die Pastetenförmchen füllen. Eier und Salami (oder Schinken) darauf verteilen.

6 Etwas Parmesan darüber streuen. Nochmals für 5 Minuten in den heißen Ofen geben, um die Pizzas gut durchzuwärmen.

7 Mit frischem Thymian garniert sofort servieren.

WISSENSWERTES

Wer die Minipizzas kalt servieren will, sollte sie nicht zu lange stehen lassen, weil der knusprige Teig sonst durchweicht.

Pizza mit Artischocken und drei Käsen

Blättrig geschnittene Artischocken ergeben zusammen mit Fontina, Parmesan und Blauschimmelkäse einen ausgesprochen delikaten Pizzabelag.

Für 2–4 Personen
Pizzateig mit Hefe (s. S. 192)
Paprika-Tomaten-Sauce (s. S. 191)
50 g Blauschimmelkäse, in Scheiben geschnitten
125 g Artischockenherzen in Öl, blättrig geschnitten
1/2 rote Zwiebel, gehackt
40 g Fontina, geraffelt (ersatzweise Appenzeller)
2 EL frisch geriebener Parmesan
1 EL frischer Thymian, gehackt
Öl von den Artischocken zum Beträufeln
Salz und Pfeffer
ALS BEILAGE
Salat
Kirschtomaten, halbiert

1 Auf einer leicht bemehlten Arbeitsfläche aus dem Teig einen Kreis von 25 cm Durchmesser formen. Den Teigkreis auf ein mit Öl ausgefettetes Backblech setzen und rundum einen kleinen Wulst hochziehen. Mit einem Küchenhandtuch bedeckt 10 Minuten gehen lassen.

2 Die Tomatensauce bis an den Wulst auf dem Teigboden verteilen. Den Blauschimmelkäse, die Artischockenherzen und die gehackte halbe rote Zwiebel darauf legen.

3 Fontina, Parmesan und Thymian miteinander vermengen und über die Pizza streuen. Etwas von dem Öl, in dem die Artischocken eingelegt waren, darüber träufeln, salzen und pfeffern.

4 Im vorgeheizten Ofen bei 200 °C 18–20 Minuten backen, bis der Teigrand kross und goldbraun ist und die Käse zerschmelzen.

5 Die Pizza aufteilen und sofort mit Salat und Kirschtomaten servieren.

WISSENSWERTES

Man kann jeden beliebigen Edelpilzkäse wählen. Ein junger Gorgonzola ist sehr passend, doch kann es auch der pikante Roquefort oder ein milderer Danablu sein.

Gorgonzola-Vollkornpizza

Die ungewöhnliche Kombination von Kürbis, Birne und Gorgonzola dient hier als Belag eines herrlich nussigen Pizzabodens aus Vollkornmehl.

Für 4 Personen
TEIG
25 g frische Hefe
1 TL Zucker
250 ml handwarmes Wasser
175 g Weizenvollkornmehl
175 g Hartweizenmehl
1 TL Salz
1 EL Olivenöl
BELAG
400 g Kürbisfleisch, in 1 cm große Würfel geschnitten
1 EL Olivenöl
1 Birne, geschält, entkernt, in Scheiben geschnitten
125 g Gorgonzola
Rosmarinnadeln zum Garnieren

1 Die Hefe zerbröseln, Zucker und 4 EL Wasser darüber geben. An einem warmen Ort in etwa 15 Minuten schaumig aufgehen lassen.

2 Die Mehle mit dem Salz in einer Schüssel vermischen. Eine Mulde in die Mitte drücken, Olivenöl, Hefeansatz und restliches Wasser hineingeben und mit einem Holzlöffel zu einem Teig verrühren.

3 Den Teig auf einer bemehlten Arbeitsfläche 4–5 Minuten kneten, bis er glatt und elastisch ist.

4 Den Teig in die Schüssel zurücklegen. Mit einem Küchenhandtuch bedeckt etwa 30 Minuten gehen lassen, bis er sein Volumen verdoppelt hat.

5 Den Teig erneut 2 Minuten durchkneten, dann zu 1 oder 2 Ovalen ausrollen und auf ein gut mit Öl ausgefettetes Backblech legen. Die Teigplatten sollten höchstens 6 mm dick sein, da der Teig beim Backen aufgeht. Den Teig rund um den Rand der Ovale zu einem kleinen Wulst hochziehen.

6 Für den Pizzabelag den Kürbis in eine flache Auflaufform geben, mit einem Faden Öl beträufeln und für 20 Minuten unter den Grill stellen, bis er weich und goldbraun ist.

7 Die Teigovale mit Kürbis, Birnenscheiben und Gorgonzola belegen. Im vorgeheizten Ofen bei 200 °C 15 Minuten backen oder bis der Teig knusprig ist. Mit Rosmarinnnadeln garnieren und sofort heiß servieren.

Clowngesichter

Eine tolle Idee für jeden Kindergeburtstag – kleine Pizzas so belegen, dass sie wie lustige Gesichter aussehen. Darüber eine Wuschelfrisur aus Spaghetti arrangieren.

Für 4 Personen
Pizzateig mit Hefe (s. S. 192)
25 g Spaghetti oder Eiernudeln
Tomatensauce für Pizza (s. S. 190)
8 Scheiben Fleischwurst
8 dünn geschnittene Stücke Bleichsellerie
1 großer Champignon in 4 Scheiben
4 Streifen gelber Paprika
8 Stückchen Mozzarella
4 Scheiben Zucchini
Olivenöl zum Beträufeln
8 Erbsen (TK-Ware)

1 Den Teig in 4 Portionen teilen. Jede Portion zu einem Kreis von 13 cm Durchmesser ausrollen. Die Kreise auf ein mit Öl ausgefettetes Backblech legen. Mit einem Küchenhandtuch bedeckt 10 Minuten gehen lassen.

2 Die Spaghetti oder Eiernudeln nach Packungsanweisung kochen.

3 Die Tomatensauce gleichmäßig auf die 4 Böden verteilen und bis an den Rand ausstreichen.

4 Für die Gesichter die Fleischwurstscheiben als Augenhintergrund, den Sellerie als Brauen, die Pilze als Nasen und den Paprika als Münder auflegen.

5 Mozzarellastückchen als Backen und halbierte große Zucchinischeiben als Ohren auflegen.

6 Etwas Olivenöl über jede Pizza träufeln. Die Pizzas im vorgeheizten Ofen bei 200 °C 12–15 Minuten backen, bis der Teigrand kross und goldbraun ist.

7 Die Pizzas auf Teller legen. Auf jede Wurstscheibe eine Erbse als Auge setzen und die Spaghetti oder andere Nudeln als Lockenkopf darüber drapieren. Sofort servieren.

VARIATION

Andere Zutaten, die Gesichter bilden, sind Olivenringe, Tomatenscheiben, Sardellenfilets, Schinkenstreifen und Maiskörner. Für die Haare kann man andere – auch gefärbte – Nudeln nehmen.

Bunte Minipizzas

Kleine Pizzas, in Italien »pizzette« genannt, sind so lecker, wie sie aussehen. Die hier angegebenen Mengen reichen für 8 Minipizzas oder 16 noch kleinere Cocktailpizzas, die man zu einem Drink aus der Hand isst.

1

2

3

Ergibt 8 Stück
1 Portion Pizzateig mit Hefe (s. S. 192)
BELAG
2 Zucchini
125 ml passierte Tomaten
75 g Bauchspeck (Pancetta), gewürfelt
50 g schwarze Oliven, entsteint, gehackt
Salz und Pfeffer
1 EL gemischte getrocknete Kräuter
2 EL Olivenöl

1 Den Teig 2 Minuten kneten, dann in 8 Portionen teilen. Jede Portion wahlweise zu einem Kreis oder Quadrat ausrollen und auf ein mit Öl ausgefettetes und bemehltes Backblech legen. Der Teig sollte nicht dicker als 0,6 cm sein, weil er beim Backen noch aufgeht. Rundum bei jedem Pizzaboden einen kleinen Wulst hochziehen.

2 Die Zucchini für den Belag auf einer Gemüsereibe grob raspeln.

3 Auf jedem Pizzaboden 2–3 TL der passierten Tomaten verteilen. Zucchiniraspel, Bauchspeckwürfel und gehackte Oliven darüber geben, mit Pfeffer würzen, getrocknete Kräuter darüber streuen und mit etwas Olivenöl beträufeln.

4 Im vorgeheizten Backofen bei 200 °C 15 Minuten backen, bis die Teigränder kross und goldbraun sind und der Belag brutzelt. Sofort auf die Servierplatte legen und so heiß wie möglich servieren.

VARIATION

Wenn die Zeit knapp ist, kann man statt des selbst gemachten Hefebodens fertig gekaufte kleine Pittabrote verwenden. Ehe man sie belegt, bepinselt man die Oberflächen mit etwas Olivenöl. Man backt sie 10–15 Minuten, bis der Belag heiß ist und brutzelt.

Pizza mit Fleischklößchen

Mit Pfefferschoten scharf gewürzte kleine Hackfleischbällchen sind ein idealer Belag für einen rasch gekneteten Pizzaboden aus Schnellem Milchteig.

Für 2–4 Personen
250 g mageres Rinderhack
25 g eingelegte Pfefferschoten (Peperoncini), abgetropft und gehackt
1 TL Kreuzkümmel
1 EL frische Petersilie, gehackt
1 EL verschlagenes Ei
Salz und Pfeffer
3 EL Olivenöl
Schneller Milchteig (s. S. 193)
Tomatensauce für Pizza (s. S. 190)
25 g eingelegte Pimientos, in Streifen geschnitten
2 Scheiben roher Schinken, in Streifen geschnitten
50 g grob geraffelter Greyerzer (Gruyère)
Olivenöl zum Beträufeln
gehackte Petersilie zum Garnieren

1 In einer Schüssel Rinderhack, Pfefferschoten, Kreuzkümmel, Petersilie und Ei mischen, salzen und pfeffern. Aus dem Fleischteig 12 Bällchen formen, mit Frischhaltefolie bedeckt für 1 Stunde in den Kühlschrank stellen.

2 Das Öl in einer Pfanne erhitzen und die Fleischbällchen darin unter Wenden rundum kross anbraten. Die Fleischbällchen aus der Pfanne heben und auf Küchenpapier abtropfen lassen.

3 Auf einer leicht bemehlten Arbeitsfläche aus dem Teig einen Kreis von 25 cm Durchmesser formen. Den Teigkreis auf ein mit Öl ausgefettetes Backblech setzen und rundum einen kleinen Wulst hochziehen. Den Pizzaboden bis zum Wulst gleichmäßig mit Tomatensauce bedecken.

4 Fleischbällchen, Pimientos und Schinken auf dem Pizzaboden verteilen. Den Käse darüber streuen und das Ganze mit Olivenöl beträufeln, salzen und pfeffern.

5 Im vorgeheizten Backofen bei 200 °C 18–20 Minuten backen, bis der Teigrand kross und goldbraun ist. Mit gehackter Petersilie garnieren und sofort heiß servieren.

Pizza mit Chili con carne

Diese an einen Pie erinnernde Pizza ist mit Chili con carne belegt, einem amerikanisierten indianisch-spanischen Gericht aus roten Bohnen, Hackfleisch und kleinen, scharfen Pfefferschoten.

Für 2–4 Personen

TEIG

- 20 g frische Hefe oder 1 Tütchen Trockenhefe
- 125 ml handwarmes Wasser
- 1 TL Zucker
- 3 EL Olivenöl
- 225 g Weizenmehl
- 1 TL Salz

BELAG

- 1 kleine Zwiebel, in Ringe geschnitten
- 1 Knoblauchzehe, zerdrückt
- 1/2 gelbe Paprikaschote, entkernt, klein geschnitten
- 1 EL Olivenöl
- 175 g mageres Rinderhack
- 1/2 TL Chilipulver
- 1/2 TL gemahlener Kreuzkümmel
- 200 g Kidneybohnen (aus der Dose), abgetropft
- Salz und Pfeffer
- Tomatensauce für Pizza (s. S. 190)
- 25 g eingelegte Pfefferschoten (Peperoncini), klein geschnitten
- 50 g Mozzarella, in dünne Scheiben geschnitten
- 50 g geraffelter Emmentaler
- Olivenöl zum Beträufeln
- gehackte Petersilie zum Garnieren

1 Aus den angegebenen Zutaten einen Pizzateig zubereiten, wie auf S. 192 beschrieben.

2 Den Teig auf bemehlter Arbeitsfläche zu einem Kreis von 23 cm Durchmesser formen, in ein mit Öl ausgefettetes Pieblech setzen und rundum einen Wulst hochziehen. Mit einem Küchenhandtuch bedeckt 10 Minuten gehen lassen.

3 Zwiebel, Knoblauch und Paprika 5 Minuten in Öl sautieren, aber nicht braun werden lassen. Die Hitze vergrößern, das Rinderhack, Chilipulver und Kreuzkümmel zugeben. Unter Rühren 5 Minuten angehen lassen. Vom Herd nehmen, die Bohnen unterrühren, mit Salz und Pfeffer kräftig abschmecken.

4 Die Tomatensauce auf dem Pizzaboden verteilen, dann die Bohnen-Rindfleisch-Mischung darüber geben.

5 Zuletzt Pfefferschoten, Mozzarella und Emmentaler über dem Belag verteilen und eine Faden Öl darüber träufeln. Im vorgeheizten Ofen bei 200 °C 18–20 Minuten backen, bis der Teigrand kross und goldbraun ist und die Füllung brutzelt. Mit gehackter Petersilie bestreuen und sofort zu Tisch bringen.

Frühstückspizza

Alles, was zu einem zünftigen englischen »Breakfast« gehört, findet sich auf dieser originellen Pizza. Da sie sehr mächtig ist, sollte man sie jedoch besser zum Brunch verzehren.

Für 4 Personen
Pizzateig mit Hefe (s. S. 192)
12 Cocktailwürstchen
3 EL Öl
Tomatensauce für Pizza (s. S. 190)
150 g gebackene Bohnen (aus der Dose)
4 Scheiben Frühstücksspeck
50 g Champignons, geputzt, geviertelt
1 kleine Tomate, geachtelt
50 g geraffelter Cheddar oder Gouda
Salz und Pfeffer
4 Eier

1 Auf einer leicht bemehlten Arbeitsfläche aus dem Teig einen Kreis von 25 cm Durchmesser formen. Den Teigkreis auf ein mit Öl ausgefettetes Backblech setzen und rundum einen kleinen Wulst hochziehen. Mit einem Küchenhandtuch bedeckt 10 Minuten an einem zugfreien Ort gehen lassen.

2 Die Würstchen in einer Pfanne in 1 EL Öl leicht anbraten.

3 Tomatensauce und gebackene Bohnen vermischen, auf dem Pizzaboden verstreichen und die Würstchen darüber verteilen.

4 Den Frühstücksspeck in Streifen schneiden, mit Champignons und Tomaten auf die Pizza geben. Mit Käse bestreuen, salzen und pfeffern.

5 Im vorgeheizten Ofen bei 200 °C 18–20 Minuten backen, bis der Teigrand kross und goldbraun ist und der Belag brutzelt.

6 Die Eier im restlichen Öl braten. Die Pizza in 4 Teile schneiden und auf Teller geben. Zu jedem Pizzastück ein Spiegelei legen und sofort servieren.

WISSENSWERTES

Statt der Cocktailwürstchen kann man Nürnberger Rostbratwürstel, klein geschnittene Frankfurter, stückig geschnittene Bratwurst oder auch andere Wurst verwenden.

Pizza alla fiorentina

Knuspriger Pizzaboden, belegt mit frischem jungem Spinat, Scheiben von hart gekochten Eiern und Mandelblättchen – eine Pizza, wie man sie nicht jeden Tag bekommt.

Für 2–4 Personen
2 EL frisch geriebener Parmesan
Kartoffelteig (s. S. 194)
Tomatensauce für Pizza (s. S. 190)
1 kleine rote Zwiebel, in Ringe geschnitten
2 EL Olivenöl
175 g Spinat
1/4 TL frisch geriebene Muskatnuss
2 hart gekochte Eier
15 g frische Brösel von Weißbrot
2 EL Mandelblättchen
50 g grob geraffelter Jarlsberg oder ersatzweise Greyerzer (Gruyère)
Olivenöl zum Beträufeln
Salz und Pfeffer

1 Den Parmesan unter den Kartoffelteig mischen. Auf einer leicht bemehlten Arbeitsfläche aus dem Teig einen Kreis von 25 cm Durchmesser formen. Den Teigkreis auf ein mit Öl ausgefettetes Backblech setzen und rundum einen kleinen Wulst hochziehen. Den Boden bis zum Wulst mit Tomatensauce bedecken.

2 Vom Spinat die harten Stiele abschneiden. Die Blätter gründlich in kaltem Wasser waschen, abtropfen lassen und mit Küchenpapier gut trockentupfen.

3 Die Zwiebelringe im Öl 5 Minuten andünsten. Den Spinat zugeben und so eben zusammenfallen lassen. Sofern sich Flüssigkeit bildet, abgießen. Den Spinat auf den Pizzaboden geben und mit Muskat würzen.

4 Die in Scheiben geschnittenen Eier auf dem Spinat verteilen.

5 Die Weißbrotbrösel mit Mandeln und Käse mischen und über die Pizza streuen. Mit Öl beträufeln, kräftig salzen und pfeffern.

6 Im auf 200 °C vorgeheizten Ofen 18–20 Minuten backen, bis der Teigrand kross, knusprig und goldbraun ist. Auf einen vorgewärmten Servierteller geben und sofort auftragen.

Pizza mit Aubergine und Lammhack

Auch Lammhack und Auberginen, eine typisch mittelmeerische Mischung, können als Belag einer Pizza dienen. Zu ihr sollte man einen frischen bunten Salat reichen.

Für 2–4 Personen
1 kleine Aubergine, gewürfelt
Pizzateig mit Hefe (s. S. 192)
1 kleine Zwiebel, in Ringe geschnitten
1 Knoblauchzehe, zerdrückt
1 TL Kreuzkümmelsamen
1 EL Olivenöl
175 g Lammhack
25 g eingelegte Pimientos, in Streifen geschnitten
2 EL frisches Koriandergrün (Cilantro), gehackt
Salz und Pfeffer
Paprika-Tomaten-Sauce (s. S. 191)
75 g Mozzarella, in dünne Scheiben geschnitten
Olivenöl zum Beträufeln

1 Die Auberginenwürfel in ein Sieb geben, mit Salz bestreuen und 20 Minuten stehen lassen. Gründlich abspülen, mit Küchenpapier trockentupfen.

2 Den Hefeteig auf einer leicht bemehlten Arbeitsfläche zu einem Kreis von 25 cm Durchmesser ausrollen. Den Teigkreis auf ein mit Öl ausgefettetes großes Backblech setzen und mit den Fingern rundum einen kleinen Wulst hochziehen.

3 Den Boden mit einem Küchentuch bedeckt 10 Minuten gehen lassen.

4 Zwiebeln, Knoblauch und Kreuzkümmel 3 Minuten im Öl sautieren. Das Lammhack zugeben und anbraten, dann Aubergine und Pimientos zugeben, unter Rühren weitere 5 Minuten braten, Koriander zugeben, salzen und pfeffern.

5 Die Tomatensauce gleichmäßig auf dem Pizzaboden verteilen und die Lammmischung darüber geben.

6 Mozzarellascheiben darauf verteilen, mit Öl beträufeln und erneut salzen und pfeffern. Im auf 200 °C vorgeheizten Ofen 18–20 Minuten backen, bis der Teigrand kross und der Käse geschmolzen ist. Heiß servieren und dazu einen Salat reichen.

Pizza mit Gemüsen und Ziegenkäse

Eine mit Thymian und Knoblauch in Olivenöl gegarte bunte Gemüsemischung bildet zusammen mit jungem, pikantem Ziegenkäse einen delikaten Pizzabelag.

Für 2–4 Personen
2 sehr kleine Zucchini, längs halbiert
2 Baby-Auberginen, geviertelt
1/2 rote Paprikaschote, entkernt, in 4 Streifen geschnitten
1/2 gelbe Paprikaschote, entkernt, in 4 Streifen geschnitten
1 kleine rote Zwiebel, geachtelt
2 Knoblauchzehen, ungeschält
4 EL Olivenöl
1 EL Rotweinessig
1 EL frischer Thymian, gehackt
Salz und Pfeffer
Pizzateig mit Hefe (s. S. 192)
Tomatensauce für Pizza (s. S. 190)
75 g Ziegenkäse
frisches Basilikum zum Garnieren

1 Die geputzten Gemüse und den Knoblauch in einen flachen Bräter geben. Olivenöl, Essig, Thymian, Salz und Pfeffer mischen und über die Gemüse gießen.

2 Die Gemüse im vorgeheizten Ofen bei 200 °C 15–20 Minuten schmoren lassen, bis sich die Häute zu lösen beginnen. Aus dem Ofen nehmen und 5 Minuten ruhen lassen.

3 Die Häute von Paprikaschoten und Knoblauch abziehen, den Knoblauch klein schneiden.

4 Auf einer leicht bemehlten Arbeitsfläche aus dem Teig einen Kreis von 25 cm Durchmesser formen. Den Teigkreis auf ein mit Öl ausgefettetes Backblech setzen und rundum einen kleinen Wulst hochziehen. Mit einem Küchenhandtuch bedeckt 10 Minuten gehen lassen, dann den Boden bis zum Wulst mit Tomatensauce bedecken.

5 Die gerösteten Gemüse auf dem Teigboden verteilen, den Käse darüber bröseln und mit Öl aus dem Gemüsebrater beträufeln.

6 Die Pizza im vorgeheizten Ofen bei 200 °C 18–20 Minuten backen, bis der Teigrand goldbraun und knusprig ist. Mit Basilikum garnieren und sofort servieren.

1

3

5

Pizza mit Tofu, Mais und Erbsen

In Ingwer und Sojasauce marinierte Tofuwürfel bilden den asiatisch inspirierten Belag einer Pizza aus polentaähnlichem Grießteig.

Für 2–4 Personen
1 l Milch
1 TL Salz
250 g Hartweizengrieß
1 EL Sojasauce
1 EL trockener Sherry
1/2 TL frisch geriebene Ingwerwurzel
250 g Tofu, grob gewürfelt
2 Eier
50 g frisch geriebener Parmesan
Tomatensauce für Pizza (s. S. 190)
25 g Babymaiskolben, geviertelt
25 g Zuckerschoten, abgezogen, geviertelt
4 Frühlingszwiebeln, geputzt, in 2,5 cm lange Stücke geschnitten
50 g Mozzarella, in dünne Scheiben geschnitten
2 EL Sesamöl
Salz und Pfeffer

1 Die Milch mit dem Salz zum Kochen bringen. Unter Rühren den Grieß einrieseln lassen, auf schwacher Hitze 10 Minuten köcheln lassen, gelegentlich rühren, damit nichts anbrennt. Vom Herd nehmen und auskühlen lassen.

2 Sojasauce, Sherry und Ingwer in einer Schüssel mischen, den Tofu zugeben, rundum benetzen und 20 Minuten marinieren.

3 Die Eier mit etwas Pfeffer verschlagen. Eier und Parmesan gründlich unter den Grieß rühren. Den Grießteig auf einem mit Öl ausgefetteten Blech zu einem 25-cm-Kreis ausstreichen und mit dem Löffelrücken glätten. Die Tomatensauce gleichmäßig auf dem Grießboden verteilen.

4 Maiskölbchen und Zuckerschoten 1 Minute in kochendem Wasser blanchieren, gründlich abtropfen lassen, zusammen mit den Tofuwürfeln auf dem Grießboden verteilen. Mit Frühlingszwiebeln und Mozzarella belegen, mit Sesamöl beträufeln, salzen und pfeffern.

5 Im vorgeheizten Ofen bei 200 °C etwa 18–20 Minuten backen, bis der Teigrand goldbraun ist. Sofort servieren.

Pizza mit Sardellen und Oliven

Tomaten, Zwiebeln, Knoblauch, schwarze Oliven und Sardellenfilets bilden den Belag einer ligurischen Pizzavariante, der Sardenaira, die viereckig gebacken wird.

Für 2–4 Personen
4 EL Olivenöl
3 Zwiebeln, in Ringe geschnitten
1 Knoblauchzehe, zerdrückt
1 TL brauner Zucker
1/2 EL frische Rosmarinnadeln, gehackt
200 g geschälte Tomaten (aus der Dose), in Stücken
Salz und Pfeffer
Pizzateig mit Hefe (s. S. 192)
2 EL frisch geriebener Parmesan
50 g Sardellenfilets
12–14 schwarze Oliven

1 3 EL Öl in einer großen Pfanne erhitzen, Zwiebeln, Knoblauch, Zucker und Rosmarin darin unter gelegentlichem Rühren 10 Minuten schmoren lassen, bis die Zwiebeln weich sind. Die Tomaten zugeben, salzen und pfeffern. Etwas abkühlen lassen.

2 Auf einer leicht bemehlten Arbeitsfläche aus dem Teig ein Rechteck von 30 × 18 cm formen, den Teig auf ein mit Öl ausgefettetes Backblech geben und rundum einen kleinen Wulst hochziehen.

3 Den Teig mit dem restlichen Öl bestreichen und mit dem Käse bestreuen. Bedeckt an einem warmen Ort 10 Minuten gehen lassen.

4 Die Zwiebelmischung auf dem Teig verteilen. Die Sardellenfilets abtropfen lassen, Öl aufbewahren. Die Filets längs halbieren, so auf der Pizza verteilen, dass sich ein Rautenmuster bildet. In jede Raute eine Olive setzen und mit dem zurückbehaltenen Öl beträufeln. Die Pizza bei 200 °C 18–20 Minuten backen, bis der Teigrand kross ist. In Quadrate schneiden und sofort servieren.

WISSENSWERTES

Bestens geeignet sind trocken eingelegte, mit Kräutern marinierte Oliven.

Pizza marinara

Zum Belag dieser beliebten Pizza gehören gemischte Meeresfrüchte wie Krabben, Muscheln und Tintenfischringe sowie schwarze Oliven.

Für 2–4 Personen
Kartoffelteig (s. S. 194)
Paprika-Tomaten-Sauce (s. S. 191)
200 g gemischte Meeresfrüchte (TK-Ware), aufgetaut
1 EL Kapern
1 kleine gelbe Paprikaschote, entkernt, gewürfelt
1 EL frischer Majoran, gehackt
1/2 TL getrockneter Oregano
50 g Mozzarella, klein geschnitten
2 EL frisch geriebener Parmesan
12 schwarze Oliven
Olivenöl zum Beträufeln
Salz und Pfeffer
frische Majoran- oder Oreganoblättchen zum Garnieren

1 Auf einer leicht bemehlten Arbeitsfläche aus dem Kartoffelteig einen Kreis von 25 cm Durchmesser formen. Den Teigkreis vorsichtig auf ein mit Öl ausgefettetes Backblech setzen – oder gleich auf dem Blech ausrollen – und mit den Fingern rundum einen kleinen Wulst hochziehen.

2 Die Tomatensauce bis an den Wulst auf dem Teigboden verteilen.

3 Meeresfrüchte, Kapern und Paprikawürfel gleichmäßig auf dem Pizzaboden verteilen.

4 Gleichmäßig mit Majoran, Oregano, Mozzarella und Parmesan bestreuen und die Oliven darauf verteilen. Mit Olivenöl beträufeln und großzügig mit Salz und wahlweise schwarzem oder weißem Pfeffer aus der Mühle würzen.

5 Die Pizza im vorgeheizten Ofen bei 200 °C 18–20 Minuten backen, bis der Teigrand goldbraun, kross und knusprig ist.

6 Die Pizza auf eine warme Servierplatte gleiten lassen, mit frischem Majoran oder Oregano garnieren und sofort zu Tisch bringen

Pizza Alaska

Obwohl ihr Name Kälte vermuten lässt, wird die mit Gemüsen und Lachswürfeln belegte Pizza heiß aus dem Ofen serviert.

Für 2–4 Personen
Schneller Milchteig (s. S. 193)
Tomatensauce für Pizza (s. S. 190)
1 Zucchini, grob geraffelt
1 Tomate, in dünne Scheiben geschnitten
100 g roter Lachs (aus der Dose), abgetropft
50 g Champignons, geputzt, blättrig geschnitten
1 EL frischer Dill, gehackt
1/2 TL getrockneter Oregano
40 g Mozzarella, fein geschnitten
Olivenöl zum Beträufeln
Salz und Pfeffer
frische Dillzweige zum Garnieren

1 Auf einer leicht bemehlten Arbeitsfläche den Teig mit dem Nudelholz zu einem Kreis von 25 cm Durchmesser ausrollen. Den Teigkreis auf ein gut mit Öl ausgefettetes Backblech setzen und mit den Fingern rundum einen kleinen Wulst hochziehen.

2 Die Tomatensauce bis an den Wulst auf dem Teigboden verteilen.

3 Die geraffelte Zucchini über die Tomatensauce streuen, die Tomatenscheiben darüber verteilen.

4 Den Lachs vorsichtig mit 2 Gabeln zerzupfen, dabei eventuell vorhandene Gräten entfernen. Den Fisch und die Champignons über der Pizza verteilen. Mit Dill, Oregano und Mozzarella bestreuen. Mit einem Faden Olivenöl beträufeln, salzen und pfeffern.

5 Die Pizza im vorgeheizten Ofen bei 200 °C 18–20 Minuten backen, bis der Teigrand goldbraun und knusprig ist. Auf eine Servierplatte gleiten lassen und mit frischen Dillzweigen garniert servieren.

WISSENSWERTES

Den Lachs gut abtropfen lassen, damit der Pizzaboden nicht durchweicht und pampig wird.

Pizza quattro stagioni

Die 4 unterschiedlich belegten Segmente dieser Pizza sollen die 4 Jahreszeiten, die »quattro stagioni«, symbolisieren.

Für 2–4 Personen
Pizzateig mit Hefe (s. S. 192)
Paprika-Tomaten-Sauce (s. S. 191)
25 g Chorizo (spanische Wurst), in Scheiben geschnitten
25 g Champignons, geputzt, blättrig geschnitten
40 g Artischockenherzen (aus der Dose), blättrig geschnitten
25 g Mozzarella, in dünne Scheiben geschnitten
6 Sardellenfilets
2 TL Kapern
4 schwarze Oliven, entsteint, in Ringe geschnitten
4 frische Basilikumblätter, zerzupft
Olivenöl zum Beträufeln
Salz und Pfeffer

1 Auf einer leicht bemehlten Arbeitsfläche aus dem Teig einen Kreis von 25 cm Durchmesser formen und auf ein mit Öl ausgefettetes Backblech legen. Mit den Fingern rundum einen kleinen Wulst hochziehen.

2 Den Teigkreis zugedeckt an einem warmen Ort 10 Minuten gehen lassen, dann bis an den Wulst gleichmäßig mit Tomatensauce bestreichen.

3 Ein Viertel mit der Chorizo, ein weiteres mit den Champignons, eins mit den Artischocken und das letzte Viertel mit Mozzarella und Sardellen belegen.

4 Gleichmäßig mit Kapern, Oliven und Basilikum bestreuen. Mit Olivenöl beträufeln, vorsichtig salzen und pfeffern (die Sardellen sind bereits sehr salzig). Im vorgeheizten Ofen bei 200 °C 18–20 Minuten backen, bis der Teigrand goldbraun und kross ist. Die Pizza heiß aus dem Ofen zu Tisch bringen.

VARIATION

Wahlweise kann man grüne Oliven zu den Champignons und schwarze Oliven zu den Sardellen geben.

Pizza mit Zwiebeln, Schinken und Käse

Eine quadratische Pizza mit einem saftigen Belag aus vorgegarten Zwiebeln, rotem Paprika, Parmaschinken und Mozzarella.

2

3

5

Für 4 Personen
Pizzateig mit Hefe (s. S. 192)
BELAG
2 EL Olivenöl
250 g Zwiebeln, in dünne Ringe geschnitten
2 Knoblauchzehen, zerdrückt
1 rote Paprikaschote, entkernt, klein geschnitten
125 g Parmaschinken (Prosciutto), in Streifen geschnitten
125 g Mozzarella, in dünne Scheiben geschnitten
2 EL Rosmarinnadeln, grob gehackt

1 Den Teig auf einer leicht bemehlten Arbeitsfläche zu einem gleichmäßig dicken Quadrat oder Rechteck ausrollen. Der Teig sollte nicht dicker als 0,6 cm sein, da er beim Backen aufgeht. Den Teig auf ein mit Öl ausgefettetes Backblech legen und rundum einen kleinen Wulst hochziehen.

2 Für den Belag Öl in einer großen Pfanne erhitzen. Zwiebeln und Knoblauch darin auf schwacher Hitze 3 Minuten dünsten.

3 Den Paprika zugeben und weitere 2 Minuten dünsten.

4 Die Hitze verringern, den Deckel auflegen und die Gemüse 10 Minuten schmoren lassen, bis sie weich sind. Gelegentlich umrühren, dann vom Herd nehmen und abkühlen lassen.

5 Die Gemüsemischung gleichmäßig auf dem Teig verteilen. Schinkenstreifen, Mozzarella und Rosmarin darüber streuen.

6 Die Pizza im vorgeheizten Ofen bei 200 °C 18–20 Minuten backen, bis der Teigrand kross, goldbraun und knusprig ist. In Rechtecke schneiden, auf eine Servierplatte geben und sofort servieren.

WISSENSWERTES

Wenn möglich sollte man entweder weiße Zwiebeln oder große Gemüsezwiebeln für den Belag verwenden, denn sie sind besonders mild und schmackhaft.

Pizza mit Räucherschinken und Pfeffersalami

Scheiben von scharfer Pfeffersalami, geräucherter Schinken, Paprikastreifen sowie Räucherkäse bilden den Belag einer Pizza, die sich durch ihren knusprigen Hefeteigboden auszeichnet.

Für 2–4 Personen
Pizzateig mit Hefe (s. S. 192)
1 EL Olivenöl
1 EL frisch geriebener Parmesan
Tomatensauce für Pizza (s. S. 190)
125 g geräucherter Schinken, gewürfelt
½ grüne Paprikaschote, entkernt, in Streifen geschnitten
½ gelbe Paprikaschote, entkernt, in Streifen geschnitten
50 g Pfeffersalami, in Scheiben geschnitten
50 g Räucherkäse, grob geraffelt
½ TL getrockneter Oregano
Olivenöl zum Beträufeln
Salz und Pfeffer

1 Den Hefeteig auf einer leicht bemehlten Arbeitsfläche zu einem Kreis von 25 cm Durchmesser ausrollen. Den Teigkreis auf ein mit Öl ausgefettetes Backblech setzen und rundum mit den Fingern einen kleinen Wulst hochziehen.

2 Den Teigboden mit etwas Olivenöl bestreichen und mit Parmesan bestreuen. Mit einem Küchenhandtuch bedeckt 10 Minuten gehen lassen.

3 Den Pizzaboden bis zum Wulst mit Tomatensauce bedecken.

4 Zunächst den Schinken und die Paprikastreifen, dann die Pfeffersalami und den Räucherkäse darüber verteilen.

5 Mit Oregano bestreuen, mit Olivenöl beträufeln, vorsichtig salzen und pfeffern.

6 Im vorgeheizten Ofen bei 200 °C 18–20 Minuten backen, bis der Teigrand goldbraun und kross und der Käse geschmolzen ist.

7 Die Pizza auf eine warme Servierplatte gleiten lassen, in Stücke schneiden und sofort servieren.

Pizza mit Avocado und Schinken

Der Clou dieser Pizza ist der Boden, der mit streifig geschnittenen getrockneten Tomaten und schwarzen Oliven angereichert ist.

Für 2–4 Personen
Pizzateig mit Hefe (s. S. 192)
4 getrocknete Tomaten, klein geschnitten
25 g schwarze Oliven, entsteint, grob gehackt
Paprika-Tomaten-Sauce (s. S. 191)
2 kleine Chicorée, die Blätter zerzupft
4 Radicchioblätter, zerzupft
1 Avocado, geschält, entsteint und blättrig geschnitten
50 g Räucherschinken, hauchfein geschnitten
50 g Blauschimmelkäse, in kleine Stücke geschnitten
Olivenöl zum Beträufeln
Salz und Pfeffer
in Röllchen geschnittener Schnittlauch zum Garnieren

1 Den Hefeteig durchkneten, dabei die getrockneten Tomaten und die Oliven einarbeiten.

2 Auf einer leicht bemehlten Arbeitsfläche den Teig zu einem Kreis von 25 cm Durchmesser ausrollen. Den Teigkreis auf ein mit Öl ausgefettetes Backblech legen und rundum einen Wulst hochziehen.

3 Den Teigboden mit einem Küchenhandtuch bedeckt 10 Minuten gehen lassen, dann bis zum Wulst mit Tomatensauce bestreichen.

4 Chicorée, Radicchioblätter, Avocadoscheiben, den leicht zusammengedrückten Schinken und den Käse auf dem Pizzaboden verteilen. Mit Olivenöl beträufeln, salzen und pfeffern.

5 Im vorgeheizten Ofen bei 200 °C 18–20 Minuten backen, bis der Teigrand goldbraun und kross und der Käse geschmolzen ist.

6 Auf eine Servierplatte gleiten lassen, mit Schnittlauch garnieren und sofort servieren.

1

3

6

Pizza alla giardiniera

Wie der Name – Pizza nach Art der Gärtnerin – bereits vermuten lässt, bilden hier frische junge Gartengemüse den Belag einer Pizza aus Kartoffelteig.

Für 2–4 Personen
6 Spinatblätter
Kartoffelteig (s. S. 194)
Paprika-Tomaten-Sauce (s. S. 191)
1 Tomate, in Scheiben geschnitten
1 Stängel Bleichsellerie, klein geschnitten
1/2 grüne Paprikaschote, entkernt, in Streifen geschnitten
1 kleine Zucchini, in Scheiben geschnitten
25 g Spargelspitzen
25 g tiefgefrorene Maiskörner, aufgetaut
25 g tiefgefrorene Erbsen, aufgetaut
4 Frühlingszwiebeln, geputzt, in Ringe geschnitten
1 EL gemischte frische Kräuter, gehackt
50 g Mozzarella, klein geschnitten
2 EL frisch geriebener Parmesan
1 Artischockenherz
Olivenöl zum Beträufeln
Salz und Pfeffer

1 Die Stängel von den Spinatblättern abschneiden. Die Spinatblätter waschen und mit Küchenpapier trockentupfen.

2 Den Kartoffelteig auf einem leicht mit Öl ausgefetteten Backblech zu einem Kreis von 25 cm Durchmesser ausrollen. Rund um den Teigkreis mit den Fingern einen kleinen Wulst hochziehen. Die Tomatensauce bis an den Wulst gleichmäßig auf dem Teigboden verteilen.

3 Spinatblätter, Tomatenscheiben und die übrigen Gemüse auf dem Pizzaboden verteilen. Mit den Kräutern und Käsen bestreuen und das Artischockenherz in die Mitte setzen. Mit Olivenöl beträufeln, salzen und pfeffern.

4 Die Pizza im vorgeheizten Ofen bei 200 °C 18–20 Minuten backen, bis der Teigrand goldbraun, kross und knusprig ist. Auf eine Servierplatte gleiten lassen und sofort zu Tisch bringen.

Pizza mit Pilzen und Walnüssen

Gemischte frische Pilze bilden zusammen mit Walnüssen und pikantem Roquefort einen außergewöhnlichen Belag für eine Pizza aus Schnellem Milchteig.

Für 2–4 Personen
Schneller Milchteig (s. S. 193)
Paprika-Tomaten-Sauce (s. S. 191)
125 g Frischkäse
1 EL gemischte frische Kräuter (Petersilie, Oregano, Basilikum), gehackt
225 g frische Pilze (Austern-, Shiitake-, Steinpilze) oder 225 g Egerlinge und/oder Champignons
2 EL Olivenöl
1/4 TL Fenchelsamen
25 g grob gehackte Walnüsse
40 g Blauschimmelkäse, in kleine Stücke geschnitten
Olivenöl zum Beträufeln
Salz und Pfeffer
Petersilie zum Garnieren

1 Auf einer leicht bemehlten Arbeitsfläche den Milchteig zu einem Kreis von 25 cm Durchmesser ausrollen. Den Teigkreis auf ein mit Öl ausgefettetes großes Backblech legen und mit den Fingern rundum einen kleinen Wulst hochziehen.

2 Den Teigboden mit Tomatensauce bestreichen, Frischkäse darauf verteilen und mit Kräutern bestreuen.

3 Die Pilze putzen, feucht abwischen und klein schneiden. In einer Pfanne in Öl 2–3 Minuten anbraten, mit Fenchel würzen. Auf dem Teigboden verteilen, Walnüsse darüber streuen.

4 Den Schimmelkäse darüber krümeln. Mit Olivenöl beträufeln, salzen und pfeffern.

5 Im vorgeheizten Ofen bei 200 °C 18–20 Minuten backen, bis der Teigrand goldbraun und kross ist.

6 Auf eine Servierplatte gleiten lassen, mit glatter Petersilie garnieren und sofort servieren.

Pizza mit Paprika und roten Zwiebeln

Die lebhaften Farben gemischter Paprikaschoten verleihen dieser sommerlichen Pizza Schwung. In schmale Streifen geschnitten ist diese Variante ein idealer Partysnack.

Für 6 Personen
Pizzateig mit Hefe (s. S. 192)
2 EL Olivenöl
je 1/2 rote, grüne und gelbe Paprikaschote, entkernt, in Streifen geschnitten
1 rote Zwiebel, in dünne Ringe geschnitten
1 Knoblauchzehe, zerdrückt
Tomatensauce für Pizza (s. S. 190)
3 EL Rosinen
25 g Pinienkerne
1 EL frischer Thymian, gehackt
Olivenöl zum Beträufeln
Salz und Pfeffer

1 Auf einer leicht bemehlten Arbeitsfläche den Hefeteig zu einem Rechteck von 30 × 18 cm ausrollen. Den Teig vorsichtig in eine ausgefettete passende Form geben und am Rand der Form etwas hochziehen.

2 Den Teig bedeckt an einem warmen Ort 10 Minuten gehen lassen.

3 Das Öl in einer großen Pfanne erhitzen, Paprika, Zwiebelringe und Knoblauch darin 5 Minuten schmoren lassen, bis sie weich sind. Zum Abkühlen beiseite stellen.

4 Die Tomatensauce gleichmäßig bis zum Rand auf dem Pizzaboden verteilen.

5 Die Rosinen und dann die abgekühlte Gemüsemischung auf dem Teigboden verteilen. Mit Pinienkernen und Thymian bestreuen. Mit Olivenöl beträufeln, salzen und pfeffern.

6 Die Pizza im vorgeheizten Ofen bei 200 °C 18–20 Minuten backen, bis der Teigrand kross, goldbraun und knusprig ist.

7 Die Pizza in schmale Stücke schneiden und sofort servieren.

Pizza mit Ratatouille und Linsen

Eine Pizza für Vegetarier: Ein knuspriger Vollkornboden wird mit vorgegarten Linsen und Ratatouille belegt und mit Sonnenblumenkernen bestreut.

Für 2–4 Personen
50 g grüne Linsen (Puylinsen)
1/2 kleine Aubergine, gewürfelt
1 kleine Zwiebel, in Ringe geschnitten
1 Knoblauchzehe, zerdrückt
3 EL Olivenöl
1/2 Zucchini, in Scheiben geschnitten
1/2 rote Paprikaschote, entkernt, klein geschnitten
1/2 grüne Paprikaschote, entkernt, klein geschnitten
200 g geschälte Tomaten (aus der Dose)
1 EL frischer Oregano, gehackt, oder 1 TL getrockneter
Salz und Pfeffer
Pizzateig mit Hefe (s. S. 192), jedoch mit Vollkornmehl zubereitet
50 g Cheddar oder Gouda, in Scheiben geschnitten
1 EL Sonnenblumenkerne
Olivenöl zum Beträufeln

1 Die Linsen 30 Minuten in heißem Wasser einweichen. Abgießen, mit heißem Wasser aufsetzen und 10 Minuten kochen lassen.

2 Die Auberginen in ein Sieb geben, mit Salz bestreuen und 20 Minuten stehen lassen. Gründlich abspülen und mit Küchenpapier trockentupfen.

3 Zwiebelringe und Knoblauch im Öl 3 Minuten bei milder Hitze sautieren. Zucchini, Paprika und Auberginen zugeben. Deckel auflegen und bei schwacher Hitze etwa 5 Minuten schmoren lassen.

4 Tomaten, abgetropfte Linsen, Oregano, 2 EL Wasser, Salz und Pfeffer zugeben und weitere 15 Minuten köcheln lassen. Zwischendurch rühren und eventuell mehr Wasser zugeben.

5 Auf einer leicht bemehlten Arbeitsfläche den Teig zu einem Kreis von 25 cm Durchmesser ausrollen. Den Teigkreis auf ein ausgefettetes Blech legen und rundum einen Wulst hochziehen. Den Teig bedeckt an einem warmen Ort 10 Minuten gehen lassen.

6 Den Teigboden bis zum Wulst mit der Ratatouille auffüllen, die Käsescheiben darauf legen und mit Sonnenblumenkernen bestreuen. Mit etwas Olivenöl beträufeln, salzen und pfeffern.

7 Im vorgeheizten Ofen bei 200 °C 18–20 Minuten backen, bis der Teigrand knusprig und goldbraun ist. Sofort servieren.

1

3

6

Grüner Frühlingspie

Ein zur Torte geformter, gebackener Risotto mit jungen Gemüsen ergibt ein leckeres Frühlingsessen, das man warm aus dem Ofen oder kalt essen kann.

Für 4 Personen
75 g Rucola (Rauke)
2 EL Olivenöl
1 Zwiebel, gehackt
2 Knoblauchzehen, zerdrückt
200 g Risottoreis (Arborio)
750 ml heiße Hühner- oder Gemüsebrühe
125 ml trockener Weißwein
50 g frisch geriebener Parmesan
125 g tiefgefrorene Erbsen, aufgetaut
2 Tomaten, gewürfelt
4 Eier, verschlagen
3 EL frischer Majoran, gehackt
Salz und Pfeffer
50 g Paniermehl

1 Boden und Seitenrand einer 23-cm-Springform gut ausfetten.

2 Den Rucola mit einem schweren, scharfen Messer grob hacken.

3 Das Öl in einer großen Pfanne erhitzen. Zwiebel und Knoblauch darin in 5 Minuten unter Rühren glasig dünsten.

4 Den Reis zugeben und ebenfalls glasig werden lassen. Dann portionsweise die Brühe zugeben und köcheln lassen. Jeweils abwarten, bis die Flüssigkeit aufgesogen ist, ehe man neue Brühe zugibt.

5 Den Wein zugießen und weiterköcheln lassen, bis die Flüssigkeit aufgesogen und der Reis gar, aber noch bissfest ist. Es wird etwa 15 Minuten dauern.

6 Parmesan, Erbsen, Rucola, Tomaten, Eier und 2 EL des Majorans unter den Reis rühren. Mit Salz und Pfeffer abschmecken.

7 Den Risotto in die Springform löffeln. Mit dem Löffelrücken festdrücken und die Oberfläche glatt streichen.

8 Das Paniermehl und den restlichen Majoran darüber streuen.

9 Im vorgeheizten Ofen bei 180 °C etwa 30 Minuten backen, bis der Risottokuchen gar ist.

10 In Stücke schneiden, auf Teller geben und sofort servieren.

Spinat und Ricotta im Blätterteig

Der hübsch verzierte, knusprige Blätterteig sorgt für eine aufregende Optik; aus der Tiefkühltruhe kommend, ist er im Nu zubereitet.

Für 4 Personen
225 g Spinat
25 g Pinienkerne
125 g Ricotta
2 große Eier, verschlagen
50 g gemahlene Mandeln
40 g frisch geriebener Parmesan oder Pecorino
250 g Blätterteig (TK-Ware), aufgetaut
1 kleines Ei, verschlagen

1 Den Spinat verlesen und waschen, tropfnass in einen Topf geben und zusammenfallen lassen. Wenn er abgekühlt ist, sehr gründlich ausdrücken.

2 Die Pinienkerne in einer beschichteten Pfanne ohne Zugabe von Fett unter Rühren vorsichtig goldbraun rösten.

3 Ricotta und Eier verquirlen, mit dem Spinat verrühren. Dann Pinienkerne, gemahlene Mandeln und Parmesan (oder Pecorino) gründlich untermischen.

4 Den Blätterteig auf bemehlter Arbeitsfläche zu 2 Quadraten von 20 cm ausrollen. Die Kanten beschneiden, abgeschnittenen Teig aufbewahren.

5 Eine Teigplatte auf ein Backblech legen und die Spinatmischung darauf geben. 1 cm Rand lassen und diesen mit verschlagenem Ei bestreichen. Die zweite Teigplatte passgenau darüber legen.

6 Die Ränder der Teigplatten fest zusammendrücken. Aus den beiseite gelegten Teigresten Rauten schneiden, einritzen und zur Verzierung auf den Pie legen.

7 Den Pie mit verschlagenem Ei bestreichen. Im vorgeheizten Ofen bei 220 °C 10 Minuten vorbacken, dann die Hitze auf 190 °C reduzieren. Den Pie in 25–30 Minuten fertig backen und sofort heiß servieren.

VARIATION

Statt des Spinats kann man das Grün von Mangoldblättern oder je zur Hälfte Spinat und Borretsch verwenden – eine in Italien sehr beliebte Mischung.

Überbackenes Stangenweißbrot

Französisches Stangenweißbrot (Baguette) oder italienisches Weißbrot (Ciabatta) ist eine ideale Grundlage für eine pizzaähnliche Kreation, die im Handumdrehen gemacht ist.

Für 4 Personen
2 Baguette oder Ciabatta-Brote
Tomatensauce für Pizza (s. S. 190)
4 aromatische Tomaten, in Scheiben geschnitten
150 g Mozzarella, in dünne Scheiben geschnitten
10 schwarze Oliven, entsteint, in Ringe geschnitten
8 frische Basilikumblätter, in Streifen geschnitten
Olivenöl zum Beträufeln
Salz und Pfeffer

1 Die Baguettes der Länge nach halbieren, die Schnittflächen unter dem Grill leicht anrösten, dann mit Tomatensauce bestreichen.

2 Die Brote mit Tomaten- und Mozzarellascheiben im Wechsel belegen.

3 Olivenringe und die Hälfte des Basilikums darüber verteilen, jeweils einen Faden Öl über die Brote laufen lassen, salzen und pfeffern.

4 Die Brote entweder unter den heißen Grill legen, bis der Käse schmilzt, oder im vorgeheizten Ofen bei 200 °C 15–20 Minuten durchwärmen, bis der Käse geschmolzen und das Brot kross ist.

5 Das restliche Basilikum über die Brotpizza streuen und sofort heiß servieren.

Fladenbrot mit Käsefüllung

Das Focaccia genannte Fladenbrot aus Hefeteig ist eine ausgezeichnete Beilage zu Antipasti, kann aber auch allein als Vorgericht dienen.

Für 1 Fladenbrot
1 Würfel frische Hefe
1 TL Zucker
250 ml handwarmes Wasser
350 g Hartweizenmehl
1 TL Salz
1 EL Olivenöl
200 g Pecorino, in 1 cm großen Würfeln
1/2 EL Fenchelsamen, leicht zerdrückt

1 Die Hefe zerbröseln, Zucker und 8 EL Wasser darüber geben. An einem warmen Ort in etwa 15 Minuten schaumig aufgehen lassen.

2 Mehl und Salz vermischen, 1 EL des Öls, die Hefemischung und das restliche Wasser zugeben und zu einem glatten Teig verarbeiten. Auf bemehlter Fläche 4 Minuten kneten, bis er glatt und elastisch ist.

3 Den Teig in 2 gleiche Portionen teilen, jede Portion zu einem etwa 0,6 cm dicken Teigkreis ausrollen. Einen Teigkreis auf ein mit Öl ausgefettetes Blech legen, Käsewürfel und einen Teil der Fenchelsamen darauf verteilen.

4 Die zweite Teigplatte darüber legen und die Ränder gut andrücken, damit die Füllung beim Backen nicht auslaufen kann.

5 Mit einem scharfen Messer ein paar Einschnitte in die Oberfläche machen, mit dem restlichen Olivenöl bestreichen.

6 Die verbliebenen Fenchelsamen darüber streuen und die Focaccia an einem warmen, zugfreien Ort 20–30 Minuten gehen lassen.

7 Das Fladenbrot im vorgeheizten Ofen bei 200 °C 30 Minuten backen, bis es goldbraun ist. Anschließend sofort servieren.

WISSENSWERTES

Pecorino ist ein pikanter, ziemlich salziger Schafskäse, den es in den Käseabteilungen gut sortierter Supermärkte gibt. Man kann statt Pecorino auch den milderen Grana Padano oder Parmesan verwenden.

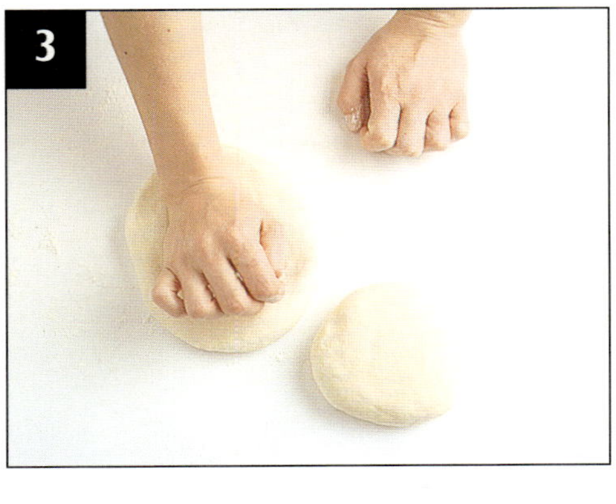

Calzone

Diese gefüllten Teigtaschen sind im Grunde zusammengeklappte Pizzas, die wie Pasteten aussehen. Der Name bedeutet wörtlich »Hosen«.

Für 2–4 Personen
Pizzateig mit Hefe (s. S. 192)
1 Ei, verschlagen
1 EL Tomatenmark
25 g italienische Salami, klein gewürfelt
25 g Mortadella, klein geschnitten
1 Tomate, gehäutet, klein geschnitten
25 g Ricotta
2 Frühlingszwiebeln, geputzt, in Ringe geschnitten
1/4 TL getrockneter Oregano
Salz und Pfeffer

1 Auf bemehlter Arbeitsfläche den Teig zu einem Kreis von 23 cm Durchmesser ausrollen. Den Rand des Teigkreises mit Ei bestreichen.

2 Das Tomatenmark auf der einen Hälfte des Teigkreises verteilen. Salami, Mortadella, Tomate, Ricotta und Frühlingszwiebeln gleichmäßig darüber verteilen. Mit Oregano bestreuen, salzen und pfeffern.

3 Die nicht belegte Hälfte des Teigkreises darüber klappen und am Rand gut andrücken, damit die Füllung nicht auslaufen kann.

4 Den Calzone auf ein mit Öl ausgefettetes Backblech legen, die Oberfläche mit Ei bestreichen und anstechen, damit Dampf entweichen kann.

5 Im vorgeheizten Ofen bei 200 °C etwa 20 Minuten backen, bis der Calzone goldbraun ist. Sofort heiß servieren.

Focaccia alla romana

Das mit Zwiebeln belegte und mit Rosmarin kräftig gewürzte römische Fladenbrot ergibt einen leckeren Snack oder eine Vorspeise zu einem leichten Essen.

Für 16 Stücke
25 g frische Hefe
1 TL Zucker
300 ml handwarmes Wasser
450 g Hartweizenmehl
2 TL Salz
3 EL Rosmarinnadeln, gehackt
2 EL Olivenöl
450 g rote und weiße Zwiebeln, in dünne Ringe geschnitten
4 Knoblauchzehen, in Scheiben geschnitten

1 Die zerbröselte Hefe in eine kleine Schüssel geben. Zucker und 8 EL Wasser dazugeben. An einem warmen Ort in etwa 15 Minuten schaumig aufgehen lassen.

2 Mehl und Salz in eine Schüssel sieben und die Hefemischung, die Hälfte des Rosmarins und das restliche Wasser hineingeben. Zu einem glatten Teig verarbeiten und diesen 4 Minuten kneten.

3 Den Teig in die Schüssel zurücklegen, mit einem Geschirrtuch bedeckt 30 Minuten gehen lassen, bis er sein Volumen verdoppelt hat.

4 Inzwischen das Öl in einer Pfanne erhitzen und Zwiebeln und Knoblauch darin 5 Minuten sautieren. Den Deckel auflegen und 7–8 Minuten köcheln lassen, bis die Zwiebeln leicht gebräunt sind.

5 Den Teig auf einer leicht bemehlten Fläche 1–2 Minuten durchkneten.

6 Auf einer leicht bemehlten Arbeitsfläche den Teig mit dem Nudelholz zu einem Quadrat ausrollen. Der Teig sollte nicht dicker als 0,6 cm sein, weil er beim Backen noch aufgeht. Das Teigquadrat auf ein ausgefettetes Backblech setzen und rundum einen kleinen Wulst hochziehen.

7 Die Zwiebelmischung gleichmäßig auf dem Teigboden verteilen und den restlichen Rosmarin darüber streuen.

8 Im vorgeheizten Ofen bei 200 °C in 25–30 Minuten goldbraun backen. In 16 Quadrate schneiden und sofort servieren.

Tomatenbrot

Ein selbst gemachtes Kastenweißbrot mit getrockneten Tomaten und geriebenem Käse ist eine ideale Grundlage für ein ungewöhnliches Sandwich.

Für 1 Laib
25 g frische Hefe
1 TL Zucker
300 ml handwarmes Wasser
450 g Hartweizenmehl
1 TL Salz
2 TL getrocknetes Basilikum
2 EL Pesto rosso oder Tomatenmark
12 getrocknete Tomaten, in Streifen geschnitten

1 Die Hefe zerbröseln, Zucker und 8 EL Wasser dazugeben. An einem warmen Ort in etwa 15 Minuten schaumig aufgehen lassen.

2 Mehl, Salz und Basilikum in einer großen Schüssel mischen und eine Mulde hineindrücken. Den Hefeansatz, Pesto rosso (oder Tomatenmark) und portionsweise das restliche Wasser zugeben, während man mit einem Holzlöffel die Zutaten zu einem Teig verrührt.

3 Den Teig auf einer bemehlten Arbeitsfläche 5 Minuten kneten, bis er glatt und elastisch ist. Mit einem Küchenhandtuch bedeckt an einem warmen, zugfreien Ort 30 Minuten oder so lange gehen lassen, bis er sein Volumen verdoppelt hat.

4 Eine 1-kg-Kastenform leicht ausfetten und mit Mehl ausstäuben.

5 Den Teig erneut 2–3 Minuten durchkneten, dabei die getrockneten Tomaten einarbeiten.

6 Den Teig in die Kastenform geben und wieder 30–40 Minuten gehen lassen. Wenn er sein Volumen verdoppelt hat, in den auf 190 °C vorgeheizten Ofen geben und 30–35 Minuten backen, bis die Oberfläche goldbraun ist und es hohl klingt, wenn man gegen den Boden des Brots klopft.

VARIATION

Statt eines Kastenbrots kann man 8 Brötchen backen. Man rollt den Teig zu 8 Kugeln, setzt sie in ein Muffinblech und backt sie etwa 20 Minuten lang.

Paprikabrot

Die leicht süßlichen roten und gelben Paprikaschoten machen dieses lockere Hefebrot zu einer wahren Delikatesse.

Für 4 Personen
1 rote Paprikaschote, halbiert und entkernt
1 gelbe Paprikaschote, halbiert und entkernt
2 Zweige Rosmarin
1 EL Olivenöl
25 g frische Hefe
1 TL Zucker
300 ml handwarmes Wasser
450 g Hartweizenmehl
1 TL Salz

1 Eine 23-cm-Springform mit Öl oder Butter ausfetten.

2 Die Paprikaschoten mit dem Rosmarin in einen flachen Bräter legen, das Öl darüber gießen und im vorgeheizten Ofen bei 200 °C etwa 20 Minuten rösten, bis die Haut der Schoten Blasen wirft. Die Schoten häuten und in schmale Streifen schneiden.

3 Die Hefe zerbröseln, Zucker und 8 EL handwarmes Wasser dazugeben. An einem warmen Ort in etwa 15 Minuten schaumig aufgehen lassen.

4 Mehl und Salz in einer Schüssel mischen. Mit dem Hefeansatz und dem restlichen Wasser zu einem glatten Teig verarbeiten.

5 Den Teig auf bemehlter Fläche 5 Minuten kneten, bis er glatt ist. Mit einem Küchenhandtuch bedeckt 30 Minuten bzw. so lange gehen lassen, bis der Teig sein Volumen verdoppelt hat.

6 Den Teig in 3 gleiche Portionen teilen und zu Kreisen ausrollen, die etwas größer als die Form sind.

7 Einen Teigkreis in die Form legen und am Rand 2 cm weit hochziehen. Die Hälfte der Paprikastreifen gleichmäßig darauf verteilen.

8 Den zweiten Teigkreis darüber legen und mit den restlichen Paprikastreifen bedecken. Mit dem dritten Teigkreis abdecken. Den überstehenden Rand nach unten drücken, sodass ein geschlossener Laib entsteht.

9 Den Teig mit einer mit Öl ausgefetteten Frischhaltefolie bedecken und wiederum 30–40 Minuten gehen lassen. In den auf 190 °C vorgeheizten Ofen geben und 45 Minuten backen, bis das Brot goldbraun ist und es hohl klingt, wenn man unten dagegen klopft. Warm verzehren.

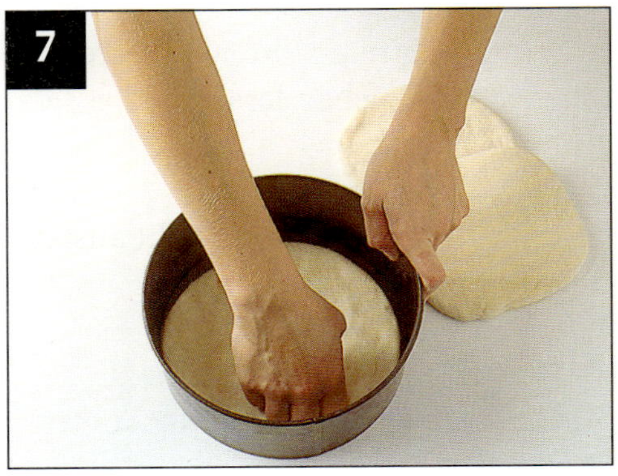

Desserts

Desserts werden in Italien »dolci« – Süßigkeiten – genannt. Das normale Dessert nach einem italienischen Essen besteht in der Regel aus frischem Obst; dazu wird etwas Käse gereicht. Besondere Zubereitungen gehören zu einem großen Festessen, wo das Dessert aus einem Stück Kuchen oder Torte bestehen kann, wie man es bei uns eher zum Nachmittagskaffee erwarten würde.

Die Palette der Desserts zu einem großen Menü reicht vom aufgeschlagenen, warmen Eierschaum – der Zabaione – über das bekannte Tiramisu bis hin zum schweren, aber unvergleichlichen Panforte di Siena.

Natürlich ist Italien auch für seine Eisspezialitäten berühmt – neben unzähligen Sorten Milch- und Sahneeis gibt es auch leichte Sorbets und Granitas. Sie sind das perfekte Beispiel dafür, dass man in Italien auf den reinen Grundgeschmack, der sich mit anderen Aromen ideal verbindet, größten Wert legt.

Orangen-Grapefruit-Salat

Filetierte Zitrusfrüchte mit einer delikaten Zitronensauce mit Honig und gerösteten Walnüssen ergeben ein ungewöhnliches, erfrischend leichtes Dessert.

Für 4 Personen
2 Grapefruits, möglichst rosa
4 Orangen
abgeriebene Schale und Saft von 1 Zitrone
2 EL warmes Wasser
4 EL flüssiger Honig
1 Zweig Minze, gehackt
50 g grob gehackte Walnüsse

1 Mit einem scharfen Messer von den Grapefruits oben und unten einen Deckel abschneiden, dann die Schale bis auf das Fruchtfleisch wegschneiden.

2 Zwischen den Trennhäuten schneidend die Filets auslösen, dabei die Frucht über eine Schüssel halten.

3 Mit einem Messer von den Orangen oben und unten einen Deckel abschneiden, dann die Schale bis auf das Fruchtfleisch wegschneiden.

4 Die Orangen wie die Grapefruits filetieren und die Filets mit denen der Grapefruits auf 4 Tellern arrangieren.

5 Zitronenschale, 2 EL Zitronensaft, Wasser und Honig zusammen mit dem warmen Wasser in einer kleinen Schüssel gut vermischen.

6 Die Minze in die Sauce geben und gut mischen. Die Sauce über die Filets verteilen, im Kühlschrank 2 Stunden durchziehen lassen, damit sich alle Aromen gut verbinden. Die grob gehackten Walnüsse in einer beschichteten Pfanne ohne alle Zusätze unter Rühren anrösten – sie sollten leicht gebräunt sein und nicht zu dunkel werden.

7 Den Fruchtsalat mit den gerösteten Walnüssen bestreuen und sofort servieren.

VARIATION

Statt der Walnüsse kann man nach Wahl auch geröstete Mandeln, Cashewkerne, Haselnüsse oder grob zerbröselte Amaretti nehmen.

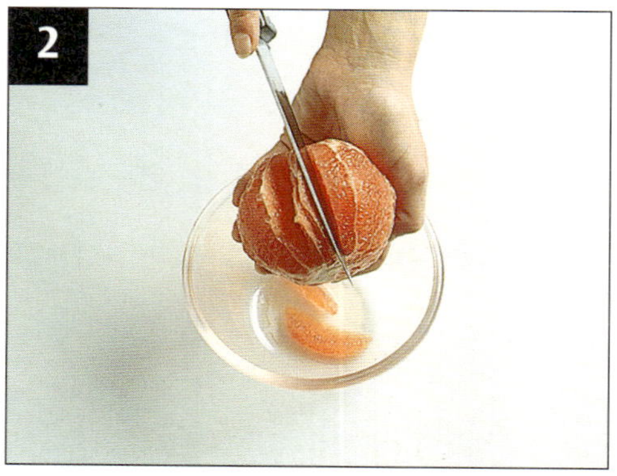

Karamellisierte Orangen

Das Geheimnis dieses optisch unscheinbaren Desserts ist der mit Orangenlikör angereicherte Sirup, in dem die Früchte mindestens 24 Stunden marinieren sollten.

Für 6 Personen
6 große Orangen
225 g Zucker
250 ml Wasser
6 Nelken (nach Geschmack)
2–4 EL Orangenlikör oder Weinbrand

1 Mit einem Juliennereißer die gelbe Schale von 2 Orangen in hauchdünnen Streifen abschneiden. Eventuell einen Sparschäler benutzen und die damit abgeschälten Streifen sehr fein schneiden.

2 Die Schalen so eben mit Wasser bedeckt bei schwacher Hitze 5 Minuten simmern lassen. Durch ein Sieb abgießen, die Streifen beiseite stellen, das Wasser aufbewahren.

3 Mit einem scharfen Messer die Schale von allen Orangen bis auf das Fruchtfleisch wegschneiden. Dann jede Orange quer in 4 Scheiben schneiden und die Scheiben mit Holzzahnstochern zusammenstecken. Die Orangen in eine Auflaufform geben.

4 Zucker, Wasser und Nelken (sofern verwendet) in einem schweren Topf zum Kochen bringen und simmern lassen, bis sich der Zucker vollkommen aufgelöst hat. Dann ohne Rühren heftig kochen lassen, bis ein goldbrauner Sirup entstanden ist. Vom Herd nehmen und vorsichtig das Kochwasser der Schalen dazugießen.

5 Nochmals auf den Herd stellen, bis alles gut vermischt ist. Vom Herd nehmen und den Likör oder Brandy zugeben. Den Sirup heiß über die Orangen gießen.

6 Die Schalen über den Orangen verteilen, das Gefäß mit Frischhaltefolie abdecken und zum Abkühlen beiseite stellen. Danach im Kühlschrank mindestens 3 Stunden, besser aber 24–48 Stunden marinieren lassen. Zwischendurch den Sirup immer wieder abgießen und erneut über die Orangen geben. Vor dem Servieren die Zahnstocher entfernen.

Süße Mascarpone-Mousse

Der sahnige, vollfette Mascarpone ist eine ideale Ergänzung zur herbfrischen Säure vitaminreicher Sommerbeeren. Eine schnell zubereitete, aber nicht gerade kalorienarme Nachspeise.

Für 4 Personen
450 g Mascarpone
4 frische Eigelb
125 g feiner Streuzucker
400 g gemischte Beeren (Erdbeeren, Himbeeren, Heidelbeeren), möglichst frisch, notfalls TK-Ware
rote Johannisbeeren zum Garnieren
Amaretti (Mandelkeks)

1 Den Mascarpone in einer großen Rührschüssel mit einem Holzlöffel geschmeidig rühren.

2 Die Eigelbe und dann den Zucker einrühren. Im Kühlschrank etwa 1 Stunde kalt stellen.

3 Eine Lage Mascarpone in Dessertschalen füllen, darauf je eine Lage gemischte, aber ungezuckerte Sommerbeeren geben (sie würden sonst zu viel Saft ziehen), das Schichten wiederholen und mit einer Lage Mascarpone abschließen.

4 Die Schälchen bis zum Verzehr, jedoch nicht länger als 30 Minuten in den Kühlschrank stellen.

5 Jede Portion mit einer Johannisbeertraube garnieren. Zu Tisch bringen und dazu Amaretti (oder Cantuccini) zum Knabbern reichen.

VARIATION

Man kann den Mascarpone in Schritt 1 mit einem Likör nach Wahl oder abgeriebener Zitronenschale aromatisieren.

WISSENSWERTES

Die Eier müssen für diese Zubereitung frisch sein. Zur Prüfung ein rohes Ei in Wasser legen. Je mehr es sich aufrichtet, desto älter ist es.

Zabaione

Die Zabaione wird entweder direkt nach der Fertigstellung warm serviert oder auf Eis kalt geschlagen. Danach kann man sie im Kühlschrank einige Zeit aufbewahren. Man reicht Amaretti dazu oder gibt die luftige Creme über frische Beeren.

Für 4 Personen
6 Eigelb
6 EL feiner Streuzucker oder Puderzucker
6 EL Marsala
Amaretti (Mandelkekse) oder Löffelbiskuits als Beilage
Erdbeeren oder Himbeeren zum Garnieren

1 Die Eigelbe in einem Schlagkessel mit dem Schneebesen oder den Elektroquirlen aufschlagen, bis sie hellgelb und schaumig sind.

2 Den Zucker und dann den Marsala zugeben, dabei ununterbrochen weiterschlagen.

3 Den Schlagkessel auf einen Topf mit leise siedendem Wasser setzen (oder die Mischung in einer normalen Schüssel anrühren und dann in einen Wasserbadtopf umfüllen). So lange schlagen, bis die Mischung heiß und fest genug ist, dass sie leichte Spitzen hält. Keinesfalls so heiß werden lassen, dass süßes Rührei entsteht!

4 Was sich an den Seiten des Kessels anzusetzen droht, in die Masse zurückschaben. Sobald die Masse schaumig und dicklich geworden ist, vom Herd nehmen. Anschließend noch kurze Zeit weiterschlagen.

5 In Gläser füllen und sofort warm servieren. Alternativ die Masse über Eis kalt schlagen und bis zum Verzehr im Kühlschrank aufbewahren.

6 Man kann zunächst Früchte wie Erdbeeren oder Himbeeren oder zerbröseltes Gebäck – wie Amaretti oder Löffelbiskuits – in das Glas geben, ehe man die Zabaione darüber gießt.

WISSENSWERTES

Marsala ist ein sizilianischer Dessertwein, den es in einer Bandbreite von trocken bis sehr süß gibt.

Birnenkuchen

Birnen sind in Italien sehr beliebt. In diesem Rezept aus dem Trentino dienen sie zusammen mit Mandeln, Zimt, Rosinen und Aprikosenmarmelade als Kuchenfüllung.

Für 4–6 Personen
275 g Mehl, gesiebt
1 Prise Salz
125 g feiner Streuzucker
125 g weiche Butter, in Flöckchen
1 Ei
1 Eigelb
einige Tropfen Vanilleextrakt oder 1 Päckchen Bourbon-Vanillezucker
2–3 TL Wasser
Puderzucker zum Bestäuben
FÜLLUNG
4 EL Aprikosenmarmelade
50 g Amaretti (Mandelkeks) oder Löffelbiskuits, zerbröselt
850 g Birnen, geschält, entkernt, geviertelt
1 TL gemahlener Zimt
75 g Rosinen
50 g brauner Zucker oder Demerarazucker

1 Mehl, Salz, Zucker, Butterflöckchen, Ei und Eigelb, Vanille (Extrakt oder Zucker) und 2 TL Wasser auf die Arbeitsfläche geben.

2 Die Zutaten mit den Händen zu einem glatten, weichen Mürbeteig verkneten, nach Bedarf mehr Wasser zugeben. Man kann die Zutaten auch in der Küchenmaschine zu Teig verarbeiten. Den Teig in Frischhaltefolie wickeln und für 1 Stunde in den Kühlschrank legen, bis er gut durchgekühlt und fest ist.

3 Drei Viertel des Teigs zu einem Kreis von 25 cm Durchmesser ausrollen. Boden und Rand einer Pieform damit auslegen. Den Boden mit Aprikosenmarmelade bestreichen und mit Keksbröseln bestreuen.

4 Die Birnenviertel in Scheiben schneiden, auf den Bröseln verteilen, mit Zimt, Rosinen und braunem Zucker bestreuen.

5 Aus der Hälfte des verbliebenen Teigs eine lange Wurst rollen und rund um den Rand des Kuchens legen. Den restlichen Teig zu 10 dünnen Würstchen rollen, als schräges Gitter über den Kuchen legen und am Randstreifen gut andrücken.

6 Den Kuchen im vorgeheizten Ofen bei 200 °C etwa 50 Minuten backen, bis der Teig goldbraun ist. Aus dem Ofen nehmen und abkühlen lassen. Mit Puderzucker bestreut warm oder sehr kalt servieren.

Birnen-Ingwer-Rührkuchen

Dieser Rührkuchen mit frischen Birnen und Ingwer passt wunderbar zum Kaffee. Mit einer Kugel Vanilleeis ergibt ein kleines Stück davon aber auch ein leckeres Dessert.

Für 4–6 Personen
200 g weiche Butter
175 g feiner Streuzucker
175 g Mehl, gesiebt
1 TL Backpulver
3 TL Ingwerpulver oder 2 TL frisch geriebene Ingwerwurzel
3 Eier, leicht verschlagen
450 g Birnen, geschält, entkernt, in Spalten geschnitten
1 EL brauner Zucker
geschlagene Sahne oder Vanilleeis als Beilage (nach Geschmack)

1 Eine runde Kuchenform von 20 cm Durchmesser ausfetten und mit Backpapier auslegen.

2 175 g der Butter und den Zucker mit dem Elektroquirl schaumig rühren. Mehl, Backpulver, Ingwer und Eier zugeben und verrühren.

3 Den Teig in die Form füllen und die Oberfläche mit dem Löffelrücken glatt streichen.

4 Die Birnenspalten darauf legen, leicht in den Teig drücken und mit braunem Zucker bestreuen. Restliche Butter als Flöckchen darauf setzen.

5 Den Kuchen im vorgeheizten Ofen bei 180 °C etwa 35–40 Minuten backen, bis der Teig gar ist (siehe »Wissenswertes«).

6 Den Birnenkuchen noch warm mit Sahne oder Eiscreme (nach Geschmack) servieren.

WISSENSWERTES

Um zu prüfen, ob ein Rührkuchen gar ist, sticht man mit einer Kuchennadel tief hinein. Kommt die Nadel sauber wieder heraus, ist der Kuchen gar.

VARIATION

Besonders schmackhaft wird der Kuchen, wenn man statt Ingwerpulver eine in Sirup eingelegte Ingwerpflaume sehr klein würfelt und 1 EL des Sirups an den Teig gibt.

Tiramisu

Der Name dieses beliebten italienischen Desserts bedeutet wörtlich »Zieh mich hoch!« oder »Richte mich auf!«. Es ist der starke Espresso, mit dem die Biskuits getränkt werden, der diesen Befehl erfüllt.

Für 4–6 Personen
20–24 Löffelbiskuits, etwa 150 g
6 EL schwarzer Kaffee
2 EL lösliches Kaffeepulver
2 EL Mandellikör
4 Eigelb
75 g feiner Streuzucker
einige Tropfen Vanilleextrakt
abgeriebene Schale von ½ Zitrone
350 g Mascarpone
2 EL Zitronensaft
250 ml süße Sahne
1 EL Milch
25 g Mandelblättchen, leicht geröstet
2 EL Kakaopulver oder geriebene Bitterschokolade
1 EL Puderzucker

1 Mit der Hälfte der Löffelbiskuits den Boden einer Glasschüssel oder Auflaufform auslegen.

2 Den Kaffee mit dem Kaffeepulver und dem Mandellikör verrühren. Die Löffelbiskuits mit der Hälfte dieser Mischung tränken.

3 Die Eigelbe mit Zucker, Vanilleextrakt und Zitronenschale in einen Schlagkessel geben und über siedendem Wasser mit dem Schneebesen oder den Elektroquirlen zu einer cremigen, leicht dicklichen Masse aufschlagen. Sie darf keinesfalls zu heiß werden, weil das Eigelb sonst gerinnt. Die Masse vom Herd nehmen.

4 Den Mascarpone in einer Schüssel mit dem Zitronensaft glatt rühren.

5 Den Mascarpone und die aufgeschlagene Eicreme miteinander verrühren. Die Hälfte der Masse über die Löffelbiskuits gießen und glatt streichen.

6 Eine zweite Lage Biskuits darüber legen, wieder mit Kaffeemischung beträufeln, die restliche Creme darüber gießen. Für mindestens 2 Stunden in den Kühlschrank stellen.

7 Zum Anrichten Sahne und Milch zusammen steif schlagen und über dem Dessert verteilen. Die Mandelblättchen darüber streuen, Kakaopulver oder Schokolade und danach Puderzucker darüber sieben und sofort servieren.

Schokoladen-Mandel-Brot

Dieses mit viel Schokolade zubereitete Dessert ist leicht und schnell zubereitet. Man kann es auch gut zum Nachmittagskaffee reichen.

Für 16 Stücke
75 g Mandeln
150 g Edelbitterschokolade
75 g Butter
210 g Kondensmilch
2 TL Zimtpulver
75 g Amaretti (Mandelkeks), zerbröselt
50 g getrocknete Soft-Aprikosen, grob zerschnitten

1 Eine kleine Kastenform mit einem passenden Stück Aluminiumfolie auskleiden.

2 Die Mandeln mit einem schweren, scharfen Messer grob hacken.

3 Schokolade, Butter, Milch und Zimt zusammen in einen Topf geben. Unter Rühren mit einem Holzlöffel auf milder Hitze 3–4 Minuten erwärmen, bis die Schokolade geschmolzen ist. Die Mischung gut durchrühren.

4 Mandeln, Keksbrösel und Aprikosen zur Schokoladenmischung geben und gut mit dem Holzkochlöffel unterrühren.

5 Die Mischung in die vorbereitete Form gießen und für mindestens 1 Stunde in den Kühlschrank stellen, bis sie fest ist.

6 Das Schokoladenbrot in Scheiben schneiden und servieren.

WISSENSWERTES

Die Schokolade vor dem Schmelzen in Stücke brechen. Je kleiner die Stücke sind, desto schneller schmelzen sie.

WISSENSWERTES

Möchte man die Mandeln abziehen, übergießt man sie mit kochendem Wasser und drückt sie aus der Haut.

Panforte di Siena

»Starkes Brot aus Siena« heißt diese toskanische Spezialität, die man in ganz Italien in hübschen Schachteln verpackt kaufen kann. Man schneidet das Früchtebrot zum Verzehr in dünne Scheiben.

Für 16 Stücke
125 g halbierte Mandeln
125 g Haselnüsse
50 g getrocknete Soft-Aprikosen
50 g kandierte Ananas
75 g gemischte Sukkade, klein gewürfelt
abgeriebene Schale von 1 großen unbehandelten Orange
50 g Mehl
2 EL reines Kakaopulver
2 TL gemahlener Zimt
125 g feiner Streuzucker oder Puderzucker
175 g flüssiger heller Honig
Puderzucker zum Bestäuben

1 Die Mandeln in einer beschichteten Pfanne leicht anrösten und in eine Schüssel geben. Die Haselnüsse in der Pfanne rösten, auf ein trockenes Handtuch geben und die braunen Häutchen abreiben. Die Nüsse grob hacken und zu den Mandeln in die Schüssel geben.

2 Aprikosen und Ananas klein schneiden, mit Sukkade und Orangenschale zu den Nüssen geben.

3 Mehl, Kakao und Zimt über die Mischung in der Schüssel sieben und gut verrühren.

4 Boden und Rand einer runden Kuchenform von 20 cm Durchmesser mit Backpapier auslegen.

5 Zucker und Honig in die Pfanne geben und erhitzen, bis der Zucker schmilzt. Etwa 5 Minuten leise kochen lassen, bis die Zuckermischung eindickt und etwas dunkler geworden ist. Rasch zur Nussmischung geben und gut verrühren. In die Form füllen und mit einem angefeuchteten Löffelrücken fest hineindrücken.

6 Im vorgeheizten Ofen bei 150 °C etwa 1 Stunde backen. Den Panforte aus dem Ofen nehmen und in der Form auskühlen lassen. Den Kuchen aus der Form stürzen, das Backpapier abziehen. Vor dem Servieren den Panforte großzügig mit Puderzucker bestäuben und in sehr schmale Stücke schneiden.

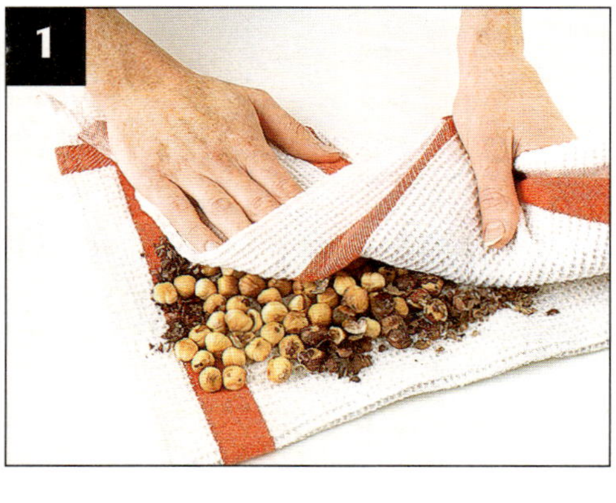
1

2

5

Mascarpone-Käsekuchen

Der mit weichem Mascarpone zubereitete Käsekuchen ist von zarter, schmelzender Konsistenz. Die Zitrone verleiht ihm ein wunderbares Aroma.

Für 8 Personen
50 g Butter
150 g Ingwerkekse, fein zerstoßen
2 EL in Sirup eingelegte Ingwerpflaumen, gehackt
500 g Mascarpone
abgeriebene Schale und Saft von 2 Zitronen
125 g feiner Streuzucker
2 große Eier, getrennt
Fruchtcoulis zum Anrichten (siehe »Wissenswertes«)

1 Eine 25-cm-Springform ausfetten und den Boden mit Backpapier auskleiden.

2 Die Butter zerlassen, die Keksbrösel und die Pflaumen hineinrühren, die Mischung in eine Springform füllen und mit einem Löffel am Boden und 1 cm hoch am Rand gut festdrücken.

3 Mascarpone, Zitronenschale und -saft, Zucker und Eigelbe gut verrühren.

4 Die Eiweiße zu steifem Schnee schlagen und unter die Mascarponemischung heben.

5 Die Mischung auf den Kuchenboden in der Form gießen. Den Käsekuchen im vorgeheizten Ofen bei 180 °C etwa 35–45 Minuten backen, bis die Füllung gar ist. Sie wird dabei ein wenig einsinken.

6 Den Kuchen in der Form auskühlen lassen, mit Fruchtcoulis servieren.

WISSENSWERTES

Fruchtcoulis kann man auf folgende Weise zubereiten: 400 g Beerenfrüchte (z. B. Heidelbeeren) 5 Minuten mit 2 EL Wasser kochen, durch ein Sieb streichen und 1 EL Puderzucker (nach Geschmack auch mehr) einrühren. Vor dem Verzehr abkühlen lassen.

VARIATION

Statt des Mascarpones kann man Ricotta, Quark oder Schichtkäse verwenden. Diese sollte man vorher durch ein Sieb streichen, damit sie keine Klümpchen enthalten.

Würziger Vanilleflan

In kleinen Förmchen gegarter Vanilleflan wird mit Muskatnuss abgeschmeckt und mit karamellisierter Orangenschale dekoriert.

1

2

6

Für 4 Personen
475 g Kaffeesahne oder süße Sahne
125 g feiner Streuzucker
1 Orange
2 TL frisch geriebene Muskatnuss oder Muskatblüte (Macis)
3 große Eier, schaumig geschlagen
1 EL flüssiger heller Honig
1 TL Zimtpulver

1 Sahne und Zucker zusammen in einem Topf erhitzen. Unter Rühren so lange leise köcheln lassen, bis der Zucker karamellisiert.

2 Von ½ Orange die Schale fein abreiben und zusammen mit Muskat oder Macis zur Sahne geben.

3 Die Eier zugeben und unter ständigem Rühren auf minimaler Heizstufe erhitzen, bis der Flan eindickt. Keinesfalls kochen!

4 Den Flan durch ein Sieb gießen, auf 4 Förmchen verteilen und für 2 Stunden in den Kühlschrank stellen.

5 Die restliche Orange hauchdünn abschälen, die Schale in streichholzfeine Streifchen schneiden.

6 Honig, Zimt und 2 EL Wasser in einer Pfanne erhitzen, die Orangenschale zugeben und 2–3 Minuten kochen lassen, dabei ununterbrochen rühren, bis die Mischung karamellisiert.

7 Die Mischung in eine Schüssel gießen, die Schalen herausnehmen und abkühlen lassen.

8 Den kalten Flan vor dem Servieren mit der karamellisierten Orangenschale garnieren.

WISSENSWERTES

Der Sahneflan hält sich im Kühlschrank 1–2 Tage. Man sollte ihn erst unmittelbar vor dem Servieren mit den Orangenschalen dekorieren.

Ricottapudding

Die kleinen, in Einzelförmchen gegarten Puddinge kann man warm oder eisgekühlt essen. Im Kühlschrank halten sie sich 3–4 Tage.

Für 4 Personen
15 g Butter
75 g gemischte Trockenfrüchte
250 g Ricotta
3 Eigelb
50 g Zucker
1 TL Zimtpulver
fein abgeriebene Schale von 1 Orange, zusätzlich Schalen zum Garnieren
Crème fraîche oder Schmand zum Anrichten

1 4 Souffléförmchen gleichmäßig mit der Butter ausstreichen.

2 Die Trockenfrüchte in einer Schüssel mit warmem Wasser 10 Minuten quellen lassen.

3 Den Ricotta in einer Schüssel mit den Eigelben verrühren, Zucker, Zimt und Orangenschale zugeben und untermischen.

4 Die Früchte abtropfen lassen und ebenfalls unter den Ricotta rühren.

5 Die Mischung gleichmäßig auf die Souffléförmchen verteilen.

6 Im vorgeheizten Ofen bei 180 °C etwa 15 Minuten garen. Die Oberfläche sollte fest, aber nicht gebräunt sein.

7 Die Puddinge stürzen, mit Orangenschalen garniert warm oder kalt servieren. Dazu etwas Crème fraîche oder Schmand reichen.

WISSENSWERTES

Zum schonenderen Garen setzt man die Souffléförmchen in eine Schale mit kochendem Wasser und gibt sie so in den Backofen. Man kann sie außerdem mit Alufolie zudecken.

VARIATION

Statt des Zimts kann man das Mark einer Vanilleschote nehmen.

1

3

4

Italienischer Brotpudding

Eine Leckerei, die schnell und einfach zuzubereiten ist und auch als süßes Hauptgericht nach einer Suppe dienen kann. Man sollte dann jedoch die doppelte Menge zubereiten.

Für 4 Personen
15 g Butter
2 kleine Äpfel geschält, Kernhaus ausgestochen, in Ringe geschnitten
75 g Zucker
2 EL Weißwein
125 g entrindetes, altbackenes Weißbrot in Scheiben
300 ml Kaffeesahne oder süße Sahne
2 Eier, verschlagen
Schale von 1 Orange, in streichholzdünne Streifen geschnitten

1 Eine flache Gratinform gut mit der Butter ausfetten.

2 Die Apfelringe überlappend auf den Boden der Form legen und mit der Hälfte des Zuckers bestreuen.

3 Den Wein über die Äpfel gießen. Die Brotscheiben darüber verteilen und mit der Hand etwas andrücken.

4 Die Sahne mit den Eiern, dem restlichen Zucker und der Orangenschale verquirlen und über das Brot gießen. 30 Minuten stehen lassen.

5 Im vorgeheizten Ofen bei 180 °C etwa 25 Minuten überbacken, bis die Eicreme stockt und der Auflauf eine goldbraune Kruste bekommen hat. Warm servieren.

WISSENSWERTES

Die Zubereitung gelingt mit säuerlichen, mürben Äpfeln wie etwa Cox Orange oder Boskop besonders gut. Granny Smith ist ungeeignet.

VARIATION

Man kann den Auflauf mit anderen Früchten wie gehäuteten frischen Aprikosen, Pfirsichen oder Nektarinen zubereiten.

2

3

3

Sizilianischer Orangen-Mandel-Biskuit

Ein leichter, angenehm nach Zitrusfrüchten schmeckender Kuchen, der mit einer Portion aromatisierter Sahne ein leckeres Dessert ergibt.

Für 8 Personen
4 Eier, getrennt
130 g feiner Streuzucker
fein abgeriebene Schale und Saft von 2 Orangen
fein abgeriebene Schale und Saft von 1 Zitrone
130 g gemahlene Mandeln
25 g Mehl, zusätzlich
1 Msp. Backpulver
200 ml süße Sahne
1 Päckchen Vanillezucker
1 Prise Zimt (nach Geschmack)
25 g Mandelblättchen, geröstet
Puderzucker zum Bestäuben

1 Eine runde Kuchenform von 18 cm Durchmesser ausfetten. Den Boden mit Backpapier auslegen.

2 Die Eigelbe mit dem Zucker schaumig schlagen. Die Hälfte der Orangenschalen und die ganze Zitronenschale unterrühren.

3 Die Zitrussäfte mit den gemahlenen Mandeln mischen und zu der Eigelbmischung geben, die dadurch recht dünnflüssig wird. Das Mehl samt Backpulver unterheben.

4 Das Eiweiß steif schlagen und unter die Teigmischung heben.

5 Die Mischung in die Form gießen. Im vorgeheizten Ofen bei 180 °C 35–40 Minuten backen, bis die Oberfläche des Kuchens goldbraun ist. In der Form 10 Minuten abkühlen lassen, stürzen und ganz auskühlen lassen (der Kuchen wird etwas zusammenfallen).

6 Die Sahne mit dem Vanillezucker aufschlagen, die restliche Orangenschale und etwas Zimt zugeben.

7 Den kalten Biskuitkuchen mit Mandelblättchen und Puderzucker garnieren, mit der aromatisierten Schlagsahne servieren.

VARIATION

Man kann den Kuchen mit Orangensirup tränken. Dazu Saft und abgeriebene Schale von 2 Orangen mit 75 g Puderzucker 5–6 Minuten kochen und leicht reduzieren, 1–2 EL Orangenlikör unterrühren. Den Sirup heiß über den noch warmen Kuchen geben, gut durchziehen und abkühlen lassen.

Pfirsiche in Weißwein

Ein schlichtes, aber doch sehr delikates Dessert, das besonders ein feines Menü an einem heißen Sommertag krönt.

Für 4 Personen
4 große, reife Pfirsiche
2 EL Puderzucker, gesiebt
fein abgeschälte Schale und Saft von 1 Orange
200 ml süßer Weißwein oder Dessertwein, gekühlt

VARIATION

Man kann auch süßen Sherry, weißen Portwein, Marsala oder Vino Santo für dieses Rezept verwenden.

WISSENSWERTES

Mit einem Juliennereißer oder Zestenmesser kann man Zitrusfrüchte hauchfein abschälen.

1 Die Pfirsiche rundum bis zum Stein einschneiden, die Hälften gegeneinander drehen und entsteinen. Die Hälften in Schnitze schneiden.

2 Die Pfirsichschnitze in eine Glasschüssel geben und mit dem Zucker bestreuen.

3 Mit einem Sparschäler die äußere Rinde von der Orange schälen und streichholzfein schneiden. In einer Schüssel mit kaltem Wasser beiseite stellen.

4 Den Orangensaft auspressen und mit dem Wein über die Pfirsiche gießen.

5 Die Pfirsiche mindestens 1 Stunde im Kühlschrank marinieren lassen.

6 Die Orangenschalen aus dem kalten Wasser nehmen und mit Küchenpapier trockentupfen.

7 Die Pfisichschnitze mit den Orangenschalen garnieren und sofort servieren.

Vanilleeiscreme

Obwohl italienische Eiscreme weltberühmt ist, wird sie mit einfachsten Zutaten zubereitet. Hier ein Rezept für Sahneeis mit echter Vanille.

Für 4–6 Personen
600 ml süße Sahne
1 Vanilleschote
abgeriebene Schale von 1 Zitrone
4 Eier, geschlagen
2 Eigelb
175 g feiner Streu- oder Puderzucker

1 Die Sahne in einem Topf über milder Hitze unter Rühren erhitzen.

2 Vanilleschote, Zitronenschale, Eier und Eigelbe zugeben und die Mischung unter Rühren bis knapp an den Siedepunkt erhitzen.

3 Die Mischung bei ganz geringer Hitze 8–10 Minuten aufschlagen, bis sie einzudicken beginnt.

4 Den Zucker in die Creme rühren. Zum Abkühlen beiseite stellen.

5 Die Masse durch ein feinmaschiges Sieb geben.

6 Die Vanilleschote aufschlitzen, das Mark herausdrücken und in die Masse einrühren.

7 Die Masse in einen Gefrierbehälter mit Deckel gießen und über Nacht im Gefrierfach fest werden lassen. Vor dem Servieren 15–30 Minuten im Kühlschrank leicht antauen und weich werden lassen.

WISSENSWERTES

Je weniger Eiskristalle das Eis enthält, desto cremiger ist es. In einer Eismaschine, die das Eis beim Gefrieren rührt, können sich keine Kristalle bilden. Im Gefrierfach zubereitetes Eis sollte man mehrfach durchrühren.

WISSENSWERTES

Für Eiscreme Tuttifrutti lässt man klein geschnittene Trockenfrüchte nach Wahl 20 Minuten in Marsala oder Sherry quellen und mischt sie vor dem Einfrieren unter die nach Rezept zubereitete Grundcreme.

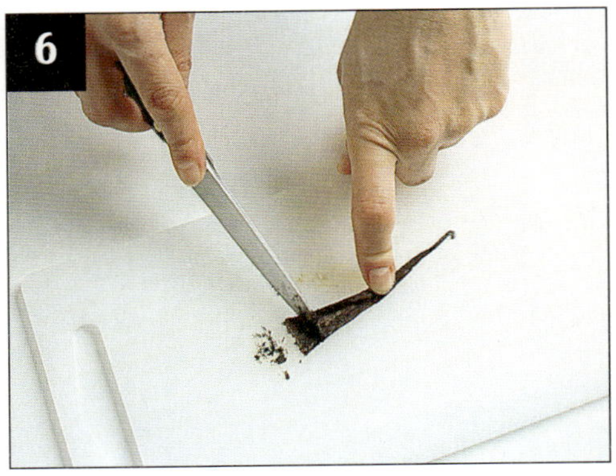

Ricottaeiscreme

Ricottaeis ist eine Spezialität aus der Region Latium, wo man den aus Schafsmilch hergestellten Ricotta romana dazu verwendet. Man kann Kuhmilchricotta oder Quark und Frischkäse für dieses Rezept verwenden.

Für 4–6 Personen
25 g geschälte Pistazien
25 g Walnüsse oder Pekannüsse
25 g geröstete Haselnüsse
25 g in Sirup eingelegter Ingwer
25 g kandierte Kirschen
25 g getrocknete Aprikosen
25 g Rosinen
abgeriebene Schale von 1 Orange
abgeriebene Schale von 1 Zitrone
500 g Ricotta
2 EL Maraschino, Mandellikör oder Brandy
1 TL Vanilleextrakt
4 Eigelb
125 g feiner Streuzucker
ZUR DEKORATION
geschlagene Sahne
kandierte Kirschen, Pistazien oder Minzeblätter

1 Pistazien, Walnüsse und Haselnüsse mit einem schweren Messer grob hacken. Ingwer, Kirschen und Aprikosen klein schneiden. Mit Rosinen, Orangen- und Zitronenschale in einer Schüssel mischen.

2 Ricotta, Likör und Vanilleextrakt zugeben und alles gründlich durchrühren.

3 Die Eigelbe mit dem Zucker in einem Schlagkessel über simmerndem Wasser mit dem Schneebesen dick und cremig aufschlagen. Vom Herd nehmen und unter Schlagen etwas abkühlen lassen.

4 Die aufgeschlagene Eicreme vorsichtig, aber gründlich unter die Ricottamischung heben.

5 Eine Kastenform mit einer doppelten Lage Frischhaltefolie oder mit Backpapier auskleiden. Die Ricottamischung einfüllen und glatt streichen. Mit Folie oder Papier abdecken und mehrere Stunden lang in den Gefrierschrank stellen, bis die Masse gefroren ist.

6 Zum Anrichten die Eiscreme aus der Form auf eine Platte stürzen, die Folie abziehen und das Ricottaeis in Scheiben schneiden. Je 2 Scheiben auf einen Dessertteller geben. Mit einem Tupfer Sahne, Minzeblättern oder kandierten Kirschen garnieren.

1

4

5

Granita

Außerhalb Italiens auch Sorbet genannt, ist diese Art der Eiszubereitung die schnellste und erfrischendste, die es auf dem Sektor Eis gibt.

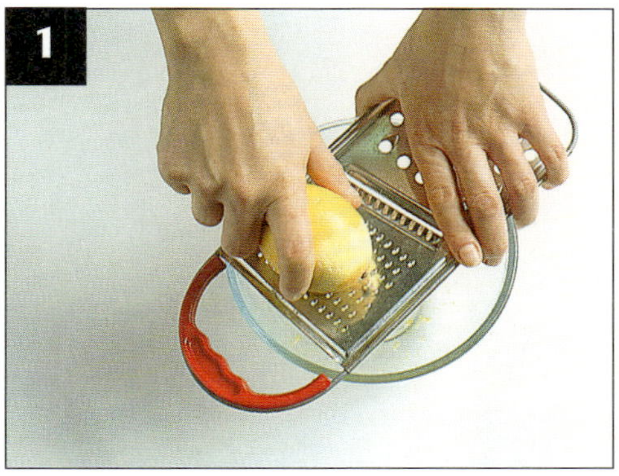

1

1

2

Für 4 Personen
ZITRONENGRANITA
3 Zitronen
200 ml Zitronensaft
125 g feiner Streuzucker oder Puderzucker
500 ml kaltes Wasser

KAFFEEGRANITA
2 EL Instantkaffeepulver
2 EL Zucker
2 EL heißes Wasser
600 ml kaltes Wasser
2 EL Rum oder Brandy

ZITRONENGRAN ITA

1 Die Schale der Zitronen fein abreiben. Zitronen auspressen und 200 ml abmessen. Schale, Saft und Zucker in einem Topf 5–6 Minuten kochen lassen, bis ein dicker Sirup entstanden ist. Abkühlen lassen.

2 Das kalte Wasser mit dem Sirup vermischen. Die Masse 4–5 Stunden gefrieren lassen, gelegentlich durchrühren. Zum Servieren kleine Portionen von der Oberfläche schaben. Als Nachtisch oder zwischen den Gängen servieren.

KAFFEEGRANITA

3 Für das Kaffeegranita aus Instantpulver, Zucker und heißem Wasser einen sehr starken Kaffee anrühren.

4 Kaltes Wasser sowie Rum oder Brandy an den Kaffee geben.

5 Die Mischung in einem Gefrierbehälter mit Deckel 6 Stunden gefrieren lassen, zwischendurch alle 1–2 Stunden durchrühren. Mit einem kleinen Sahnehäubchen gekrönt als Dessert servieren.

WISSENSWERTES

Fertiges Wassereis sollte man grob zerstoßen und im Mixer oder der Küchenmaschine durchpürieren und dann sofort servieren.

Zuccotto

Der Zuccotto, eine mächtige kuppelförmige Torte, ist eine toskanische Spezialität. Der Name bedeutet »Riesenkürbis«, wobei Kürbis – »zucca« – hier eine abfällige Bezeichnung für »Kopf« ist.

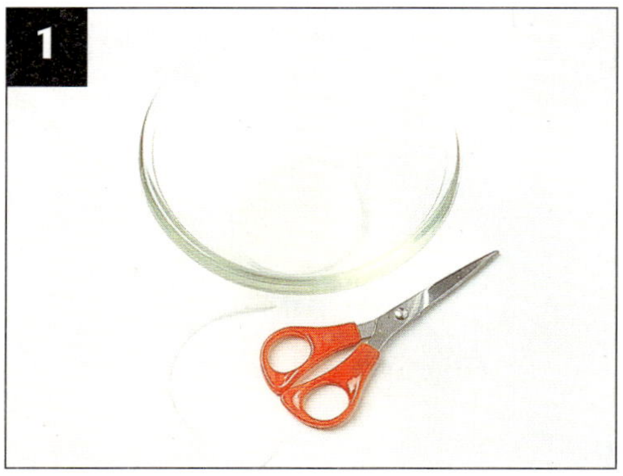

Für 8 Personen
50 g Löffelbiskuits oder frischer Biskuitboden
2 EL Brandy oder Mandellikör
125 g Zartbitterschokolade
300 ml süße Sahne
1 EL kandierter Ingwer, fein gewürfelt
25 g Kokosraspel, in der Pfanne geröstet

1 Den Boden einer Glasschüssel oder einen Schlagkessel mit Pergament- oder Backpapier auskleiden.

2 Die Löffelbiskuits oder den in Keile geschnittenen Biskuitboden mit Brandy oder Likör tränken und die Seitenwand der Form – bei Biskuit auch den Boden – damit auslegen. Löffelbiskuits legt man mit der gezuckerten Seite nach außen in die Form.

3 Die Schokolade in Stücke brechen und im Wasserbad bei milder Hitze auflösen.

4 Die Sahne in 2 gleichen Portionen steif schlagen. In die eine Portion vorsichtig Schokolade und Ingwer einrühren. In die vorbereitete Form einfüllen, sodass Boden und Seiten davon bedeckt sind, jedoch in der Mitte eine Kuhle bleibt.

5 Die zweite Portion Sahne mit Kokosraspeln mischen, in die Kuhle einfüllen, glatt streichen und für mindestens 2 Stunden in den Kühlschrank stellen.

6 Zum Anrichten einen großen Teller auf die Form legen, die Form stürzen, eventuell mit einem Messer den Zuccotto vorsichtig lösen. Wie eine Torte aufschneiden.

VARIATION

Statt der Kokosraspel kann man fertig gekaufte Baisers zerbröseln und unter die Sahne mischen. Der echte Zoccotto wird »semifreddo« – halb gefroren – serviert.

Sizilianische Fruchtrolle

Dieser Kuchen, der mit Nüssen und getrockneten Früchten in einer Mürbeteigrolle zubereitet wird, ist als Dessert ein wenig schwer. Besser passt er zu einer Tasse Kaffee am Nachmittag.

Für 8 Personen
250 g Mehl
1/2 TL Backpulver
1 TL Lebkuchengewürz
130 g Butter, in Flöckchen
40 g feiner Streuzucker
abgeriebene Schale von 1 Zitrone
abgeriebene Schale von 1 Orange
2 Eier, leicht verschlagen
50 g getrocknete Datteln, gehackt
50 g getrocknete Feigen, gehackt
75 g gemischtes Trockenobst, gehackt
50 g Walnüsse, grob gehackt
1 TL geriebene Muskatnuss
3 EL Lemon Curd (siehe »Wissenswertes«)
1 EL Puderzucker mit 1 TL gemahlenem Zimt vermischt, zum Bestäuben

1 Mehl, Backpulver und Lebkuchengewürz in eine Schüssel sieben. Mit den Butterflöckchen zu Streuseln zerreiben.

2 Zucker, Zitronen- und Orangenschale zugeben und mischen.

3 Die Eier zugeben und das Ganze zu einem Mürbeteig verkneten.

4 Den Teig zu einem Oval von etwa 1 cm Dicke ausrollen.

5 Alle Früchte und Nüsse mit Muskat und Lemon Curd in einer Schüssel mischen. Die Mischung auf der Teigplatte verteilen, diese zu einer Rolle formen und das Teigende gut andrücken. Die Rolle mit der Nahtseite nach unten auf ein mit Öl ausgefettetes Backblech setzen und im vorgeheizten Ofen bei 180 °C in 35–40 Minuten goldbraun backen. Abkühlen lassen und mit Puderzucker und Zimt bestäuben.

WISSENSWERTES

Lemon Curd, eine Mischung aus Zucker, Eiern, Butter und Zitronensaft, gibt es fertig im Glas. Man kann es auch als Brotaufstrich verwenden.

Pfirsich-Mandel-Kuchen

Ein delikater, der Pfirsiche wegen nicht zu trockener Mürbeteigkuchen, zu dem eine Portion frische Sahne passt.

Für 8–10 Personen
150 g Butter
130 g feiner Streuzucker
1 Ei, leicht verschlagen
200 g Mehl
1/2 TL Backpulver
2 TL Ingwerpulver
125 g gemahlene Mandeln
400 g Pfirsiche (aus der Dose)
gesiebter Puderzucker zum Bestäuben
geschlagene Sahne als Beilage

1 Eine runde Kuchenform von 20 cm Durchmesser ausfetten und mit Backpapier auslegen.

2 Butter und Zucker schaumig rühren. Das Ei zugeben und gut verrühren.

3 Mehl, Backpulver, Ingwer und Mandeln zugeben und zu einem festen Teig verkneten.

4 Den gekneteten Teig in Frischhaltefolie wickeln und für 30 Minuten in den Kühlschrank legen.

5 Die Pfirsiche abtropfen lassen und zerdrücken oder im Mixer grob pürieren.

6 Den Teig halbieren. Die eine Hälfte direkt über der Form grob raffeln, etwas andrücken.

7 Das Pfirsichpüree auf den Teigraspeln verteilen und den restlichen Teig darüber raspeln.

8 Im vorgeheizten Ofen bei 180 °C etwa 50 Minuten bis 1 Stunde backen.

9 Den Kuchen auf einem Drahtrost auskühlen lassen, mit Puderzucker bestäuben und mit etwas geschlagener Sahne servieren.

VARIATION

Statt der Pfirsiche kann man Aprikosen oder Williams-Christ-Birnen aus der Dose nehmen. Alternativ kann man zu einem Kompott verarbeitete frische Früchte verwenden.

1

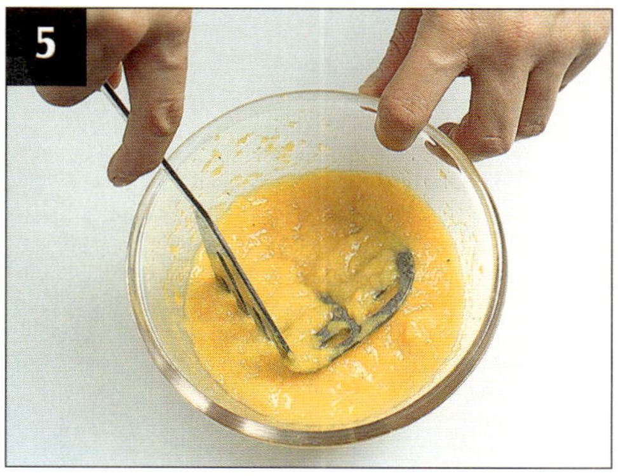
5

6

Getränkter Honigkuchen

Ein stark gewürzter, leicht klebriger Honigkuchen, der in einem luftdichten Behälter gut 1 Woche lang frisch bleibt.

1

2

4

Für 15 Quadrate
175 g Butter
130 g brauner Zucker
250 g flüssiger heller Honig
275 g Mehl
2 TL Backpulver
2 TL Lebkuchen- oder Spekulatiusgewürz
2 Eier, leicht verschlagen
150 ml Milch
1 TL Zimt

1 Ein flaches Backblech von 18 × 28 cm ausfetten und mit Backpapier auskleiden. Die Butter zerlassen, den Zucker und die Hälfte des Honigs zugeben. Erhitzen, aber nicht kochen.

2 Mehl, Backpulver und Gewürze in eine Schüssel sieben, eine Mulde in die Mitte drücken und die Butter-Honig-Mischung hineingießen. Gut verrühren.

3 Eier und Milch verquirlen und ebenfalls unter den Teig mischen.

4 Den Teig in die vorbereitete Form füllen und im vorgeheizten Ofen bei 180 °C etwa 50 Minuten bis 1 Stunde backen, bis eine hineingestochene Kuchennadel sauber herauskommt. Den restlichen Honig mit dem Zimt erwärmen und über den Kuchen gießen, dabei mit der Kuchennadel mehrmals einstechen, damit der Honig gut einzieht.

5 Abkühlen lassen und in Würfel schneiden.

VARIATION

Dem Kuchenteig noch 2 EL bittere Orangenmarmelade untermischen.

WISSENSWERTES

Zum Backen verwendete Eier sollten immer Zimmertemperatur haben.

Register

M

N

O

P

R

S